RECUEIL DES LETTRES

DE

MARIE STUART,

REINE D'ÉCOSSE.

———

TOME II.

PARIS, IMPRIMÉ PAR BÉTHUNE ET PLON.

LETTRES,

INSTRUCTIONS ET MÉMOIRES

DE

MARIE STUART,

REINE D'ÉCOSSE;

PUBLIÉS SUR LES ORIGINAUX ET LES MANUSCRITS

DU STATE PAPER OFFICE DE LONDRES

ET DES PRINCIPALES ARCHIVES ET BIBLIOTHÈQUES DE L'EUROPE,

ET ACCOMPAGNÉS

D'UN RÉSUMÉ CHRONOLOGIQUE

PAR LE PRINCE ALEXANDRE LABANOFF.

———

TOME DEUXIÈME.

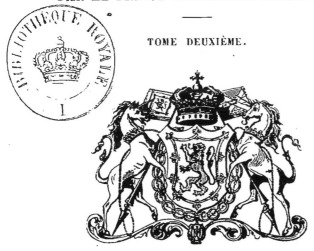

LONDRES,

CHARLES DOLMAN, 61, NEW BOND STREET.

—

MDCCCXLIV.

1845

RECUEIL DES LETTRES

DE

MARIE STUART,

REINE D'ÉCOSSE.

CONTINUATION DU RÉSUMÉ CHRONOLOGIQUE.

1567. — Le 25 janvier, Marie Stuart vient rejoindre Darnley à Glasgow. Elle le trouva déjà en pleine convalescence, et, bientôt après, elle le conduisit à Linlithgow, où elle s'arrêta deux jours avec lui.

Le 31 janvier, ils arrivent ensemble à Édimbourg : la reine, craignant encore la contagion de la maladie qu'avait eue son mari, ne voulut point lui faire habiter le palais où se trouvait le jeune prince ; elle le fit loger dans une maison appartenant au prévôt de Sainte-Marie, et située dans le faubourg de l'Église-du-Champ (*The Kirk of field*), hors des murs de la ville.

Dès lors elle visita souvent son mari, et passa même plusieurs nuits dans une chambre qui se trouvait au-dessous de la pièce où il couchait.

Cependant le complot contre Darnley faisait des progrès rapides ; Bothwell et ses complices s'occupaient déjà d'en assurer l'exécution et n'attendaient plus qu'un moment favorable. Quant à Murray, instruit de tout ce qui se tramait, il partit d'Édimbourg le 9 février, sous le prétexte d'aller voir sa femme à Saint-André.

Ce même soir, la reine, qui avait passé une grande partie de la journée avec son mari, le quitte à onze heures, afin d'assister à la fête donnée à Holyrood pour le mariage de Bastien, un de ses serviteurs, avec Marguerite Carwood, sa première femme de chambre. Elle y reste quelque temps et rentre dans ses appartements un peu après minuit.

Le 10 février, à deux heures du matin, la maison de l'Église-du-Champ est détruite par une explosion de poudre, et le corps de Darnley est retrouvé dans le jardin, ainsi que celui de Taylor, son page favori.

Marie Stuart, frappée d'horreur à cette nouvelle, annonce immédiatement sa résolution de tirer une vengeance éclatante de ce crime atroce, et s'en remet au Conseil pour faire toutes les enquêtes nécessaires. Le Conseil s'en occupe sur-le-champ, et expédie Clarnault en France, avec une lettre adressée à Catherine de Médicis, pour l'instruire de cette catastrophe [1].

MARIE STUART

A L'ARCHEVÊQUE DE GLASGOW.

(*Imprimée.* — *Keith, tome I, Advertisement to the reader ; p. viij.*)

Remerciments de Marie Stuart pour les avis qui lui sont donnés par l'archevêque de Glasgow. — Grâces qu'elle rend à Dieu d'avoir échappé à la catastrophe dans laquelle on voulait l'envelopper. — Vengeance qu'elle espère tirer du crime qui a été commis. — Sa résolution d'y perdre plutôt la vie que de laisser impuni un tel attentat. — Explosion dans la nuit du 9 février, un peu après deux heures, de la maison dans laquelle se trouvait le roi. — Entière destruction de cette maison, dont il n'est pas resté pierre sur pierre. — Ignorance absolue dans laquelle elle se trouve au sujet des auteurs du crime. — Espoir que les diligences qui seront faites par son Conseil les feront découvrir et dévoileront les ressorts secrets de cette sanglante tragédie. — Sa résolution d'infliger aux coupables une punition telle qu'elle puisse servir d'exemple à la postérité. — Sa pleine conviction que l'attentat était dirigé aussi bien contre elle que contre le

---

[1] Une copie de cette lettre se trouve au Musée Britannique à Londres, collection Sloane, dans le manuscrit n° 3199.

roi, car elle avait passé une grande partie de la semaine précédente dans cette même maison, et n'en était sortie qu'à l'occasion d'un bal qui se donnait dans le palais d'Holyrood ; circonstance fortuite à laquelle elle attribue son salut, ou plutôt qu'elle regarde comme un effet de la volonté divine. — Avis qu'elle répondra sous peu de jours aux divers points de la lettre de l'archevêque.

D'Édimbourg, le 11 février 1566-67.

Maist reverend fader in God, and traist counselor, we greit ze weill. We have recevit this morning zour letteris of the 27 Januar by zour servand Robert Dury, containing in ane part sic advertisement as we find by effect over true, albeit the succes has not altogether been sic as the authoris of that mischievous fact had preconcevit in thair mind, and had put it in execution, gif God in his mercy had not preservit us, and reservit us, as we traist, to the end that we may tak a rigorous vengeance of that mischievous deid, quhilk or it sould remain unpunischit, we had rather loss life and all. The mater is horrible and sa strange, as we beleive the like was never hard of in ony country. This night past being the 9th february, a litle after twa houris after midnight, the house quhair in the King was logit was in ane instant blawin in the air, he lyand sleipand in his bed, with sic a vehemencie, that of the haill loging, wallis and other, thare is nathing remanit, na, not a stane above another, bot all other carreit far away, or dung in dross to the very grund-stane. It mon be done be force of powder, and apperis to have been a myne. Be quhom it has been done, or in quhat maner, it apperis not as zit. We doubt not bot according to

4.

the diligence oure Counsal hes begun alreddie to use,
the certainty of all salbe usit schortly ; and the same
being discoverit, quhilk we watt God will never
suffer to ly hid, we hope to punisch the same with sic
rigor as sall serve for exemple of this crueltie to all
ages tocum. Allvayes quha ever have taken this
wicked interprys in hand, we assure our self it wes
dressit alsweill for us as for the King; for we lay the
maist part of all the last oulk in that same loging, and
wes thair accompanyit with the maist part of the lordis that are in this town that same night at midnight,
and of very chance taryit not all night, be reason of
sum mask in the abbaye; bot we beleive it wes not
chance, bot God that put it in our hede.

We depeschit this berair upon the sudden, and
thairfor wraitis to zow the mair schortlie. The rest
of zour letter we sall answer at mair lasor within four
or five dayis by zour aine servand. And sua for the
present committis zow to allmightie God.

At Edinburgh, the 11 day of februar 1566-7.

MARIE R.

1567. — Le 12 février, Marie Stuart fait publier une proclamation pour offrir des récompenses à ceux qui feraient découvrir les
meurtriers de Darnley.

Le 15 février, Murray, qui avait quitté la cour la veille de l'assassinat, revient prendre sa place au Conseil.

Déjà Bothwell était généralement accusé du meurtre de Darnley ; des placards anonymes avaient été affichés, la nuit, avec les
noms des meurtriers, et dans ces listes son nom figurait au premier
rang.

MARIE STUART

A ROBERT MELVIL, SON AMBASSADEUR A LONDRES.

(Original. — Archives du comte de Leven et Melville, à Leven-House.)

Recommandation faite par Marie Stuart en faveur d'Anthony Standing, jeune gentilhomme anglais, qui retourne dans sa patrie.

D'Édimbourg, le 15 février 1566-67.

Trusty and weilbelovit we greit zou weill. This zoung gentilman Anthony Standing is now returnit to his native cuntrie, quhome we mon recommend to zou that in cais in any wys he have neid of zour commendatioun, favour or furtherance ze schaw the samyn glaidlie to him and spair na benevolence undone to him, that ze wald schaw at our commandment to ony of our awin born subjectis specialie gif ony his evill willaris or inymeis wald presume ony thing to his hurt or disadvantaige quhilk ze may hynder it is our will and we command zou that thairin ze spair na travell nor diligence quhairby ze may releve him or schaw him plesour, quhilk we will think as gude service.

Subscrivit with our hand, at Edinburgh, the xv[th] day of februar 1566.

MARIE R.

Le 17 février, la reine ordonne de faire les proclamations d'usage pour la convocation d'un parlement, chargé d'instruire le procès des assassins présumés.

MARIE STUART

A L'ARCHEVÊQUE DE GLASGOW.

(Copie du temps. — Musée britannique à Londres, collection Sloane,
n° 3199, fol. 133.)

Réception de la lettre de l'archevêque le jour même où Marie Stuart lui avait
écrit par Clarnault pour l'informer de la mort violente de Darnley. — Affliction
dans laquelle cette catastrophe a plongé Marie Stuart. — Satisfaction qu'elle
éprouve de la conduite tenue par l'archevêque dans son ambassade. — Entière
approbation de tous ses actes. — Remise qu'elle fait à Du Croc de diverses
instructions pour l'archevêque. — Désir de Marie Stuart de se maintenir en
parfaite intelligence avec Catherine de Médicis. — Instance que doit faire l'archevêque pour obtenir une somme de 40,000 fr. qui est due à Marie Stuart.
— Recommandation de l'affaire concernant la garde écossaise dont elle vou-
drait que son fils fût nommé capitaine. — Convenances à observer dans le
choix du lieutenant. — Entière approbation de l'avis proposé par l'archevêque
au sujet de la capitainerie de Tours. — Remercîments pour les avis communi-
qués par l'ambassadeur d'Espagne, et pour les communications faites par l'archevêque à la reine-mère. — Arrivée du messager de l'archevêque le jour même
où venait d'éclater l'horrible attentat exécuté sur la personne du roi, et qui
peut bien paraître avoir été dirigé contre elle-même, sujet sur lequel elle ne
s'étendra pas davantage jusqu'à ce que Dieu ait fait connaître au monde les
auteurs du crime. — Recherche qu'elle se propose de faire avec son Conseil pour
arriver à la découverte des coupables, seule consolation qui lui reste. — Remercîments pour M. du Maine. — Recommandation au sujet de l'affaire pour laquelle elle écrit à MM. de l'Aubespine et de Gonnor.

De Seaton, le 18 février 1566-67.

Maist reverend fader in God and our traist counsalour we greit zow weill. We ressavit zour letter
of the 28 day of **Januar** upoun the tenth of this instant,
and that same day wrait to zou, with Clarevault, of

the suddane mischief happinnit to the King our husband, which being then sa grevit and tormentit we
could not mak zou anssuer to the particular heids of
your said lettre, bot remittit the same quhill now.
And first iovert zour communicatioun with the King
and Quene Moder for intertenyng of gude luf and fa-
miliaritie, we find zour usinge and proceding thairin sa
tymouslie and perfitlie done to our weill and honour,
that we can wysche na better, nor can find na thing
to be amendit in ony poynt of zour doyng.   We wrait
sumthing of our mynd heiranent, and thairupoun gaif
sum memoire of our mynd with monsieur Du Crocq
at his returne, be the quhilk ze will have sum farther
instructioun of our plessour.   Alwayes we pray zou
that with al diligence ze menteny gud offices of frend-
schip with the Quenc and latt hir understand how far
we think ws oblist to hir for hir gude counsalis and
admonitiounis from tyme to tyme schewin ws alsweill
be zou as hir awin lettres to our self, and as we think
thame maist proffitable for ws, sa will we apply our
selffis and our affaires to be governit be thame befoir
all uthers ; and al gude persuasionis that ze can use
to this end and purposs ar maist neidfull, and we will
allow thame well.

We pray zou be verie ernistfull for the fortie
thousand franks , and tak not it quhilk ze have
ellis ressavit, for a resolute anssour ; bott travell
for paiment of our assignatioun.   For it will putt
ws partly by our purpos and we be frustrat of
that quhairwith in our compt we had apoynted di-

vers thingis to be done, quhilkis can not guidly sustene delay.

And for the cumpany of men of armes, we pray
zou use evin the like diligence to have the mater
brocht to pas in favours of the Prince our sone,
as we mentionat in our uther letter sent zou for that
purpos.   And althoucht the haill cumpanyis paiment
can not be grantit, lief not of, bot tak that quhilk
salbe offerit, sa that utheris be accordinglie handillit.
The captaine mon be our sone; for the lieutenent
thair is nane in that cuntre to quhom we can be content to place in that rowme; for it is not decent that
he quha anys wes nominat to have bene captane and
then refusit sall now be lieutenent, nor we cannot understand that we can in honour sute it alwayes. Upoun
zour advertisment we sall send thair, othir the lieutenent or sum qualifyt personage for him, to tak up the
company, being afoirhand assurit be zow that he sall
expeid, and not find his travell frustrat.   For uther-
wyse we wald be layth that our proceding suld be
knawin, without certane knawledge of the effect.

Nixt for the capitainrye of Tours, we like zour awin
devyss and counsall be sa formall that nane can gif
ws bettir, and is weil contentit that he quha the King
hes namit, enjoy the place upoun provisioun that we
be not harmit be the exemple, bot that the declaratioun
be maid null, according to zour letter.

We thank zou hertlie for zour advertisement
maid to ws, of it quhilk the ambassadour of Spangze
shew zou, as alsua of zour communicatioun with

the Quene Moder, towert our estait. Bot allace!
your messaige come to lait, and thair wes ower gude
causs to have gevin ws sic warning, the like quhairof we ressavit of the Spanysche ambassadour re-
sident in England. Bot evin the verie morning befoir zour servands arrivall wes the horrible and tres-
sonable act execute in the Kings persoun that may
weill appeir to have bene conspirit aganis our self,
the circumstance of the mater being considerit; qu-
hairupoun at this present we will be na mair tedious,
abyding quhill God manifest the authors to the warld.
For knawlege quhairof nother we nor our Counsell sall
spaire the travell that possibilie may be maid, quhairthrow trewth may cum to lycht and thairin is our chief
cair and study at this present; quhilk we pray God
may suddenlie tak gude effect to his glorie and our
confort.

Further ze sall in our name gif thankis to monsieur de Maine for the pyne that he hes takin in convoying of the uthir mannis letters to ws, and desyr
him that he will assuir the same man of our recept of
his letteris, and gif him thankes thairof, quhill we
may have oportunitie and occasioun to latt him knaw
further of our gude mynd and affectioun, quhilk he sall
taist in effect, gif God lend ws days.

Finallie we pray zou, as of befoir, be cairfull
and diligent towart our assignatioun for we have
writtin presentlie to monsieur de l'Aubespine and
monsieur du Gonnoir for that purpos, quhom alsua
ze sall solist and pretermit na occasioun to bring

the mater to perfectioun, seing we have sa neces-
sary to do with the same. And thus we commit zou
to God.

At Seytoun, the 18 day of februar 1566.

Zour richt gud friend and mestres,

MARIE R.

MARIE STUART

AU COMTE DE LENNOX.

*(Original. — Musée britannique à Londres, collection Cottonienne,
Caligula, B. X, fol. 393.)*

Protestation d'un sincère attachement. — Désir de Marie Stuart de suivre le conseil du comte de Lennox, et de convoquer la noblesse et les états pour faire
le procès aux assassins de son mari. — Proclamations qu'elle avait publiées
pour la réunion du parlement avant même d'avoir reçu cet avis. — Sa ferme
résolution de mettre toute diligence dans la poursuite du jugement, d'y employer tous ses efforts et de donner une preuve manifeste au monde qu'elle veut
faire tout ce que la justice exige d'elle.

De Seaton, le 21 février 1566-67.

Richt trast cousing and counsalour we greit zou
weill. We have ressavit zour letter of Houstoun the
20 day of this instant, gevand ws thankis for the
accepting of zour gude will and counsell in sa gude
part; in that we did onlie it, quhilk wes richt. And
in schewing zou all the plesour and guidwill that we

can, we do bot our dewitie, and it quhilk naturall affectioun mon compell ws unto. Always of that ze may assuir zour self als certanly at this present and heirefter, salang as God gevis ws lyffe, as evir ze mycht have done sen our first acquentance with zou.

And for the assemblie of the nobilitie and estaitis quhilkis ze advise ws to caus be convenit for a perfite triall to be had of the King our husbandis cruel slauchter : it is in deid convenient that sua suld be, and evin schortlie befoir the recept of zour letter we had causit proclame a parliament ; at the quhilk we doubt not bot yai all for the maist part salbe present, quhair first of all this mater (being maist deir to ws) salbe handillit and na thing left undone quhilk may further the clere triall of the same. And we for our awin part as we aucht and all noble men likwiss (we doubt not) sall maist willinglie direct all our wittis and jugynis to this end, as experience, in fyne, with Goddis grace sall gif witnessing to the warld. And sua we committ zou to God.

At Seytoun, the xxi day of februar 1566.

Zour gud dohter,

MARIE R.

MARIE STUART

AU COMTE DE LENNOX.

(Original. — Musée britannique à Londres , collection Cottonienne,
Caligula. B. X, fol. 395.)

Explication sur une lettre précédente. — Protestation de Marie Stuart qu'elle n'a
jamais eu la pensée de renvoyer le jugement du procès au prochain parlement.
— Déclaration qu'elle n'a retardé la convocation que pour suivre l'avis du
comte de Lennox qui a demandé que la noblesse fût réunie au parlement. —
Impossibilité où se trouve Marie Stuart de se rendre au désir du comte de Lennox en faisant arrêter toutes les personnes désignées comme coupables dans les
placards qui ont été affichés. — Instance pour que le comte de Lennox désigne
lui-même toutes les personnes qu'il suppose coupables. — Assurance qu'il sera
procédé aussitôt contre elles, et que, si elles sont convaincues, elles recevront
la peine due à leur attentat. — Résolution de Marie Stuart de suivre dans toute
cette affaire les conseils du comte de Lennox, et de lui donner la preuve qu'elle
ne veut rien négliger pour arriver à la connaissance de la vérité et au châtiment des coupables.

De Seaton, le 1er mars 1566-67.

Rycht traist cousing and counsalour we greit zou
weill. We have ressavit zour letter[1], and be the
same persavis that ze have partly mistaken our lait
letter sent zou with zour servand upoun the xxIII of
Februar in that poynt that we suld remit the triall
of the odious act committit, to the tyme of a Parliament. We menit not that, bot rather wald wyshe to
God that it mycht be suddanlie and without delay
tryit; for ay the sonnair the bettir, and the gretair
confort for ws; zit becaus zour advyse wes that we
suld convene our haill nobilitie for that purpos, we

---

[1] Marie Stuart fait allusion à la lettre que le comte de Lennox lui avait
écrite le 26 février précédent.

ansuerit zou that we had alreddy proclamit a parliament, at the quhilk yai wald convene, and befoir the
quhilk we jugeit it suld not be able to get thame
togidder, sen yai wald think dowble convenyng hevy
to thame; and sua in mentioun making of a parliament we menit nocht that this trial wes a parliament mater, nor that it wes requisit quhill then to
differ it; bot that the nobilitie wald then be best
convenit. And quhair ze dessire that we suld cause
the names contenit in sum tickettis, affixt on the Tol-
buith dur of Edinburgh, to be apprehendit and put
in sure keping : thair is sa mony of the saidis tickettis,
and thairwithall sa different and contrarious to utheris in compting of the names, that we watt not upoun
quhat tikket to proceid. Bot gif thair be ony names
mentionat in thame, that ze think worthy to suffer
a triall, upoun zour advertisment we sall sua proceid
to the cognitioun taking, as may stand with the lawis
of this realm; and being fund culpable, sall see the
punisment als rigoruslie execute, as the wecht of the
cryme deservis. Quhat other thing ze think mete
to be done to that purpos we pray zou lass ws understand, and we sall nocht omit ony occasioun quhilk
may cleire the mater. And sua fare ze weill.

At Seytoun, the first day of marche 1566.

Zour gud dóhter,

MARIE R.

Au dos : To our richt traist cousing and
counsalour ye ERL OF LEVENAX.

MARIE STUART

A LA REINE ÉLISABETH.

(Original. — State paper office de Londres, Royal letters, Scotland, vol. 2.)

Demande d'un sauf-conduit pour Thomas Douglas et William Kincaid, afin qu'il leur soit permis de traverser l'Angleterre pour se rendre en France.

D'Holyrood, le 11 mars 1566-67.

Richt excellent, richt heich and michtie Princesse, oure dearest suster and cousing, in our maist hertlie maner we commend ws unto zow. Prayand zow at yis our requisitioun to grant zour pasport in deu and competent forme to our lovittis Thomas Douglas and Williame Kincaid, saulflie and suirlie to pas throw that zour realme to ye partes of France or uthers bezond sey, for doyng of yair lefull affaires and busynessis, and be the samyn agane within our realme to returne. And in sic sort to pas and repas at yair plessures alsoft as yai sall think expedient, on horse or on fute with yair servandis, horssis alsweill stanyt as geldingis, bulgettis, fardellis, pacquettis, letters, money, gold, sylver, cunzeit and uncunzeit, letters clois and patent, and with all yair guidis and utheris lefull, without stop, truble, injurie or offence to be maid or done to yame in body or guidis in thaire cuming remanyng or departing, during ye tyme of

zour said pasport, and ye same for ye space of ane zeir
nixt eftir ye dait of ye samin, bot revocatioun, to indure. And thus richt excellent, richt heich, and
michty Princesse, oure dearest suster and cousing,
we commit zow to ye protectioun of almichtie God.

Gevin under oure signet, at our palice of Halyruid-
house, the ellevint day of marche, and of our regnne
the twenty fyft zeir, 1566.

Zour richt gud sister and cusignes,

MARIE R.

Au dos : To the richt excellent, richt heich
and michty Princesse, oure dearest suster
and cousin, THE QUENE OF ENGLAND.

MARIE STUART

A LA REINE ÉLISABETH.

(*Original. — State paper office de Londres, Royal letters,
Scotland, vol. 2.*)

Demande d'un sauf-conduit pour John Borthwick, Thomas Douglas, Henri Balfour,
Thomas Graham, William Kincaid et six personnes de leur suite, afin qu'il leur
soit permis de traverser l'Angleterre pour se rendre en France.

D'Édimbourg, le 11 mars 1567.

Richt excellent, richt heich and michtie Princesse,
oure dearest suster and cousin, in oure maist hertlie
maner we commend ws unto zow. Prayand zou at

this our requisitioun to grant zour suir pasport in deu and competent forme to our lovit borne subjectes Johnne Borthvik, Thomas Douglas, Henry Balfour, Thomas Grahame, Williame Kincaid, and six personis with thame, or ony of thame, in cumpany, saulflie and suirlie to cum and repair within zour realme, thair to do thair lefull erandis and bissines, and throw the samyn to the partes of France to depart, communelie or severalie, be sey, land or fresche watter, with ther horsses alsweill stanyt as geldingis, bulgettis, fardellis, pacquettis, money, jowellis, gold, silver, cunzeit and uncunzeit, letters clois and patent, and all thair uthers guidis lefull, without harme, greif or impediment to be done to thame in thair cuming and reparing towart zour said realme, remanyng thairin, passing throw the samyn or departing yerfra, for the space of ane zeir nixt efter the dait yairof, but revocatioun to indure. And thus richt excellent, richt heich and mychty Princesse, oure dearest suster and cousing, we commit zou to the protectioun of almichty God.

Gevin under oure signet, at Edinburgh, the ellevint day of marche, and of our regnne the 25 zeir.

Zour richt gud sister and cusignes,

MARIE R.

Au dos : To the richt excellent, richt heich and michtie Princesse, our dearest suster and cousin, THE QUENE OF ENGLAND.

MARIE STUART

AU COMTE DE LENNOX.

(Original. — Musée britannique à Londres, collection Cottonienne, Caligula, B. X, fol. 396.)

Nouvelle déclaration de Marie Stuart qu'elle avait devancé le vœu du comte de Lennox en convoquant la noblesse et le conseil. — Avis qu'elle a reçu la désignation des personnes que le comte de Lennox suppose coupables du crime.— Convocation de la noblesse et des états à Édimbourg pour la semaine suivante. — Assurance que les personnes désignées seront présentes, et qu'elles subiront la peine due à leur attentat si elles en sont convaincues. — Invitation au comte de Lennox de se rendre lui-même à Édimbourg afin d'assister à l'instruction du procès et de donner à Marie Stuart l'aide de ses conseils.—Conviction qu'il pourra prendre que Marie Stuart a la ferme volonté d'infliger aux coupables un châtiment exemplaire.

D'Édimbourg, le 23 mars 1566-67.

Rycht traist cousing and counsalour, we greit zou weill. We have ressavit zour letter of Houstoun, the xvii of this instant, relative to our last writing sent zou, and specialie namand the personis contenit in the tikkelz, ze greitlie suspect. For the conventioun of our nobilitie and Counsaill, we have prevented the thing desirit be zow in zour letter, and hes sent for thame to be at ws in Edinburgh this oulk approchand; quhair the personis nominat in zour letter sall abyde and underly sic triall as be the lawis of this realme is accustomat; and being fund culpable in ony wyse of that cryme and odious fact nominat in the tikkelz and quhairof ze suspect yame; we sall evin

according to our former letter see the condigne punisment als rigorusly and extremly executed as ye wecht
of that fact deservis. For in deid (as ze wrait) we
esteme our self party gif we war resolut of the auctoris. And thairfor we pray zou gif zour lasure and
commoditie may serve addies zow to be as ws here in
Edinburgh this oulk approchand, quhair ze may see
the said triall, and declair thay thingis quhilkis ze
knaw may further the same, and thair ze sall have
experience of our ernest will and effectuus mynd to
have ane end in this mater and the authoris of sa
unworthie a deid realie punist, als far furth in effect
as befoir this and now presentlie we have writtin
and promist. And sua for the present committis zou
to God.

    At Edinburgh, the xxiii day of marche 1566.

Zour gud dhochter,

Marie R.

    Au dos : To our richt traist cousing and
      counsalour, THE ERLL OF LEVENAX.

1567. — Le 24 mars, le comte de Lennox, père de Darnley,
accuse formellement Bothwell du meurtre de son fils, et l'on fixe
alors le 12 avril pour procéder au jugement de l'accusé.
    Le 11 avril, le comte de Lennox, intimidé par le grand nombre
et l'importance des seigneurs qui soutenaient Bothwell, demande
la remise du jugement, ne vient point à Édimbourg, et proteste
contre tout ce qui se ferait en son absence.
    Le 12 avril, la cour de justice, présidée par le comte d'Argyll,
refuse d'admettre la protestation du comte de Lennox, et rejette la

proposition d'ajournement qui avait été faite par un des juges. Personne ne s'étant présenté pour accuser Bothwell, le jury rend un verdict en sa faveur.

Murray avait quitté Édimbourg quelques jours auparavant pour se rendre en France.

Le 14 avril, Huntly rentre en possession de ses biens confisqués, et Marie Stuart confirme les donations faites précédemment à Murray, Bothwell, Morton, Crawford, Rothes, Sempill, Herries et Maitland.

Le 19 avril, clôture de la session du parlement; le même soir Morton, Argyll, Huntly, Cassilis, Sutherland, Glencairn, Rothes, Caithness, Herries, Hume, Boyd, Seaton, Sinclair et un grand nombre d'autres seigneurs écossais, ainsi que plusieurs évêques du royaume, se réunissent chez Bothwell, signent un acte par lequel ils s'obligent à le défendre contre tout calomniateur, et promettent de faire tout ce qui dépendra d'eux pour engager la reine à l'épouser, dès que la loi le permettra.

Le 21 avril, Marie Stuart se rend à Stirling, où se trouvait le prince son fils, confié aux soins du comte de Marr.

2.

MARIE STUART

A L'ÉVÊQUE DE MONDOVI.

(Copie du temps. — Collection du docteur Kyle, à Preshome.)

Plaintes de Marie Stuart contre les mauvais traitements dont on use en Angleterre à l'égard de ses messagers. — Désir qu'elle éprouve d'entrer en correspondance avec l'évêque de Mondovi, et annonce d'un exprès qu'elle va lui envoyer. — Charge que la reine lui donne d'assurer le pape de son dévouement à la religion catholique.

De Stirling, le 22 avril (1567).

Monsieur de Mondevis. Les propos que j'ay entendus de quelques ministres de la Royne ma bonne sœur, touchant le mauvais trêtement de quelques uns des miens passant, me guardera de rien hasarder par ceste despêche, ayant prié le sieur Du Croc vous faire entendre mon desir de comuniquer avèques vous; pour lequel effect je vous despêcheray, estant de retour à Lislebourc, homme exprès, et sependant je vous prieray me tenir en la bonne grâce de Sa Saincteté, et ne le laysser persuader au contrayre de la dévotion que j'ay de mourir en la foy catolique et pour le bien de son église, laquelle je prie à Dieu croître et maintenir, et qu'il vous doynt heurheuse et longue vie.

De Sterlin, ce XXII d'avprill.

Votre bien bonne amye,

MARIE R.

Au dos : A MONSIEUR DE MONDEVIS.

1567. — Le 24 avril, la reine quitte Stirling pour retourner à Édimbourg ; arrivée près d'Almond-Bridge, elle rencontre Bothwell à la tête de huit cents cavaliers, qui l'entourent et la conduisent au château de Dunbar, ainsi que Huntly, Maitland et J. Melvil, qui faisaient partie de sa suite.

Le lendemain, ces trois seigneurs sont mis en liberté ; mais Marie Stuart, détenue pendant dix jours, ne sortit de Dunbar qu'après avoir consenti à devenir la femme de Bothwell [1].

Le 3 mai, Marie Stuart est ramenée au château d'Édimbourg, traitée en prisonnière ; toutes les issues étaient gardées, et personne ne pouvait arriver près d'elle, si ce n'est en présence de Bothwell.

Le 7 mai, la commission consistoriale et la cour archiépiscopale prononcent simultanément le divorce de Bothwell et de Jeanne Gordon, sa femme.

Le 12 mai, la reine déclare devant les lords de la session qu'elle pardonne à Bothwell la violence dont il avait usé envers sa personne, et assure qu'il lui a entièrement rendu la liberté.

Ce même jour, elle le crée duc d'Orkney.

Le 14 mai, Marie Stuart accorde leur grâce à tous ceux qui avaient pris part à l'acte du 19 avril en faveur de Bothwell, et signe ensuite son contrat de mariage.

---

[1] Il est avéré que Bothwell usa de violence envers la reine ; les ennemis même de cette princesse l'avouèrent dans leur réponse à Throckmorton (*Keith*, p. 418, *Stevenson*, 223), et Melvil en convient aussi dans ses Mémoires, t. Ier, p. 249. Voyez *Lingard*, t. VII, p. 371.

DÉCLARATION DE MARIE STUART.

(Copie du temps. — Musée britannique à Londres, collection Cottonienne, Caligula, C. I , fol. 1.)

Déclaration de Marie Stuart, faite sur le vu de l'acte en faveur de Bothwell, qu'elle donne sa parole de princesse que ni elle ni ses successeurs n'imputeront jamais à crime ou offense à aucun des signataires de cet acte leur adhésion à son contenu.

D'Édimbourg, le 14 mai 1567.

The Queenes Majestie haveing sene and considerit the band above writtine, promittis in the word of a princesse, that she, nor her successoris, sall nevir impute as cryme or offence to onie of the personis subscryveris thairof, thaire consent and subscriptioun to the matter above writtin, thairin contenit; nor that thai, nor thair heires, sall nevir be callit nor accusit thairfoir; nor zit sall the said consent or subscryving be onie derogatioun or spott to thair honor, or thai esteemit undewtifull subjectis for doing thairof, notwithstanding quhatsumevir thing can tend or be allegeit in the contrare. In witnes quhairof her Majestie hes subscryveit the samyne with her awin hand.

CONTRAT DE MARIAGE

DE MARIE STUART AVEC LE COMTE DE BOTHWELL [1].

(Imprimé. — Goodall, tome II, page 57.)

Motifs qui ont déterminé Marie Stuart à prendre un nouvel époux. — Supplications qui lui ont été adressées par les seigneurs d'Écosse de le choisir parmi ses propres sujets. — Prière qu'ils lui ont faite d'associer au trône le comte de Bothwell. — Raisons qui ont dû l'engager à céder à leurs désirs. — Souvenir des services nombreux que le comte de Bothwell n'a cessé de rendre à l'Écosse depuis le retour de Marie Stuart, pendant sa minorité et sous le gouvernement de la feue reine, sa mère. — Récompense qu'elle veut donner à ces services en se rendant aux désirs de la noblesse et de son peuple. — Résolution prise par Marie Stuart de célébrer le mariage en face de la sainte Église. — Engagement de faire ratifier le contrat dans le prochain parlement. — Donation faite au comte de Bothwell des îles d'Orkney et de Shetland, qui ont été érigées en duché d'Orkney. — Conditions imposées aux héritiers mâles du comte de Bothwell de conserver le duché dans le cas où il n'y aurait pas à son décès d'enfant issu de son mariage avec Marie Stuart. — Engagement pris par Bothwell de ne rien distraire du duché d'Orkney. — Droit accordé au comte de Bothwell de joindre sa signature à celle de la reine sur tous les actes concernant ses affaires personnelles. — Déclaration du comte que toute signature donnée par lui seul sans l'avis et le consentement de la reine, pour les affaires du royaume, sera considérée comme nulle. — Déclaration que l'acte sera inscrit sur les registres du Conseil. — Désignation des témoins qui ont assisté au contrat.

D'Édimbourg, le 14 mai 1567.

At Edinburgh, the XIIII day of maii, the zeir of God MD. thrie scoir sevin zeris.

It is appointit, agreit, contractit, and finalie accor-

---

[1] Murray et Morton produisirent encore deux autres contrats de mariage qu'ils prétendaient avoir été remis par la reine à Bothwell avant le divorce; mais ces actes étant d'une fausseté évidente, je n'ai pu les admettre dans ce recueil. Voyez *Goodall*.

dit betwix the richt excellent, richt heich and michtie Princesse Marie, be the grace of God Quene of
Scottis, dowarrier of France, on the ane part, and the
richt noble and potent Prince James duke of Orknay,
erle Boithvile, lord Halis, Creichtoun and Liddisdaill,
greit admirall of this realme of Scotland, on the uther
part, in manner, forme and effect as efter followis,
that is to say :

Forsamekle as hir Majestie, considering with hirself how almichtie God hes not onlie placit and
constitute her Heines to regnne owir this realme,
and during hir lyvetyme to governe the people and
inhabitantis thairof, hir native subjectis ; bot als that
of hir royall persoun successioun mycht be producit,
to enjoy and posses this kingdome and dominionis
thairof, quhen God sall call hir Hienes to his mercy
out of this mortall lyff; and how graciouslie it hes
plesit him alreddy to respect her Hienes, and this hir
realme, in geving unto hir Majestie of hir maist deare
and onlie sone the Prince, baith hir Hienes self and
hir haill subjectis ar detbund to rander unto God im-
mortal prayse and thankes.

And now hir Majestie being destitute of an husband, levand solitary in the state of wedoheid, and zit
zoung and of flurishing aige, apt and able to pro-
create and bring forth ma children, hes bene preissit
and humbly riquirit to zeild unto sum mariage.
Quhilk petitioun hir grace weying, and taking in gude
part, bot cheiflie regarding the perseveratioun and continewance of hir posteritie, hes condescendit thairto

and mature deliberatioun being had towert the personaige of him with quhome hier Hienes suld joyne in mariage, the maist part of hir nobilitie, be way of advise hes humbly prayit hir Majestie, and thocht bettir that she suld sa far humble hirself, as to accept ane of hir awin borne subjectis on that state and place, that wer accustomat with the maneris, lawis and consuetude of this countre, rather nor ony foreine prince.

And hir Majestie preferrand thair advyse and prayers, with the weilfair of hir realme, to the avancement and promotioun quhilk hir Hienes in particular mycht have be foreyne mariage, hes in that poynt likewise inclynit to the sute of hir said nobilitie.

And thay namand the said noble Prince, now duke of Orknay, for the special personaige, hir Majestie well avysit, hes allowit thair motioun and nominatioun, and graciouslie accordit thairunto, having recent memorie of the notable and worthie actis, and gude service done and performit be him to hir Majestie, alswell sen hir riturning and arrivall in this realme, as of befoir in hir Hienes's minoritie, and during the time of governament of umquhile hir dearest moder of gude memorie, in the furthsetting of hir Majestie's auctoritie aganis all impugnaris and ganestanderis thairof: Quhais magnanimitie, courage, and constant trewth hir Majestie, in preservatioun of hir awin persoun from mony evident and greit dangeris, and in conducting of heich and profitable purposes tending to hir Hienes's avancement, and establissing of this countrie to hir perfite and universal obedience, hes sa far movit hir, and procurit hir favour and affectioun that abuif the commoun and accustomat gude grace and benevolence quhilk Princes usis to bestow on noble men, thair subjectis weill deserving, hir Majestie wil be content to ressave and tak to hir husband the said noble Prince, for satisfactioun of the hartis of her nobilitie and people.

And to the effect that hir Majestie may be the mair able to governe and rewil hir realme in time to cum during hir lyfetime, and that yssue and successioun, at Godis plessour, may be producit of hir maist noble persoun, quhilkis, being sa deir and tender to hir said dearest sone, eftir hir Majestie's deceis, may befoir all utheris serve, ayd and comfort him.

Quhairfore the said excellent and michtie Princesse and Quene, and the said noble and potent Prince James duke of Orknay sall, God willing, solemnizat and compleit the band of matrimony, ather of thame with uther, in face of haly kirk with all guidlie diligence.

And als hir Majestie, in respect of the same matrimony, and of the successioun, at Goddis plesour, to be procreat betwix thame, and producit of hir body, sall in hir nixt parliament grant a ratificatioun, with avise of hir thrie estatis, (quhilk hir Majestie sall obtene) of the infeftment maid be hir to the said noble Prince, than erle Boithvile, and his airis maill to be

gottin of his body, quhilkis failzeing, to hir Hienes
and hir crown to return, of all and haill the erldome,
landis, and ilis of Orknay and lordship of Zetland,
with the holmis, skerreis, quylandis, outbrekkis, castellis, touris, fortalices, manor-places, milnis, multu-
ris, woddis, cunyngharis, fisheingis, alsweill in freshe
watteris as salt, havynnis, portis, raidis, outseittis,
partis, pendiclis, tenentis, tenendries, service of fre
tenentis, advocatioun, donatioun, and richt of patro-
nage of kirkis, benefices and chapellanries of the samyn,
liand within the sheriffdom of Orknay and fowdry
of Zetland, respective, with the toll and custumis
within the saidis boundis, togidder with the offices of
sheriffshipp of Orknay and fowdry of Zetland, and
office of justiciarie within all the boundis als weill
of Orknay as Zetland; with all the privilegis, feis,
liberteis and dewteis perteining and belanging thairto,
and all thair pertinentis, erectit in ane haill and fre
dukry, to be callit the dukry of Orknay for evir.
And, gif neid be, sall mak him new infeftment
thairupon in competent and dew forme; quhilk hir
Majestie promitis *in verbo principis.*

And in cais, as God forbid, thair beis na airis
maill procreat betwix hir Majestie and the said
Prince, he oblissis his utheris airis maill, to be
gottin of his body, to renounce the halding of
blanche ferme contenit in the said infeftment, ta-
kand alwayes and ressavand new infeftment of the
saidis landis, erldome, lordship, ilis, toll, custumis, and offices above written, and all thair perti-

nentis erectit in ane dukry, as said is : quhilk name
and titill it sall alwayes retene nothwithstanding the
alteratioun of the halding ; his saidis airis maill to be
gottin of his body payand zerlie thairfoir to our said
soverane ladyis successoris, or thair comptrollaris in
thair name, the soum of twa thousand poundis money
of this realme, like as the samyn was sett in the tyme
of the Kingis grace hir gracious fader, of maist worthy
memorie.

Mairover , the said noble and potent Prince and
Duke oblissis him, that he sall nawyse dispone nor
put away ony of his landis , heritaigis , possessiounis
and offices present, nor quhilkis he sall happin to obtene and conquess herefter during the mariage , fra
the airis maill to be gottin betwix him and hir Majestie ; bot thay to succeid to the same , als weill as
to the said dukry of Orknay.

Furthermair , it is concludit and accordit be hir
Majestie , that all signatours , lettres and writtingis
to be subscrivit be hir Majestie in tyme to cum , efter
the completing and solemnizatioun of the said mariage,
othir of giftis , dispositionis , graces , privilegis , or
utheris sic thingis quhatsumevir, sal be alsua subscrivit be the said noble Prince and Duke for his inte-
resse, in signe and takin of his consent and assent
thairto , as hir Majestie's husband.

Likeas it is alsua agreit and accordit be the said
noble Prince and Duke , that na signatours , lettres or writtingis, other of giftis , dispositionis, graces, privilegis, or uthir sic thingis concerning the af-

faires of the realme, sal be subscrivit be him onlie, and without hir Majesteis avise and subscriptioun: and gif ony sic thing happin, the samyn to be of nane avale.

And for observing, keping and fulfilling of the premissis, and every point and article thairof, the said noble and mychtie Princesse, and the said noble Prince and Duke hes boundin and oblissit thame faithfullie to utheris; and ar content and consentis that this present contract be actit and registrat in the buikis of Counsell and sessioun, *ad perpetuam rei memoriam*; and for acting and registring heirof in the said buikis, hir Majestie ordanis hir advocattis, and the said noble Prince and Duke hes maid and constitute maister David Borthwick, Alexander Skene his procuratoris conjunctlie'and severalie, promittand *de rato*.

In witness of the quhilk thing hir Majestie and the said noble Prince and Duke hes subscrivit this present contract with thair handis, day, zeir and place foirsaidis, befoir thir witnessis: ane maist reverend fader in God Johnne archiebishop of Saintandrewis, commendatar of Paisly, etc. George erll of Huntlie; lord Gordoun and Badzenach, chancellar of Scotland, etc.; David erll of Crawfurd; lord Lindsay, etc.; George erll of Rothes; lord Leslie; Alexander bishop of Galloway, commendatar of Inchaffray; Johnne bishop of Ross; Johnne lord Fleming; Johnne lord Hereis; William Maitland of Lethington younger, secretar to our soverane lady; sir Johnne Bellenden

of Auchnoule, knight, justice-clerk, and M^r. Robert
Creychton of Eliok, advocate to hir Hienes, with
utheris divers.

MARIE R.

JAMES, Duke of Orknay.

Au dos : XIIII Maii, 1567.

   Comperis personalie the Quenis Majestie, and James
duke of Orknay, etc., and desyrit this contract to
be registrat, etc., in presens of the Clerk of Register,
etc., of quhais command i haif registrat the samin.

J. SCOTT.

   1567. — Le 15 mai, Marie Stuart épouse Bothwell. La cérémonie
est célébrée d'après le rite protestant, par Adam, évêque d'Orkney,
dans une des salles du palais d'Holyrood; elle y paraît en costume
de deuil.

   M. Du Croc, ambassadeur de France, refuse d'y assister; mais il
visite la reine ce même jour, et la trouve en proie à la tristesse la
plus profonde [1].

---

[1] Voyez à la Bibliothèque royale de Paris, collection de Harlay, manuscrit
n° 218, la lettre que Du Croc adressa, trois jours après, à Catherine de Médicis,
et que M. Tytler a publiée dans son Histoire d'Écosse, tom. VII, p. 455,
d'après la copie que je lui en avais donnée. L'ambassadeur dit entre autres
choses : « Jeudi (*jour même de son mariage*), Sa Majesté m'envoya quérir, où
» je m'apperceus d'une estrange façon entre elle et son mary, ce que elle me
» voullut excuser, disant que si je la voyois triste, c'estoit pour ce qu'elle ne
» voulloit se réjouir, comme elle dit ne le faire jamais, ne desirant que la
» mort. Hier estant renfermez tous deux dedans un cabinet avec le comte de
» Bothwell, elle cria tout hault, que on lui baillast ung couteau pour se tuer.
» Ceux qui estoient dedans la chambre, dans la pièce qui précédoit le ca-
» binet, l'entendirent. » Melvil, dans ses Mémoires, donne les mêmes détails; on y trouve, tom. Ier, p. 253, ce qui suit : « On traite déjà cette prin-

Bientôt après, l'évêque de Dumblane fut désigné pour aller en France, et Robert Melvil vers Élisabeth, afin d'annoncer ce mariage et tâcher de le faire reconnaître.

———◆———

INSTRUCTIONS

DONNÉES PAR MARIE STUART A L'ÉVÊQUE DE DUMBLANE.

(Imprimées. — Keith, tome I, p. 388.)

Motifs qui n'ont pas permis à Marie Stuart de prévenir le roi, la reine, son oncle et ses amis en France, de son mariage avec le comte de Bothwell. — Détails de la conduite du comte de Bothwell. — Son entier dévouement aux intérêts de l'Écosse pendant la minorité de Marie Stuart. — Fidélité qu'il a toujours montrée dans les guerres civiles au préjudice de sa fortune. — Services qu'il a rendus dans les guerres contre l'Angleterre. — Sa retraite en France. — Réputation qu'il s'est acquise dans sa charge de lieutenant-général des frontières. — Appui qu'il a donné à Marie Stuart après son retour en Écosse.—Faux rapports qui ont amené sa disgrâce et son arrestation. — Sa fuite en France. — Son retour lors des nouvelles guerres civiles. — Son rétablissement dans sa charge. — Victoire qu'il remporta contre les rebelles. — Adresse avec laquelle il a échappé aux conspirateurs qui avaient arrêté Marie Stuart, dont il procura bientôt la délivrance. — Reconnaissance qu'il a méritée pour un tel service.— Vues ambitieuses qu'il a manifestées après la mort du roi. — Attentat dont il s'est rendu coupable envers Marie Stuart en s'emparant de sa personne. — Dissimulation qu'il a montrée en cette circonstance. — Précaution qu'il avait prise de se munir d'un écrit signé de toute la noblesse et des principaux des États portant consentement à son mariage avec Marie Stuart.—Opposition qu'il rencontra de sa part lorsqu'il osa solliciter sa main. — Résolution qu'il prit alors d'user de violence. — Enlèvement de Marie Stuart, que Bothwell conduisit à Dumbar. — Reproches qui lui furent adressés par Marie Stuart sur sa conduite. — Justification qu'il a tentée en invoquant ses services, son dévouement, son amour.—Production qu'il fit alors de l'acte renfermant l'adhésion de la noblesse. — Extrémité à laquelle Marie Stuart s'est trouvée réduite, en se voyant en la

« cesse si mal et avec tant de mépris, qu'un jour, en présence d'Arthur
« Areskin, je lui entendis demander un poignard pour se tuer, menaçant
« qu'autrement elle se jetteroit par les fenêtres. »

puissance de Bothwell, sans espoir de secours et dénuée de tout conseil. — Motifs puissants qui ont dû la forcer de prendre en considération le désir exprimé par les États dans l'acte produite par Bothwell. — Violence dont il se rendit coupable envers elle pour la forcer de céder à ses vœux. — Prière adressée par Marie Stuart au roi, à la reine-mère et à son oncle de lui pardonner la faute qu'elle a commise, et d'accorder à son nouvel époux la bienveillance qu'il eût dû mériter par une autre conduite. — Protestation que, le précédent mariage du comte de Bothwell ayant été cassé, son mariage avec Marie Stuart est parfaitement régulier. — Impossibilité où Marie Stuart s'est malheureusement trouvée de prendre, dans une circonstance si grave, les conseils du nonce, qui ne s'était pas encore rendu en Écosse malgré les instances qu'elle avait faites depuis long-temps pour l'appeler dans son royaume.

D'Édimbourg, mai 1567.

Instructionis to oure trusty counsallour the bischope of Dunblane, to be declarit be him on oure behalfe to oure bruther the maist Christin King of France, the Quene oure gude moder, oure uncle the cardinall of Lorane, and utheris oure friendis : at Edinburgh the . . . . day of may 1567.

First, ze sall excuse ws to the King, the Quene oure modir, oure uncle, and utheris oure friendis, in that the consummatioun of oure mariage is brocht to thair earis be uther meanis, befoir that ony message from oure self thai haif bene maid participant of oure intentioun thairin; quhilk excuse mon be chiefllie groundit upoun the trew report of the duke of Orkney, his behaviour and proceidingis towartis ws befoir, and quhill this tyme that we haif bene maid content to tak him to oure husband. The report as

it is indeid, swa sall ze mak in this maner. Begyn-
nand from his verie zouth, and first entres to this
realme immediatlie eftir the deceis of his fadir, quha
wes ane of the first erllis of the realme, and his hous
with the formest in reputatioun, be ressoun of the
nobilnes and anciency of the samyn and greit offices
quhilk hes heritabillie.

At quhilk tyme the Quene oure modir being zan
regent of oure realme, he dedicate his haill service to
hir in oure name with sic devocion and ernistnes,
that albeit sone thaireftir the maist part of nobilitie,
almaist the haill burrowis, and swa consequentlie in
a maner the haill substance of the realme, maid a re-
volte from hir authoritie undir cullour of religioun;
zit swarved he nevir from oure obedience, nor nevir
micht be inducit owther be promeiss of gude deid, or
threatningis of wrak of his leving and heretage, with
baith quhilk he wes stranglie assaultit, to leif ony
part of his dewtie undone; bot rather to suffir his
principall hous and riche moveables being thairin to
be sakt, his haill leving to be destroyit, and at length
himself destitute of oure protectioun and assistance
of ony his countremen, be compellit be force of oure
rebellis, joynit with ane army of Ingland, brocht in
the bowellis of oure realme for thair support, having
na uther but to schote at bot onlie oure said husband,
being zan erle Bothwell, to abandoun his landis and
native cuntre, and retier him to France, quhair he continewit in oure service quhill oure returning within
Scotland. Ze sall not omit his service a lytill done

afoir that tyme in the weiris aganis Ingland, quhairin
he gaif sic pruif of his vailzeantnes, courage and gude
conduct, that nothwithstanding he wes yan of verie
zoung aige, zit wes he chosin out as maist fit of the
haill nobilitie to be oure lieutenent-generall upoun
the bordouris, having the haill charge alsweill to defend as to assayle.   At quhilk tyme he maid mony
nobil entirpryses, not unknawin to baith the realmis,
be the quhilk he acqueirit a singular reputatioun in
bayth.

Eftir oure returning into Scotland, he gaif his
haill study to the furthsetting of oure authoritie and
to imploy his persoun to suppres the insolence of the
rebellious subjectis inhabiting the cuntreis lyinge west
the marches of Ingland; and within schort tyme
brocht thame to a perfyte quietnes, with intentioun
to pas furthwart in the lyke service in all uther partis
of the realme.

Bot as invy evir followis vertew, and this cuntre is
of itself sumquhat subject to factionis; utheris began
to mislyke his procedingis, and sa far be reportis and
misconstructing his doingis, went about to put him
out of oure gude grace, that at lent upoun cullouris
inventit be his evill willaris; for satisfeing of thame
that mycht not abyde his advancement, and avoiding
of further contentioun, quhilk mycht have brocht the
haill realme in troubill, we wer compellit to put him
in ward.

Out of the quhilk eschaping, to gif place to thair
malice, he past out of the realme towart France, and

yair remanit quhill about twa zeris syne yat the same persounis quha befoir wer the instrumentis of his troubill, began to forzett thair dewtie towartis oure self, putting thamselffis in armes, displayit plane baneris aganis oure persoun. At quhilk tyme, be oure commandment being callit hame, and immediatlie restorit to his former charge of Lieutenent-generall, oure authoritie prospered sa weill in his handis, yat suddanlie oure haill rebellis wer constranit to depart the realme, and remane in Ingland, quhill sum of yame upoun submissioun and humill sute wer reconceylit to ws. How tressonabillie we wer demanyt for hame bringing of the rest, be thame quhame we had advancit to mair honour than thai wer worthie of, it is not unknawen to oure uncle, quhilk makis ws to pas it ovir the mair schortlie.

Zit it is worthie remembrance with quhat dexteritie he red himself of the handis of thame that at that tyme detenit oure persoun captive, and how suddanlie be his provydence not onlie wer ve deliverit out of the pressoun, bot alswa that haill cumpany of conspiratouris dissolvit and we recoverit oure formar obedience. Indeid we mon confess that service done at that tyme to haif bene sa acceptabill to ws, that we could nevir to this hour forzet it, quhilk he hes evir sinsyne prosecutit with the lyke dilligence in all mycht content ws, swa that we could not wyss mair fidelitie nor gude behaviour yan we haif alwayis fund in him, quhill of lait, sen the deceis of the King oure husband, yat as his pretensis began to be heichar, sa

3

fand we his procedingis sumquhat strange; albeit now
sen we ar sa far procedit with him, we mon inter-
preit all thingis to the best; zit haif we bene heichlie
offendit, first with presumptioun, yat thocht we could
not sufficientlie reward him, onless we sould gif oure
self to him for ye recompanss of his service; nixt
for his practises and secreit meanis, and at lenth the
plane attempting of force to haif ws in his puissance,
for feir to be disapointit of his purpois.

His deportmentis in this behalf may serve for ane
exempill, how cunninglie men can cover yair desi-
gneis, quhen thai haif ony greit interpryis in heid quhill yai haif brocht yair purpois to pas. We thocht
his continewance in the awayting upoun ws, and
reddines to fulfill all oure commandmentis, had procedit onelie upoun the aknawlegeing of his dewtie,
being oure borne subject, without furder hid respect;
quhilk movit ws to mak him the bettir visage, thinking
nathing less yan that the same being bot ane ordina-
rie countenance to sic nobillmen as we fand affectio-
nate to oure service, sould encourage him, or gif him
bauldnes to luke for ony extraordinar favour at oure
handis: Bot he, as weill hes apperit sensyne, making
his proffeit of everie thing mycht serve his turne,
nocht discovering to oure self his intent, or yat he had
ony sic purpois in heid, wes content to intertene
oure favour be his gude outwart behaviour, and all
meanis possibill. And in the mene tyme went about
be practising with ye nobillmen secretlie to make
yame his friendis, and to procure yair consent to the

furtherance of his intentis : and swa far procedit be
meanis with yame, befoir yat evir the same come to
oure knawlege, that oure haill estaittis being heir assemblit in parlament, he obtenit ane writting subscrivit wit all yair handis, quhairin thai nocht onelie
grantit thair consentis to oure mariage with him, bot
alswa obleist thameselfis to set him forwart thairto
with thair lyvis and gudis, and to be inymcis to all
wald disturb or impede ther samyn ; quhilk lettre he
purchest, geving thame to undirstand that we wer
content thairwith.

And the samyn being anis obtenit, he began afar
of to discovir his intentioun to ws, and to assay gif he
mycht be humill sute purches oure gude will : bot finding oure answer nathing correspondent to his desyre,
and casting befoir his eyis all doubtis that custuma-
billie men usis to revolve with yamselfis in sembla-
bill interprysis, the outwardnes of oure awin mynd,
the persuasionis quhilk oure friendis or his unfrien-
dis mycht cast out for his hinderence, the change of
thair myndis quhais consent he had alreddie obtenit,
wit mony uther incidentis quhilk mycht occur to frustrat him of his expectatioun, he resolved with himself to follow furth his gude fortoun, and all respectis
laid apart, ayther to tyne all in ane hour, or to bring
to pas that thing he had takin in hand ; and swa resolvit quiklie to prosecute his deliberatioun, he sufferit nocht the mater lang to sleip, bot within four
dayis thaireftir, findeing opportunitie, be ressoun we
wer past secretlie towartis Striveling to visite the

Prince our derrest sone, in oure returning he awayted ws be the way, accumpaneit with a greit force, and led ws with all dilligence to Dunbar.

In quhat part we tuke that maner of dealing, bot speciallie how strange we fand it of him, of quhome we doubtit less than of ony subject we had, is easie to be imagined.

Being thair, we reprochit him, the honour he had to be sa estemit of ws, the favour we had alwayis schawin him, his ingratitude, with all uther remonstrances quhilk mycht serve to red ws out of his handis. Albeit we fand his doingis rude, zit wer his answer and wordis bot gentill, that he wald honour and serve ws, and nawayis offend ws; askit pardoun of the bauldnes he had tane to convoy ws to ane of oure awin housis, quhairunto he wes drevin be force, alsweill as constranit be lufe, the vehemencie quhairof had maid him to set apart the reverence quhilk naturallie as oure subject he bure to ws, as alswa for saiftie of his awin lyff. And thair began to mak ws a discours of his haill lyff, how unfortunate he had bene to find men his unfreindis quhome he had nevir offendit; how thair malice nevir ceasit to assault him at all occasiounis, albeit onjustlie; quhat calumpnyis had thai spred upoun him twiching the odious violence perpetrated in the persoun of the King oure lait husband; how unabill he was to safe himself from conspiraceis of his innemeis, quhome he mycht not knaw, be ressoun everie man professed himself outwartlie to be his friend; and zit he had sic malice, that he could not find himself in suirtie, without he wer assurit of oure favour to indure without alteratioun ; and uther assurance thairof could he not lippin in, without it wald pleis ws to do him that honour to tak him to husband ; protesting alwayis that he wald seik na uther soveraintie bot as of befoir, to serve and obey ws all the dayis of oure lyff, joyning thairunto all the honest language that could be usit in sic a cais.

And quhen he saw ws lyke to reject all his sute and offeris, in the end he schowed ws how far he was procedit with oure haill nobilitie and principallis of oure estaittis, and quhat thai had promeist him undir thair handwrittis. Gif we had caus yan to be astoneist, we remit ws to the jugement of the King, the Quene, oure uncle, and utheris oure friendis. Seing oure self in his puissance, sequestrat frome the cumpany of all oure servandis and utheris quhome of we mycht ask counsale ; zea, seing thame upoun quhais counsale and fidelitie we had befoir dependit, quhais force aucht and mon manteine oure authoritie, without quhome in a maner we ar nathing : (for quhat is a prince without a peopill ?) befoirhand alreddie zealded to his apetyte, and swa we left allane as it wer a pray to him ; mony thingis we revolved with oure self, but nevir could find ane outgait. And zit gaif he ws lytill space to meditate with oure self, evir pressing ws with continewall and importune sute.

In the end, quhen we saw na esperance to be red of him, nevir man in Scotland anis makand ane mynt to procure oure delivrance, for that it mycht appeir

be thair hand writtis and silence at that tyme, that
he had won thame all, we wer compellit to mitigat
oure displeasour, and began to think upoun that he
propoundit; and yan wer content to lay befoir oure
eyis the service he had done in tymes past, the offer
of his continewance heireſtir; how unwilling oure
peopill ar to ressave a strangear unacquainted with
thair lawis and custumis, that thai would not suffir
ws lang to remane unmareit, that this realme being
devidit in factionis as it is, cannot be contenit in ordour, onles oure autoritie be assistit and furthset be
the fortificatioun of a man quha mon tak pane upoun
his persoun in the executioun of justice, and suppres-
sing of thair insolence that wald rebell, the travell quhairof we may na langar sustene in oure awin persoun,
being alreddie weryit, and almaist brokin with the
frequent uprores and rebellionis rasit aganis ws sen we
come in Scotland; how we have bene compellit to
mak four or fyve lieutenentis attanis in divers partis
of the realme, of quhome the maist part, abusing
oure autoritie, hes, under cullour of oure commissioun, raisit oure subjectis within thair charge aganis oure self: and seing force wald compell ws in
the end, for preservatioun of oure awin estait, to
inclyne to sum mariage, and that the humour of oure
peopill wald nocht weill degest a foreyn husband, and
that of oure awin subjectis thair wes nane, eyther for
the reputatioun of his hous, or for the worthines of
himself, alsweil in wisdome, valzeantnes, as in all uther
gude qualities, to be preferrit, or zit comparit to him

quhome we have takin; we wer content to accomode to
oure self with the consent of oure haill estaittis, quha, as
is befoir said, had alreddie declarit thair contentationis.

Eftir he had be this meanis, and mony utheris
brocht ws agaitward to his intent, he partlie extorted,
and partlie obtenit oure promeis to tak him to oure
husband: and zit not content thairwith, fearing evir
sum alterationis, he wald nocht be satisfeit with all
the just ressounis we could allege to have the consummatioun of the mariage delayit, as had bene maist
ressounabill, quhill we mycht communicat the same
to the King, the Quene, oure uncle, and utheris oure
freindis; bot as be a bravade in the begynning he had
win the fyrst point, sa ceased he nevir till be persuasionis and importune sute, accumpaneit nottheles
with force, he hes finalie drevin ws to end the work
begun at sic tyme and in sic forme as he thocht mycht
best serve his turne, quhairin we cannot dissembill
that he hes usit ws utherwayis than we wald have
wyssit, or zit have deservit at his hand, having mair
respect to content thame by quhais consent grantit
to him befoir hand he thinkis he hes obtenit his purpois, althoch thairin he had bayth frustrate ws and
thame, than regarding oure contentatioun, or zit
weying quhat wes convenient for ws, that hes bene
norissed in our awin religioun, and nevir intendis
to leif the samyne for him or ony mon upoun earth.

Indeid with this point we find fault in oure mynd,
albeit we ar content that nowther the King, the Quene
oure modir, oure uncle, nor ony uther, lay it to his

charge; for now sen it is past, and cannocht be brocht bak agane, we will mak the best of it, and it mon be thocht, as it is in effect, that he is oure husband, quhome we will bayth luff and honour, swa that all that professis thameselfis to be oure freindis mon profess the lyke freindschip towartis him quha is inseparabilie joynit with ws. And albeit he hes in sum pointis or ceremoneis raklest himself, quhilk we ar content to impute to his affectioun towartis ws, we will desyre the King, the Quene oure modir, oure uncle, and utheris oure freindis, to beir him na less gude will than all had procedit to this hour with the avys of all oure freindis, and in the best ordour that he could haif devysit, assuring thame that thai will find him reddie to do tham all the honour and service thai can requeir.

Item. In cais it sall be objectit to zow be the King, the Quene oure modir, oure uncle, or any uther oure freindis, that oure present mariage can nocht be lauchfull, in respect that he quhome withall we ar presentlie joynit wes of befoir couplit to a wyff; ze sall reply and answer according to the verie treuth, that albeit he wes befoir mareit, zit befoir oure mariage with him, the formar contract and band wes be the ordour of law, expressit in the *canonis*, ressavit and practizit in oure realme, for lauchful caus of consanguinitie, and utheris relevant, dissolvit, and the proces of divorce ordourlie led; swa that we on the ane part, and he on the uther syde, being bayth fre, the mariage mycht lauchfullie and weill aneuch be ac-

complissit be the lawis of this realme, as now at Goddis plessour it is, quhairby the foirsaid objectioun, or
ony the lyke tending to this fyne, may be elydit and
set by.

Furthermair, it may be that oure uncle the Cardinall sall object and find fault, that we maid not sic
exact diligence in convoying hither of the nunce apo-
stolice as the wecht of the mather cravit : in quhilk
point ze sall answer and satisfie him be declaratioun
and making of trew report, how this last zeir about
martimes, we directit towart the said nunce oure weilbelovit clerk and servitour maister Stevin Wilsoun,
instructit with oure mynd, quhairof the chief intent
wes, how the nunce mycht be maist suirlie and convenientlie transportit towart oure realme, and to oure
presence, be the conduct of oure said servitour ; and
zit we se na apperance of his cumming, bot is partlie
frustrat and put by oure purpois, for lak of that support quhilk anis we undirstude of his Halines libera-
tie to have bene destinat for ws for the maintening of
oure estait, and furthsetting of oure authoritie : bot
cheiflie in default of his presence, counsale and conference with him, quhilk joynit with the uther thing
befoir said, in all apperance wes nocht onlie likelie to
have furtherit and avancit the matir verie heichlie, bot
alswa mycht have red ws out of mony thrawart acci-
dentis quhilk sensyne we have fallin into ; ane of the
principall occacionis quhairof we mon imput to the
said nunceis absence, and nocht resorting to ws, quhilk hes procedit on his awin motioun, and sair aga-

nis oure will, as ze sall mak oure uncle to undirstand
be all the gude and honest persuasionis ze can, tending to this end [1].

—━◆◇◆━—

INSTRUCTIONS

DONNÉES PAR MARIE STUART A ROBERT MELVIL.

(Imprimées. — Keith, tome I, page 392.)

Exposé des motifs qui ont dû engager Marie Stuart à épouser le comte de Bothwell.
— Impossibilité où elle se trouvait de maintenir seule la paix entre les factions. — Résolution qu'elle a dû prendre de se marier pour rétablir la tranquillité en Écosse. — Instances faites par les états pour que Marie Stuart choisît
son nouvel époux parmi ses sujets. — Crainte manifestée par les Écossais de
voir associer un étranger au trône. — Préférence que Marie Stuart a dû accorder au comte de Bothwell, comme le plus digne parmi ses sujets. — Consentement donné à ce mariage par les états. — Services rendus par Bothwell, qui
méritait cette récompense. — Considérations qui ont porté Marie Stuart à
précipiter la conclusion du mariage. — Regret qu'elle a éprouvé de ne pas pouvoir prendre le conseil d'Élisabeth. — Espoir qu'elle voudra bien cependant
témoigner à son époux la bienveillance qu'elle lui montre à elle-même. — Réponse aux objections que pourrait faire Élisabeth. — Déclaration que le comte
de Bothwell a prouvé son entière innocence de l'accusation portée contre lui au
sujet de l'attentat commis sur le dernier roi. — Assurance qui doit être donnée
par Melvil que le divorce du comte de Bothwell a été prononcé avant son mariage avec Marie Stuart. — Sollicitation que doit faire Melvil auprès d'Élisabeth en faveur de M. de Marchelles, pour obtenir sa liberté. — Refus constant
qui a été fait d'accepter la rançon proposée. — Désir de Marie Stuart que des
commissaires soient nommés de part et d'autre pour régler définitivement cette
rançon.

[1] D'après les renseignements que nous avons sur la manière dont Bothwell
traitait alors Marie Stuart, il est évident que ces instructions, ainsi que les
suivantes, émanent de lui ou qu'elles ont été rédigées sous son influence.

Sans date (mai 1567).

Instructioun to oure trusty servand Robert Malvile, to be declarit be him on oure behalf, to
oure derrest sister the Quene of Ingland.

Eftir that ze have presentit oure maist hartlie com-
mendationis to oure said derrest sister, ze sall expone
and declair unto hir the verie occasionis quhilk hes
movit ws to tak the duke of Orknay to husband, and
thairwithall mak oure excuse for that we sa suddanlie
procedit to the consummatioun of oure mariage, not
makand oure derrest sister advertisement, nor askand
hir advys and counsal thairin.

For the first, ze sall grund zow upon the conditioun
and stait of ws and oure realme, declarand how we wer
destitute of ane husband, oure realme not trouchlie
purgit of the factiounis and conspiraceis that of lang
tyme hes continewit thairin, quhilk occurring sa fre-
quentlie, had alreddie in a maner sa weryit and brokin ws, that be oure self we wer not abill of ony lang
continewance to sustene the pynis and travell in oure
awin persoun, quhilkis wer requisite for repressing of
the insolence and seditioun of oure rebellious subjectis, being, as is knawin, a peopill als factious
amangis thameselfis, and als fassious for the gover-
nour as any uther natioun in Europe; and that for
thair satisfactioun, quhilk could not suffer ws lang to
continew in the stait of widoheid, mowit be thair pra-

yeris and requeist, it behuvit ws to zield unto ane mariage or uther.

Seing na apperance of ony greit commoditie to follow be protracting of tyme, bot as on the ane part
thai wer verie weil content, zea and ernistlie urgit ws
yat we sould without delay proceid to oure mariage,
evin swa on the uther syde, be thair meaning, we per-
savit how unwilling thai wer that we sould cheis ony
foreyn husband, bot rather sa far humill ws to be content with sum borne subject of oure awin for that
place, that were acquented with thair maneris, and
the lawis and custum of oure realme; for indeid we
oure self hes had sum pruif and experience of thair
sturring, quhen as be occasioun of oure foreyn mariage, thai haif suspectit to be hardly handillit of stran-
gearis.   Quhen thairfoir in the eyis and opinioun of
oure peopill, ane of oure awin subjectis wes jugeit
maist meit bayth for ws and thame : oure haill nobilitie being laitlie assemblit at oure parlament, wer
best content that the duke of Orknay, yan erle of Both-
wile, sould be promovit to that place, gif sa wer oure
plesour ; and to that effect subscrivit a lettre with all
thair handis befoir, or evir we aggreit to tak him to
oure husband, or that he oppynit his mynd to ws in
that behalf, quhairby we wer movit to mak oure choyse
of him, as ane quhais wisdome, walzeantnes, and
utheris gude qualiteis, mycht be weill comparit, or
rather preferrit to ony uther nobillman in oure realme, and his hous honorabill and ancient.   Bot indeid his faythfull and uprycht service evir sen he come

to manis state, spent and bestowit for ws, and in oure querell, for furthsetting of oure authoritie, quha evir ganestude it, wes na small motive in oure consait in making of oure choyse, the rather becaus nane, or verie few of all the nobillmen, ar abill in that point to debate with him; seing at sum tyme or uther the maist part of thame had leaft ws, he exceptit.

Thir thingis being considerit maturelie, and having respect to the releif quhilk he sould mak ws in maniement of the publick effaris of oure realme and administratioun of justice, with the quhilk, throw frequent uproris and seditionis, as we have said, we wer fullie weryed, we resolvit to marie him how sone we mycht convenientlie : and for oure suddane proceding in that behalf, not makand oure said derrest sister previe of oure intentioun, nor askand hir advyis and counsall thairin, quhilk we confess we aucht to haif done; the chief occasionis wer, as ze may bauldlie affirme, the difficultie of the tyme, divers advertisementis and bruittis that come to ws, alsweill fra France as utherwayis, and sic uther thingis as in the mene tyme intervenit, and zit verie wechtie and sufficient causis, tending to oure greit weill and suirtie, quhilkis are weill knawin to oure self, constrenit ws to mak sic haist as we have done, and not to delay the mater quhill oure said derrest sister had bene adverteist of oure intentioun and purpois, and hir advyis and counsall had bene knawin and reportit to ws, quhairanent ze sall pray and desyr hir hartlie to excuse ws; for as we nevir meanit to joyne in mariage with ony

that we belevit scho wes not contentit with, sa for this
quhilk is present, we traist scho will not onelie continew hir accustumat favour and mutuall intelligence
with ws, bot als, for oure respect, will extend hir
friendschip to oure husband, with quhome we ar inse-
parabillie joynit, and to beir him and ws na les gude
will than gif all had procedit to this hour with the
knawlege and avyis of oure said derrest sister, quhome
ze sall assuir to find him reddie to do hir all the honour and service that scho can requeir of him.

Item, In cais the Quene oure gude sister sall mak
hir to think strange of oure mariage with the duke of
Orknay, be ressoun he wes suspectit and calumpniat
of the odious violence committit in the persoun of the
King oure lait husband, and that scho had writtin to
oure self sumquhat in that behalf of befoir. It is trew
that scho wrate to ws, and we send hir answer agane,
the copy quhairof we have deliverit zow heirwith,
quhilk will instruct zow sufficientlie quhat ze sall
answer to this objectioun, in cais ze be burdynit
with it : in effect it is this, that seing he wes acquite
be oure lawis, and be the sensament of Parlament,
and had further offerit him reddie to do all thing for
tryall of his innocencie that ony nobilman in honour
aucht ; we thocht the formar [to be] calumpny and
accusatioun, and that we mycht weill aneuch tak him
to husband.

Item, It may be that oure gude sister sall allege
oure present mariage not to be lauchfull, in sa far as
the Duke oure husband wes couplit to a wyff of be-

foir, quha zit levis : ze sall answer, that be the lawis
ressavit within oure realme, and often tymes practizit,
as is notour aneuch, his formar mariage wes dissolvit,
and the proces of divorce ordourlie led, for resolute
causis of consanguinitie, and utheris befoir oure mariage with him, and swa we mycht lauchfullie con-
summat the samyn; for it is na new thing nowther in
Scotland nor Ingland.

Item, ze sall put oure said gude sister in mynd of
the maistir of Marchellis lang captivitie, throw refuis
of ressonabill ransoum that mony tymes hes bene offerit, and the matir verie of motionat unto hirself, sen
thair is nathing to be had of thame in quhas handis
he now remanis, bot uttir rigour and extremitie;
that it will pleis oure said gude sister to appoint and
gif commissioun to sum discreit men to meit with
utheris of the lyke qualitie, to be send and appointit
be ws, for making ane modificatioun of the said ransoum, swa that the samyn being payit, the gentillman
may be fre of his lang sumptuous captivitie.

MARIE STUART

A LA REINE ÉLISABETH.

(Original — State paper office de Londres , Royal letters , Scotland, vol. 2.)

Demande d'un sauf-conduit pour George Leirmonth de Balcomie , et cinq person-nes de sa compagnie , afin qu'il leur soit permis de traverser l'Angleterre.

D'Édimbourg, le 18 mai 1567.

Richt excellent, richt heigh and michtie Princesse, oure darrest sister and cousingnes, we commend ws to zow in oure maist hartie wyise. Prayand zou to grant at yis oure requisitioun zoure saufconduct and sure pasport to oure lovitt George Leirmonth of Balcomy and fyve personis with him in cumpany, sauflie and suirlie, to cum within zoure realme of Ingland to ony toun, port, heavin, burne, cryke, or part yairof, on horsses or on fute, be sey, land or fresche watter, thair to remane and do yair lefull erandis and besinessis. And in sik sort to hant, re-sort and repair within zoure realmes, pas and repas throw ye samyn with horsses alsweill stanyt as gel-dingis, bulgettis, cofferris, caskettis, fardellis, gold, silver, cunzeit and uncunzeit ; letters clois and pat-tent, and utheris lefull necessaris quhatsumevir be zoure lawis not prohibit, without serche, arreist, tru-ble, or impediment to be done to yame or ony of yame within zoure said realme at ony toun, port or passuage yairof, and for ye space of ane zeir nixt efter ye day of ye dait of ye samyn, bot revocatioun, to indure. And gif ye said George or ony of ye saidis personis of his said cumpany happynnis to trespas within zoure said realme the persone offendar being puneist in his persone or guidis yairfor eftir ye qualitie of ye offence, zoure saufconduit nevyryeles to remane valable and in effect to ye remanent, behavand yame selfis honestlie as efferis, without offence. Richt excellent, rycht hie and mychtie Princesse, oure derrest sister and cousingnes, we pray God have zow in keping.

Subscrivit with oure hand and under oure signet, at Edinburgh, ye 18 day of may, and of oure regnne ye 25 zeir.

Zour richt gud sister and cusignes,

MARIE R.

MARIE STUART

A SIR WILLIAM CECIL.

(Autographe. — Collection du marquis de Salisbury, à Hatfield-House. Cecil papers.)

Vive instance pour que Cecil appuie auprès d'Élisabeth la demande dont le porteur est chargé et au succès de laquelle Marie Stuart attache le plus grand prix.

Le 19 mai (1567).

Mayster Cesil, je vous priray par ces deus mots de ma mayn de solisiter la Royne, madame ma bonne sœur, de m'accorder une resqueste si raysonable et qui me touche de si près au cueur que celle dont j'ai donné charge à ce porteur [1] vous informer au long, comme à celui de qui j'atands, en toute équité, faveur et bonne volontay. Me remetant donques sur lui, je ne fayray plus long discours que de me recommander à votre famme et à votre fille; priant Dieu qu'il vous doint, en santé, longue et heureuse prospérité.

Ce XIX de may.

Votre bien bonne amye,

MARIE R.

Au dos : A MAISTER CESIL, premier segrétayre de la Royne madame ma bonne sœur.

[1] Robert Melvil, envoyé par Marie Stuart pour annoncer son mariage.

MARIE STUART

AU PRÉVOT DE LA VILLE DE BERWICK.

*(Copie du temps. — Musée britannique à Londres, collection Cottonienne,
Caligula, B. V, fol. 318.)*

Confiance que le prévôt de Berwick aura plus de considération pour le maintien
de la paix, comme c'est le devoir de tout bon et fidèle sujet, que d'égard aux
insinuations et aux intrigues de séditieux et d'esprits pervers. — Témoignages
d'amitié qu'Élisabeth a donnés lors des derniers troubles. — Désir de Marie
Stuart d'en montrer sa reconnaissance en lui envoyant un député pour la remercier de ses bons offices. — Choix qu'elle a fait de Robert Melvil pour cette mission. — Désir que le prévôt lui donne toute facilité pour son voyage et lui four
nisse cinq chevaux de poste.

D'Édimbourg, le 24 mai (1567).

Mr. marshall, as it is the dewtey of every good and
faithfull mynestre and subyecte to followe the mynde
and just inclynation of thier superior and prince even
so we praie you rather to have regard unto the meu-
tual amitie betwixt the Quene our good sister your
soveraigne and us, and unto the union and concorde of
bothe the realmes, then unto the perswations or pas-
sions of any wicked or seditious person. In deed
suche frendship and kindnes have bene showen and
used unto us in our late trobles by our said good
sister yet we have cause and matter inough to send
unto her to thancke her, to visitt her and to conte-
newe on our parte all manner of good offices. So
that to the same effecte we have directed unto her

our familier serviteur Roberte Melvell whom we are assured wilbe agreable. Therefore ye will do her service and us pleasure to see him furthered in his jorney and furnished with fyve poste horses. And so we comitt yow to God.

From Edenburghe, the xxiij^h of may.

MARIE R.

Au dos : To the marshall of Barwicke.

—◦—

MARIE STUART

A L'ARCHEVÊQUE DE GLASGOW.

(Copie du temps. — Musée britannique à Londres, collection Sloane, n° 3199, fol. 150.)

Mission donnée par Marie Stuart à l'évêque de Dunblane auprès du roi de France, de la reine-mère, du cardinal de Lorraine et ses autres amis en France, pour leur rendre compte de l'état présent des choses en Écosse et de ce qui s'est passé depuis sa dernière lettre écrite de Stirling. — Vives instances afin que l'archevêque de Glasgow aide de tout son crédit l'évêque de Dunblane dans cette négociation et assiste à toutes les audiences qui lui seront accordées. — Charge que Marie Stuart a donnée à l'évêque de Dunblane de faire connaître ses volontés à l'archevêque.

D'Édimbourg, le 27 mai 1567.

Maist reverend fader in God and traist counsalour, we greit zou weill. We have presently direct the bischop of Dumblane towert the King, the Quein

moder, oure uncle the cardinall of Lorayne, and
utheris our freindis thair, amply instructit to mak
thame declaratioun and report of our present stait
and procedings sen our last wretting to zou of Striveling. The event indeed is strange and utherwyss
nor (we wait) ze wald have lukit for. But as it is suc-
cedit we mon tak the best of it; and sa, for our respect, mon all that luffis ws, of quhilk nowmer we
have evir thoucht, and zit dois, specially esteme zow;
for we think to giff zou na other occasioun quhill
we leave, and on zour part we lippin for na alteratioun. Becaus we ar assurit that this is noucht zour
first advertysment, bot that ze ar informit and hes
hard generalie of the successe and proceding of the
mater, we will not be prolixt in wreting, and the
rather be reasoun in our instructioun to the bischop
of Dumblane we have maid full discours of the verie
trewth of the mater and hes willit him befoir he sute
presence or mak ony report of his messaige, that he
mak zou previe and participant of his said instructioun, and follow zour advyse and counsell in the
handilling thairof, in all behalffis. Praying zou thairfore ernestlie and effectuuslie, as ze have evir in tymes past schewin zour diligence and integritie in the
procuring and advancement of all maters that hes
occurrit to our plessour, commoditie and commendatioun, alsweill sen we have particularlie employit zou
in our affaires, as of befoire only upoun the favour ze
bare ws, sa now in this caiss, being na less wechtie
bot rather of gretar consequence nor ony mater that

evir we had in hand, that ze betow zour study, ingyne, and effectual laubours, in the ordering of this present messaige and in the persuading thame to quhom it is direct to beleve that thing thairin quhilk is the very trewth ; according as we have mentionat the samyn sinceirlie, from the verie beginning, in our said in-structioun ; a greit part of the circumstance quhairof is alsweill knawin to zour self as to ony man levand. The mater is sic as we wald wysche it weill, and sua forbeiris presentlie to mix it with ony uthir purpos ; bot remitting to new occasioun and trusting and re-posing our self chiefly upoun zour dexteritie and faithfull travell, quhairof we doubt not, committis zou to God.

At Edinburgh, the 27 day of may 1567.

Autographe : Je vous prie le conduire et assister à toutes ses odiances et faire ce que il vous fayra entan-dre nécescère pour mon service, car je lui ay donné charge de vous faire entandre ma volontay en toutes mès affayres tant par dessà que par de là, et croyez le comme moy mesmes.

Votre bonne mestresse et amye,

MARIE R.

MARIE STUART

A SIR WILLIAM CECIL.

(Original. — State paper office de Londres, Royal letters, Scotland, vol. 20.)

Recommandation en faveur de Robert Melvil, que Marie Stuart envoie vers Élisabeth pour entretenir avec elle toute bonne amitié et intelligence.

D'Édimbourg, le 5 juin 1567.

Trusty and weilbelovit, we greit zou weill. We have sent the berair our servand Robert Malvile towart our gude suster the Q. zour soverane, instructit with our mynd in certane maters that he hes in charge of ws to declare to her on our behalf. And as ze have evir schewin zour self a gude minister to the intertenyment of the amytie and mutual intelligence betuix ws and our said gude suster, sa we desire and pray zou to continew as of before, quhairin ze do zour soverane gude service and ws verie acceptable plesoure. The berair will declair our mynd to zow at gretar lenth, to quhome we pray zou gif aydett. And sua fair ze weill.

At Edinburg, the fyft day of juny 1567.

Zour gud frind,
MARIE R.

Au dos : To our richt trusty and weilbelovit sir WILLIAME CECILL, knycht, principall secretair to the Q. our gude suster.

1567. — Une fois le mariage accompli, la plupart des seigneurs les plus considérables du pays se liguèrent ouvertement contre Bothwell, et tinrent plusieurs assemblées à Stirling, sous prétexte d'aviser aux moyens de rendre la liberté à Marie Stuart, qu'ils considéraient comme prisonnière.

En attendant, cette infortunée princesse fit paraître une proclamation pour calmer l'agitation du peuple; mais sa proclamation ne produisit aucun effet; les apparences étaient trop contre elle, et Bothwell, ne se croyant plus en sûreté à Édimbourg, se retira avec la reine à Borthwick.

Le 7 juin, les lords rebelles marchent contre ce château avec les forces qu'ils avaient rassemblées, et l'entourent. Cependant Bothwell et Marie Stuart parviennent à s'évader pendant la nuit, et se réfugient à Dunbar.

Le 11 juin, Morton et les autres lords confédérés entrent à Édimbourg, et annoncent par une proclamation que leur reine étant détenue prisonnière par Bothwell, ils ont nommé un conseil secret pour gouverner le royaume et pourvoir à la délivrance de leur souveraine.

Le 12 juin, les lords du conseil secret font une proclamation contre Bothwell, l'accusant du meurtre de Darnley, de l'enlèvement de la reine, et d'avoir employé la violence pour la faire consentir à l'épouser.

Le 14 juin, Bothwell, étant parvenu à rassembler 2,500 hommes, quitte Dunbar, et marche par Glades-muir vers Seaton.

Le 15 juin, les insurgés arrivent à Musselburgh, et rencontrent les troupes de la reine près de Carberry-Hill. Bothwell veut tenir tête à ses adversaires; mais la plupart de ses troupes montrant beaucoup d'hésitation, il renonce à ses projets de résistance et s'enfuit vers Dunbar.

La reine traite alors avec Kirkaldy de Grange et se rend à lui. Elle est ramenée à Édimbourg, et reste enfermée pendant vingt-deux heures à l'hôtel du prévôt, dans le plus grand dénûment.

Le 16 juin, une grande partie de la noblesse proclame, à Édimbourg, un acte d'association, par lequel elle s'engage à poursuivre Bothwell en justice pour l'assassinat de Darnley.

Ce même jour, les comtes de Morton, d'Atholl, de Marr, de Glencairn, et les lords Sempill, J. Graham, Sanquhar et Ochiltree signent l'ordre d'emprisonnement de leur reine.

Le 17 juin, Lindsey et Ruthven la conduisent au château de Loch Leven, résidence de William Douglas, frère utérin de Murray et héritier de Morton.

Le 23 juin, Villeroy, ambassadeur de France, arrive à Édimbourg, et sollicite en vain la permission de voir Marie Stuart. Cette permission est également refusée à sir Nicolas Throckmorton, envoyé d'Élisabeth.

Le 26 juin, proclamation des lords du conseil secret pour se saisir de Bothwell, qui jusqu'alors était resté à Dunbar.

Le 27 juin, Bothwell sort librement du port avec trois vaisseaux et se dirige vers les Orcades. Le conseil donne alors quelques bâtiments armés à Kirkaldy, qui se met à la poursuite de Bothwell. Il l'atteint et lui enlève deux vaisseaux. Bothwell s'échappe sur le troisième et se dirige vers la Norwège, mais il est arrêté par des croiseurs danois et accusé de piraterie : conduit par eux en Danemarck, il est jeté en prison, à Malmoë, où, malgré ses réclamations, il resta enfermé pendant le reste de sa vie.

Le 18 juillet, les lords du conseil secret proposent à Marie Stuart de désavouer son mariage avec Bothwell; elle s'y refuse, ne pouvant consentir à rendre illégitime l'enfant qu'elle portait alors dans son sein [1].

Le 24 juillet, Lindsey et Ruthven forcent la reine à signer un acte d'abdication en faveur de son fils, et à nommer Murray régent du royaume d'Écosse. Throckmorton lui avait fait parvenir en secret une lettre par sir Robert Melvil, dans laquelle il lui conseillait de consentir sans hésiter à ce qu'on exigeait d'elle, puisque, dans la position où elle se trouvait, aucun acte de ce genre ne pouvait être légal.

[1] Voyez la lettre de Throckmorton à Élisabeth, du 19 juillet 1567. Cette lettre, conservée au Musée britannique, Collect. Cottonienne, Caligula C. 1, fol. 18, a été publiée par Robertson, Appendix n° xxii. Trockmorton dit en parlant de Marie Stuart : « J'ai essayé aussi de lui persuader de se prêter à « ce qu'on exigeoit d'elle; savoir, de renoncer à regarder Bothwell comme « son mari, et de consentir que le divorce soit fait entre eux. Elle m'a fait « dire qu'elle n'y consentiroit jamais et qu'elle aimeroit mieux mourir. Elle « se fonde sur cette raison qu'elle se croit grosse de six semaines, et qu'en « renonçant à Bothwell elle se reconnoîtroit grosse d'un bâtard, et avoir forfait « à son honneur; ce qu'elle ne voudroit jamais faire au péril de sa vie. »

RECUEIL DES LETTRES

MARIE STUART

A SIR NICOLAS THROCKMORTON.

(Autographe. — Balcarras papers , dans la bibliothèque des avocats d'Édimbourg.)

Remerciment de Marie Stuart de la bonne volonté que Throckmorton lui a fait témoigner dans son malheur. — Sa reconnaissance à raison de la part qu'Élisabeth prend à son affliction. — Impossibilité où elle se trouve de lui écrire dans
sa prison de Loch Leven.

De Loch Leven, sans date (le 24 juillet 1567).

Monsieur de Trokmorton, je n'ay voulu faillir, ayant ceste commodité, de vouz faire ce mot de remercie-ment de la bonne volunté que par ce porteur [1] j'ay entendu me portez. En laquelle je vous prie continuer et présenter mes affectionnées recommendations à la Royne ma bonne sœur et la remercier, de ma part, de l'affection qu'elle me faict paroistre en mon affliction. Je n'ay loisir ni comodité de vous en escrire plus amplement, ni de luy escrire; par quoy, me remectant à vostre discrétion, priant Dieu qu'il vouz ait en sa saincte guarde.

De ma prison, en la tour de Loghlevin.

Vostre plus assurée et obligée amye,

MARIE R.

[1] Ce fut sir Robert Melvil qui rapporta cette lettre de Loch Leven, où il avait accompagné les lords Ruthven et Lindsey.

1567. — Le 29 juillet, le jeune fils de Marie Stuart, âgé seulement de treize mois, est couronné à Stirling sous le nom de Jacques VI. On commença la cérémonie par donner lecture de l'acte d'abdication de la reine-mère, et les lords Lindsey et Ruthven déclarèrent, sous la foi du serment, que cet acte avait été consenti par elle volontairement. L'ambassadeur d'Angleterre refusa de paraître à cette solennité; les Hamilton, et beaucoup d'autres grandes familles du royaume, refusèrent également d'y assister.

Au commencement d'août, le duc d'Albe entre dans les Pays-Bas, avec une armée de dix mille hommes qu'il ramenait d'Italie.

Le 11 août, le comte de Murray arrive à Édimbourg; en revenant de France, il avait passé de nouveau par Londres pour s'entendre avec les ministres d'Élisabeth. Il fut suivi de près par M. de Lignerolles, envoyé par Charles IX vers Marie Stuart.

Le 16 août, Murray vint à Loch Leven voir son infortunée sœur, et, avec son habileté ordinaire, il sut lui persuader que, son existence étant menacée, lui seul pouvait la sauver; de sorte qu'elle-même le pressa d'accepter la régence.

Le 22 août, Murray est proclamé régent d'Écosse, et M. de Lignerolles, n'ayant pu alors obtenir de lui la permission de voir Marie Stuart, quitte immédiatement Édimbourg.

<hr />

MARIE STUART

A SIR ROBERT MELVIL.

(Original. — Archives du comte de Leven et Melville, à Leven-House.)

Commission donnée à Robert Melvil de lui envoyer, par le porteur, du satin de diverses couleurs et d'autres étoffes.

De Loch Leven, le 3 septembre 1567.

Robert Melwyne, ze sall nocht faill to send with this berar to me half elle of incarnatt satin and half

elle of blew satin. Als caus Servais my conseirge send
me mair twynd silk gif ther restis ony; and sewing
gold and sewing silvir; als ane doublat and skirtis
of quhyt satin ane uthir incarnat ane uthir of blak
satin and the skirtis with thame. Send na skirt with
the ryd doublat; als ane lowse gowne of taffateis als
ze sall send the gowne and the uthyr clais that i bad
the lady Lidintoun gar send me, and als ze sall
nocht faill to send my madynis clais for thai ar nai-
kit, and marvells ze have nocht send thame sen zour
departing fra me togithyr with the camaraige and
lynync clayth quhairof i gaif zou ane memoriall and
gif the schone be nocht reddy maid caus send thame
with sum uther eftir. Als ze sall caus Servais send
tua pair schettis with tua unce of small blak sewing
silk; als ze sall caus him send me all the dry dames plowmis that he hes togither with the peris he
hes, this ze will nocht faill to do as doubt nocht
bot ze will, atour ze sall caus mak ane dozen of
rasene nedillis and mowlis and send me; and speir
at Servais gif he hes ony uther covering of beddis to
me nor grein and send me to put under the tother
covering. I mervell ze forget to send me silvir conforme to promis, committand zow to God.

At Lochlewyne, the ij of september.

                                      MARIE R.

Le 4 décembre, acte du conseil secret de Murray, qui, pour mo-
tiver la détention de Marie Stuart, fait mention pour la première
fois des lettres galantes et des promesses de mariage attribuées à
cette princesse.

Morton prétendait les avoir trouvées dans une cassette d'argent [1], saisie le 20 juin précédent, entre les mains de George Dalgleish, domestique de Bothwell.

Le 15 décembre, le parlement d'Écosse, convoqué par Murray, passe un acte à peu près semblable à celui du conseil secret.

Le 20 décembre, le parlement d'Écosse déclare Bothwell coupable de haute trahison pour avoir enlevé la reine, l'avoir détenue prisonnière et l'avoir forcée à l'épouser.

1568. — En février, Marie Stuart accouche, à Loch Leven, d'une fille, qui est emmenée en France, où elle devint ensuite religieuse à Notre-Dame de Soissons [2].

Le 23 mars, conclusion de la paix de Longjumeau.

Le 25 mars, George Douglas, frère de William, fait une tentative infructueuse pour délivrer Marie Stuart; n'ayant pu réussir, il se sauva seul.

À la première nouvelle de cet événement, Murray s'empressa de se rendre à Loch Leven.

---

[1] Cette cassette se trouve maintenant en possession de M. le duc de Hamilton, au château de Hamilton, près de Glasgow. Voir, pour les détails qui la concernent, *The History of Scotland, by Malcolm Laing; Edinburg,* 1819, in-8°, vol. II, p. 235.

[2] La grossesse de la reine d'Écosse a été niée par Gilbert Stuart, qui écrivait en 1782. Mais le docteur Lingard ayant reproduit ce fait comme constant dans son histoire d'Angleterre, j'ai cru devoir adopter sa version, en m'appuyant surtout du témoignage de Le Laboureur, historien très-recommandable, qui, dans ses additions aux mémoires de Castelnau, t. I, p. 610, de l'édition de 1731, parle de la fille de Marie Stuart.—Il faut se rappeler que l'auteur que je cite occupait un poste de confiance à la cour de France (il était conseiller et aumônier du roi), et qu'il avait pu connaître diverses particularités, gardées long-temps secrètes. D'ailleurs, lorsqu'il publia son ouvrage, il lui était facile de consulter les registres du convent de Notre-Dame de Soissons, et de s'assurer si en effet la fille de Marie Stuart y avait été religieuse.

MARIE STUART

A CATHERINE DE MÉDICIS.

(Autographe. — Collection de M. de Libri, à Paris.)

Vif remercîment de Marie Stuart pour la lettre que Catherine de Médicis lui a
écrite. — Misérable état dans lequel elle se trouve placée. — Protestation
d'un entier dévouement. — Ses supplications pour que la reine-mère prenne
pitié de son malheureux sort.—Nouvelles qui lui ont été transmises de France
par Murray. — Accord qui aurait été fait entre le roi et ses sujets, sous la
condition qu'il éloignerait sa mère et ne donnerait aucun secours à Marie Stuart.
—Intelligences entre les rebelles d'Écosse et les chefs des protestants en France.
— Connivence entre eux et certains serviteurs de Catherine de Médicis. — Espérance entière que place Marie Stuart dans la reine-mère et le roi, son fils.

De Loch Leven, le 31 mars (1568).

Madame, j'ay reçu vostre confortable lettre, le porteur de laquelle est encore prisonnier, et ne vous
puis assez très humblement remercier de vostre bonne
volonté. Je suis en si misérable estat que je ne vous
puis offrir service, et de la volonté elle vous est
vouée de tous temps. J'ay avec grande peine dépesché
ce porteur[1] pour vous faire entendre ma misère et
vous supplier avoir pitié de moy, combien que M. de
Mora m'a fait dire par sous-main, que le Roy vostre
fils s'estant accordé de faire la paix avec ses sujets,
à condition que le Roy ne m'envoyeroit nul secours,
et que vous seriez renvoyez chez vous. Sont de vos
serviteurs mesme qui leur font tels avertissemens, et

[1] John Beatoun, frère de l'archevêque de Glasgow.

aussi ils ont grande intelligence à l'Admiral et Prince[1], qui disent leur avoir promis et escrit qu'ils ne s'accorderont sans cela; ce que je ne veux croire, car, après Dieu, je mettray toute mon espérance en vous deux, comme ce porteur vous dira; auquel je vous supplie donner crédit comme à moy-mesme, car je n'ose escrire davantage, sinon prier Dieu vous avoir en sa sainte garde.

De ma prison, ce dernier de mars.

Vostre très humble et très obéissante fille,

MARIE.

Au dos : A LA ROYNE DE FRANCE, madame ma belle mère.

❧

MARIE STUART

A L'ARCHEVÊQUE DE GLASGOW.

(Copie. — Bibliothèque d'Aix, Manuscrit n° 569, in-4°.)

Vive recommandation faite par Marie Stuart à l'archevêque de Glasgow de remettre ses lettres et de solliciter en France en sa faveur. — Charge donnée au porteur de faire diverses communications de vive voix. — Prière adressée au roi, à la reine et à ses oncles de brûler toutes ses lettres. — Danger que Marie Stuart aurait à courir si l'on venait à savoir qu'elle a pu écrire.

De Loch Leven, le 31 mars (1568).

Monsieur de Glascow, votre frère vous fera entendre

[1] L'amiral Coligny et le prince de Condé.

TOM. II. 5

ma misérable condition, et, je vous prie, présentez-le et ses lettres, sollicitant ce que pourrez en ma faveur. Il vous dira le surplus : car je n'ai papier ni temps pour écrire davantage, sinon prier le Roi, la Reine et mes oncles de brûler mes lettres : car si l'on sait que j'ai écrit, il coûtera la vie à beaucoup et mettra la mienne en hasard, et me fera garder plus étroitement. Dieu vous ait en sa garde et me donne patience.

De ma prison, ce dernier mars.

Votre ancienne bien bonne maitresse et amie,

MARIE R., maintenant prisonnière.

Je vous prie faites délivrer cinq cents écus à ce porteur pour ses voyages, et plus s'il en a besoin.

1568. — En avril, M. de Beaumont, ambassadeur de France, arrive en Écosse.

Le 27 avril, il obtient une audience de Murray, et réclame en vain la liberté de Marie Stuart, que le régent avait formellement promise à Charles IX et à Catherine de Médicis en quittant la France.

MARIE STUART

A LA REINE ÉLISABETH.

*(Autographe. — Collection du marquis de Salisbury à Hatfield-House,
Cecil papers.)*

Charge donnée au porteur de rendre compte à Élisabeth de la position malheureuse de Marie Stuart. — Promesse faite par Élisabeth de la secourir en toutes
circonstances sur la présentation d'une bague qu'elle lui avait envoyée. — Impossibilité où se trouve Marie Stuart de lui représenter ce bijou resté entre les
mains de Robert Melvil, qui n'ose le lui rendre dans la crainte d'exciter la co-
lère de Murray. — Supplication afin qu'Élisabeth veuille bien avoir le même
égard pour la présente lettre et venir à son secours. — Danger qu'il y aurait
pour elle-même à permettre à des sujets de retenir leur reine prisonnière. —
Instante prière afin que l'on ne sache pas qu'elle a pu écrire.

De Loch Leven, le 1er mai (1568).

Madame ma bonne sœur, la longueur du temps
de mon enuieuse prison, et les torts recenx de ceulx
à qui j'ay fayt tant de biens, ne m'est si enuieuse,
que de ne vous pouvoir déclarer la vérité de mon
infortune, et des injures qui m'ont été faytes de plusieurs parts ; parquoy ayant trouvé moyen d'un bon
serviteur céans pour vous faire ce mot, j'ai mandé
à ce porteur toute ma conseption, vous suppliant le
croire comme moy mesmes. Il vous souvient qu'il
vous [a plu] me mander diverses fois que vous en-
[tendiez, voyant] la bague que m'avez envoyée, me
secourir [dans] toutes mes afflictions. Vous sçavez
comme [mon] frère de Mora a tout ce que j'ay. Ceulx
qui ont quelque chose sont convenu me rien déli-

5.

vrer. Robert Melvin au moyns dit ne me l'oser rendre, combien que je la lui avois bayliĕ segrettemant
comme mon plus cher joyau. Parquoi je vous supplie
que voyant la présante, ayez pitié de votre bonne
sœur et cousine, et vous assurés que n'aurés jamays
une plus prosche afectionnée parante en part du
monde. Vous pouvés aussi considérer l'importance de
l'exsample pratiqué contre moy, non seullement en
Roy ou Royne, mays par moindre qualité. Je vous
supplie guarder que personne ne sasche que je vous
ay écrit, car cela me fayra avoir pire trètement; et
ils se vantent d'estre advertis par leurs amis de tout
ce que vous dites ou faytes. Croyés ce porteur comme
moi-mesme. Dieu vous préserve d'infortune et me doint
passience et grâce que je vous puisse un jour lamanter ma fortune, et vous dire plus que je n'ose escrire,
qui vous serviroit non peu.

De ma prison, ce premier de may.

> Votre très oblisgée et affectionnée
> bonne sœur et cousine,
>
> MARIE R.

Au dos : A LA ROYNE D'ANGLETERRE, madame
ma bonne sœur et cousine.

MARIE STUART

A CATHERINE DE MÉDICIS.

(Autographe. — Bibliothèque impériale de Saint-Pétersbourg, Ms. n° 870.)

Surveillance exercée contre Marie Stuart pour l'empêcher d'écrire. — Confiance entière qu'elle met dans le porteur. — Vive recommandation qu'elle fait en sa faveur afin qu'il obtienne une large récompense. — Supplication qu'elle adresse au roi et à la reine-mère d'envoyer des forces en Écosse pour la secourir et la tirer de prison. — Assurance que toute l'Écosse se révoltera contre Murray et Morton aussitôt que les secours de France seront arrivés.

De Loch Leven, le 1er mai (1568).

Madame, je vous envoye ce porteur pour l'occasion que j'écris au Roy vostre fils, qu'il vous dira plus au long; car je suis guestée de si près, que je n'ay loisir que durant leur dîner, ou quand ils dorment, que je me reslesve : car leurs filles couschent aveques moy. Se porteur vous dira tout. Je vous supplie luy donner crédit, et les fayre récompancer luy et seulx qu'il vous présentera, autant que m'aimés. Je vous supplie de avoir tous deux pitié de moy; car si vous ne me tirés par force, je ne sortiray jamays, j'en suis seure, et que s'il vous plest envoïer forces, toute Écosse se révoltera contre Mora et Morton, si ils voyent que preniés la matière à cueur. Je vous supplie donner crédit au porteur, et me tenir en vostre bonne grâce, je prie Dieu qu'il vous donne la sienne et l'heur que je vous désire.

De ma prison, ce premier may.

Votre très humble et très obéissante fille,

MARIE.

Au dos : A LA REINE DE FRANCE, madame ma belle mère.

1568. — Le 2 mai, Marie Stuart parvient à s'échapper de Loch Leven avec l'aide du petit Douglas, âgé de seize ans. John Beatoun, un des frères de l'archevêque de Glasgow, et George Douglas, qui étaient restés cachés dans les environs, la reçoivent à son débarquement; lord Claude Hamilton les ayant bientôt rejoints avec une forte escorte, ils conduisent la reine à West-Niddrie, château appartenant à lord Seaton.

Le 3 mai, elle arrive en sûreté au château de Hamilton, et y révoque son abdication. A cette nouvelle, les comtes d'Argyll, de Cassilis, d'Eglington, de Rothes, et les lords Somerville, Yester, Livingston, Herries, Fleming, Ross, Borthwick, ainsi qu'un grand nombre d'autres seigneurs, s'empressent de venir lui rendre hommage. M. de Beaumont, envoyé de Charles IX, se rend également auprès d'elle.

Bientôt Marie Stuart se trouva à la tête de six mille hommes, prêts à tout sacrifier pour la rétablir sur le trône; mais elle perdit un temps précieux, se flattant du vain espoir d'amener Murray à une réconciliation. En attendant, ses ennemis se rassemblèrent aussi sous les ordres de Kircaldy de Grange et de Morton; et le 12 mai, Murray, qui se trouvait à Glasgow, déclare tous les partisans de la reine d'Écosse coupables de haute trahison.

Le 13 mai, Marie Stuart quitte le château de Hamilton pour se rendre à Dumbarton, et rencontre Murray près de Langside; le combat ayant été fatal à son parti, elle se sauve à Galloway, et de là à l'abbaye de Dundrennan, près de Kirkcudbright.

Le 15 mai, craignant de retomber au pouvoir de Murray, et se rappelant combien de fois Élisabeth l'avait pressée de venir en Angleterre, elle donna ordre à lord Herries d'écrire à Lowther, lieutenant du gouverneur de Carlisle, pour savoir quel accueil il pouvai lui faire. Ce même jour, elle envoie J. Beatoun à Londres pour réclamer l'assistance de la reine, sa cousine, et afin de la prévenir de l'intention qu'elle avait de se réfugier dans ses états.

MARIE STUART

A LA REINE ÉLISABETH.

(Imprimée. — Marie Stuart, Nouvelle historique. Paris, 1674, in-12, tome II, page 115.)

Refuge que Marie Stuart, dans son infortune, se voit contrainte de chercher en Angleterre après la révolte de ses sujets, qui l'ont chassée de son royaume. — Seul espoir qui lui reste dans la protection d'Élisabeth. — Prières pour qu'elle veuille bien l'admettre au plus tôt en sa présence. — Confiance qu'elle met dans la reine d'Angleterre.

(De Dundrennan, le 15 mai 1568.)

Ma très chère sœur, sans vous faire le récit de tous mes malheurs, puisqu'ils vous doivent estre connus, je vous diray que ceux d'entre mes sujets à qui j'avois faict plus de bien et qui m'avoient le plus d'obligation, après s'estre soublevez contre moy, m'avoir tenu en prison et traittée avec la dernière indignité, m'ont enfin entièrement chassée de mon royaume et réduite en un [tel] estat, qu'après Dieu je n'ay plus d'autre espérance qu'en vous; permettez donc, s'il vous plaist,

ma chère sœur, que j'ayé l'honneur de vous voir au
plus tost, afin que je vous puisse entretenir au long de
mes affaires. Cependant je prie Dieu qu'il vous com-
ble de ses faveurs, et qu'il me donne la patience et les
consolations que j'attends de recevoir de sa sainte
grâce par vostre moyen. . . . .

1568. — Le 16 mai, Marie Stuart, malgré les instances de tous
ceux qui l'accompagnaient, se décide à passer en Angleterre avant
d'avoir reçu la réponse de Lowther; elle traverse le golfe du Solway
dans un bateau de pêcheur, et débarque avec une suite peu nom-
breuse à Workington, sur les côtes du Cumberland.

Le 17 mai, l'infortunée reine d'Écosse, à peine arrivée à
Workington, écrit à Élisabeth pour lui annoncer son entrée en
Angleterre, et pour la conjurer de l'envoyer chercher le plus tôt
possible.

MARIE STUART

A LA REINE ÉLISABETH.

(*Autographe.* — *Musée britannique à Londres , collection Cottonienne ,*
Caligula , C. I , fol. 68.)

Projet dès long-temps arrêté par les rebelles de s'emparer de toute l'autorité
en Écosse. — Indulgence de Marie Stuart, qui leur a pardonné, même après
l'assassinat de Riccio commis en sa présence. — Concert qu'ils ont formé de
rejeter sur elle le nouveau crime qu'ils ont eux-mêmes commis sur la personne
du roi. — Prise d'armes contre elle sous ce prétexte. — Confiance de Marie
Stuart dans son innocence. — Son arrestation et sa captivité. — Nécessité où
elle s'est trouvée de signer son abdication devant les menaces de mort qui lui
étaient adressées. — Sa protestation contre cet acte, qui lui a été arraché par
la violence. — Accusation portée contre elle devant le Parlement, sans qu'il lui
ait été permis de se défendre. — Rigueur dont on a usé à son égard. — Sa
délivrance. — Ses efforts pour traiter avec les rebelles. — Sa résolution de se
retirer à Dumbarton avec sa noblesse. — Rencontre qu'ils ont faite des rebelles.
— Refuge qu'elle est venue chercher sur le sol d'Angleterre après la funeste
journée de Langside. — État de dénûment complet dans lequel elle se trouve.
— Supplication pour qu'Élisabeth prenne pitié de son malheur.

De Workington, le 17 mai (1568).

Madame ma bonne sœur, je crois que vous n'igno-
rés point de quel temps auquns subjects, lesquels
j'ay fait des moyndres les premiers de mon royaulme,
se sont mis en devoir de me travailler et faire se à
quoy il apert mayntenant ils tendoyent. Alors premier, vous sçavés comme ils proposèrent me prendre
et le feu roy mon mari, dont il pleut à Dieu nous
guarder, et nous permètre les chasser hors du pays,
où, à votre requeste, je les resceuts despuis, encores

qu'ils eurent comis en leur retour un aultre crisme de
me tenir prisonnière et tuer en ma présance un mien
serviteur, moy estand grosse; il pleut encores à Dieu
que je me sauvisse de leurs mains, comme si desubs
est dit, leur pardonais non seulement, ayns les resceus
en mesme faveur auprès de moy. Mays eulx, non encores contempts de tant de bienfayts, nonobstant
leur promesse au contrère, ont devisé et favorisé et
signé et asisté à un crisme pour le me mètre faulsement à subs, comme j'espère le vous fayre conoistre à
plain. Ils sont soubs ceste couleur venus en bataylle
contre moy, m'acusants d'estre mal conseillée et que
ils désiroient me délivrer de mavayse compagnie pour
me resmontrer les choses qui requéroyent réforma-
tion. Moy, me sentant inoscente, et désireuse d'esviter
le respandemant de sang, aley me mètre entre leurs
mayns, désirens de réformer ce qui estoit mal disposé;
incontinant ils me prindrent et me misrent en prison.
Lors je les acusey de leur promesse et priay que l'on
me fît entendre pourquoy l'on me masnioyt aynsi.
Ils s'absantèrent tous; je demanday d'estre ouïc en
Conseill; il me fut refusé. Brief ils m'ont tenue sans
serviteurs, que deus fames et un cuisinier et un chi-
rugien, et m'ont menassé de me tuer, si je ne si-
gnoys une démission de ma couronne, se que craynte
de soubdayne mort me fit fayre, comme j'ay vérifié
despuis devant toute la noblesse, que j'espère vous en
montrer tesmoygnage. Après il me resaisirent et m'ont
accusé et prosédé contre moy en parlemant sans me
dire pourquoy, ni sans m'ouïr, défandant tout advocat

de parler pour moy, contreygnant les autres de s'a-
corder à leur faulse usurpation de mon estast, m'ont
pillée de tout ce que j'avoys au monde ; ne me per-
metant jamays d'escrire ni parler pour ne rien con-
tredire à leurs faulses invantions. A la fin, il a pleu
à Dieu me délivrer lorsqu'ils pansoyent me fayre mourir, pour estre plus seur de leur estast, combien que
je leur ofris respondre à tout ce qu'il auroient à me
dire et de leur ayder à la punition de seulx qui seroient coulpables d'auqun crisme. Enfin il pleut à
Dieu me délivrer au grand contantemant de tous mes
subjects, excepté Mora, Morton, Humes, Glinquerne,
Mar et Semple, ausquels, après que toute ma noblesse
fut venue de toutes parts, j'envoyé dire, que non obs-
tant leur ingratitude et injuste cruauté usée vers moy,
je les vouloys bien semondre de leur devoir et leur offrir
seureté de vie et biens, et de tenir un parlement pour
resformer toutes choses. J'envoyé deus foys ; ils prirent
et emprisonèrent les mésagers, firent proclamations,
déclarant tous trytres ceulx qui m'asisteroyent et
coulpables de cest odieulx crisme. Je leur mandis
qu'il m'en nomassent un, je le délivreroys, les priant
me délivrer ceulx aussi qui leur seroient només ; ils
prindrent l'ofisier et mes proclamations. J'é envoié
demander seureté pour mylord Boyd, pour tryter
apointemant, ne désirant pour moy nulle effusion de
sang ; ils refeusèrent et dirent que si auqun avoit
fayli à leur régent et à mon fils, qu'il noment Roy,
qu'ils si me lessasent et se missent en leur voulontay ;
se que toute la noblesse prit en très mauvayse part.

Pour cela voyant qu'ils n'estoyent que particuliers,
et que ma noblesse m'estoyt plus affectionnée que
jamays, j'espérois aveques le temps et votre faveur
qu'ils seroynt reduits peu à peu. Et voïant qu'ils disoient me vouloir reprandre ou mourir tous, je m'as-
cheminay vers Donbertran, passant deus mille près
d'eus, ma noblesse m'acompagnant marchant en ba-
tylle entre eulx et moy; quoy voiant ils sortent et
vienent me couper chemin pour me prandre; mes
gens voïant cela, meulx de ceste extresme malice, pour
leur couper chemin, les rencontrent sans ordre, de
falson que combien qu'ils feusent deus foys aultant,
leur soubdayn marcher leur fit encor tel désavantasge
que Dieu a permis ils soyent desconfits, et plusieurs
tués et pris très cruèlemant, auquns tués se retirant
et estant pris, et incontinant la chasse fut rompue
pour me prandre alant à Donbertrant, et mestant
gens partout pour me tuer ou prandre. Mays Dieu
par son infinie bonté m'a préservée, m'estant sauvée
auprès de milord Heris, lequel et aultres seigneurs
qui sommes venus en vostre pays, estant assurée
qu'entendant leur cruaulté et comme ils m'ont traitée, que, selon vostre bon naturel et la fiance que
j'ay en vous, non seulemant me rescevrés pour la seureté de ma vie, mays m'aidérés et assisterays en ma
juste querèle, et semondrays les autres princes fayre
le semblable.

Je vous suplie le plus tost que pourrés m'envoyer
quérir, car je suis en piteux estat, non pour Royne,
mais pour gentillfame. Car je n'ay chose du monde

que ma personne comme je me suis sauvée, faysant soixante miles à travers champs le premier jour, et n'ayant despuis jamays osé aller que la nuit, comme j'espère vous remonstrer, si il vous plest avoir pitié, comme j'espère, de mon extresme infortune, de laquelle je laysseray à me lamenter pour ne vous inportuner et pour prier Dieu qu'il vous doint, en santé, très heurheuse et longue vie, et à moy pasiance et la consolation que j'antands resevoir de vous, à qui je présante mes humbles recommandations.

De Wirkinton, ce xvii de may.

Votre très fidelle et affectionnée
bonne sœur et cousine et eschappée prisonière,

MARIE R.

Au dos : A LA ROYNE D'ANGLETERRE, madame ma bonne sœur et cousine.

1568. — Le 18 mai, Lowther fait conduire Marie Stuart à Cockermouth, et de là, le lendemain, à Carlisle, avec tous les honneurs dus à son rang.

Le comte de Northumberland, étant propriétaire de la ville de Cockermouth, exige que la reine d'Écosse lui soit confiée; mais Lowther s'y refuse jusqu'à la réception des ordres de sa souveraine.

Le 19 mai, M. de Beaumont, qui avait rejoint Marie Stuart à Carlisle, repart pour la France.

En attendant, Élisabeth signe à Grenwich un warrant adressé aux shérifs et juges de paix du comté de Cumberland, par lequel il leur est enjoint de traiter Marie Stuart avec tout le respect possible, mais cependant de la surveiller avec soin, et de prendre toutes les mesures nécessaires afin qu'elle ne puisse s'échapper.

MARIE STUART

A CATHERINE DE MÉDICIS.

(Autographe. — Bibliothèque impériale de Saint-Pétersbourg, Ms. nº 870.)

Protestation de Marie Stuart d'un entier dévouement pour Catherine de Médicis
— Charge qu'elle donne à lord Fleming de lui en rendre témoignage.

De Carlisle, le 27 mai (1568).

Madame, mes fortunes vous sont assés notoyres, et à moy, durant icelles, l'obligation que j'ay de vous servir toute ma vie, comme ma volontay est très adonnée, selon que mon cousin, **M. de Flamin**, présant porteur, vous pourra tesmoygner; auquel je remestray tout ce que autrement je vous empescheray à lire : vous suppliant le croyre comme vous feriés moy-mesmes, et luy fayre paroystre le gré que le Roy vostre fils et vous lui sçaurez faire de sa fidélité esprouvée : et je vous présenteray mes très humbles recomendations à vostre bonne grâce, priant Dieu qu'il vous doint, Madame, en santé, très heureuse et longue vie.
De Karlile, ce xxvii de may.

Votre très humble et très obéissante fille,

MARIE R.

Au dos : A LA REINE DE FRANCE,
madame ma belle mère.

1568. — Le 28 mai, lord Scrope, gouverneur de Carlisle et commandant des frontières du nord, et sir Francis Knollys, vice-chambellan de la reine d'Angleterre, viennent de sa part avec des lettres de condoléances pour Marie Stuart, et lady Scrope, sœur du duc de Norfolk, est désignée pour rester auprès d'elle, avec ces deux seigneurs. Ce même jour, à Londres, le comte et la comtesse de Lennox se présentent devant Élisabeth pour lui demander justice contre Marie Stuart.

MARIE STUART

A LA REINE ÉLISABETH.

(Autographe. — Musée britannique à Londres, collection Cottonienne, Caligula, C. I, fol. 75.)

Remerciments de Marie Stuart pour les lettres que lui a écrites Élisabeth.— Son espoir de pouvoir faire la réponse de bouche. — Protestations d'attachement. — Résolution prise par Marie Stuart de venir chercher un refuge en Angleterre pour faire entendre à Élisabeth ses plaintes contre ses sujets et se laver des calomnies répandues contre elle. — Déclaration que c'est à la prière d'Élisabeth qu'elle a reçu en grâce ses sujets rebelles. — Sa confiance qu'elle voudra bien réparer le mal qu'elle a involontairement causé.— Mission de lord Herries afin de solliciter une entrevue entre Élisabeth et Marie Stuart. — Mission donnée à lord Fleming de passer en France pour remercier le roi de ses offres de service, sur l'assurance qu'Élisabeth prend l'engagement de rétablir Marie Stuart dans son royaume. — Protestation de Marie Stuart qu'elle ne veut s'adresser à ses autres alliés qu'à défaut d'être secourue par la reine d'Angleterre. — Plainte à raison des précautions qui ont été prises contre elle depuis sa venue en Angleterre, où elle paraît être traitée comme prisonnière. — Confiance qu'elle a mise dans Élisabeth en lui envoyant la bague qui devait lui servir de sûreté. — Charge qu'elle a donnée au porteur d'expliquer sa mission. — Proclamations venues d'Écosse qui ne permettent aucun retard. — Vives instances pour qu'Élisabeth force les rebelles à mettre un terme à leurs exécutions. — Remerciment pour la bonne réception qui lui a été faite, lors de son arrivée en Angleterre, par Lowther.

De Carlisle, le 28 mai (1568).

Ma dame ma bonne sœur, j'ay resceu deus de vos

letters, à la première desquelles j'espère fayre responce de bousche moy mesme, et, par milord Scrup.
et votre vischamerland [1], entandu votre naturelle
bonne inclination en vers moy ; ce que en certitude
je me suis tousjours promis, et vouldroys que mon
affection vers vous vous feut aussi aparante que sans
fiction je la vous porte de vray, et alors vous pance-
riés votre bonne voulontay mieulx emploiée que je
ne vous sauroys persuader par mes humbles mer-
simants.

Ma dame, je suis marrie que la haste en laquelle
j'écrivis ma dernière lettre m'a fayt obmètre, comme
j'aperçoys par la vôtre, la prinsipale chose qui me
meut à vous écrire et qui plus est cause prinsipale de
ma venue en ce votre royaulme : qui est qu'ayant ce
longtemps estay prisonière, et, comme desjà je vous
avoys écrit, trétée injustemant, tant par leur fayts que
par leur faulx raports, je desiroys surtout venir en
personne vous fayre ma complaynte, tant pour la
proximité du sang, similytude d'estat et professée amitié, que pour me descharger vers vous de telles calom-
nieuses parolles qu'ils ont osé proférer contre mon
honneur, et aussi pour l'assurance que j'avoys, que
outre tous ces points, vous auriés esguard, qu'estant
basnis pour leur crismes jà commis contre moy, qu'à
votre resqueste je rapelis ses ingrats subjects et les
remits en leur premier estast au destriment et préjudisse du mien, comme ores aparoit ; si donc pour votre

[1] Sir Francis Knollys, vice-chambellan de la reine d'Angleterre.

respect j'ay fayt ce qui a causé ma ruine, au moings trop près de là, puis-je pas justement avoir recours à celle qui, sans mauvayse intention, a causé le domasge, de réparer et amander cète erreur qui s'en est ensuivie. Or j'ay despesché milord Heris, mon fidelle et bien aymé subject, pour au long vous informer de toutes ces choses et autres de quoi j'ay peu entandre par messieurs Scrup et Knovles vous estes en doubte, vous supliant le croyre comme moy mesmes, et incontinant me fayre responce résolue par écrit si il vous plest avoir agréable qu'en diligence et sans sérimonie je viegne vers vous, où plus particulièrement je vous déduiray la vérité de tout ce qui m'est survenu au contrère de leurs mensonges, ce que je m'asseure aurés plésir d'antandre, comme il vous plest m'escrire. Et sependant, comme desubs m'assurez par vos lettres de prandre ma juste action entre vos mayns, jusques à ce que m'ayés remise en l'estast auquel il a pleu à Dieu m'apeller, et que tous princes sont tenus d'entretenir et ayder aultres, j'envoye en ce cas mon cousin milord Flimin, un fidelle subject, pour, estant par vous assuré de cela, passer en France remercier le Roy, monsieur mon bon frère, de ses offres et bons offices, lesquels je reserveray à un autre temps si j'en avois affayre, comme d'autres généralement, me contentant de votre ayde et suport du quel je me sentiray non peu oblisgée pour toute ma vie de reconoître en tout ce qui sera en ma puissance.

Si au contrayre, ce que je m'assure ne viendra de vous, ayns de quelques autres que je ne puis ni veulx

jusger, au moyns m'assurés-je que me permétrés,
comme librement je me suis venue jeter entre vos bras
comme à ma prinsipalle amye, qu'à votre refus, je
chersche les autres princes et amys mes alliés pour me
secourir, selon que plus me semblera commode sans
qu'en rien vous i soyés préjudisiée, ni l'ansiène amitié
jurée entre nous deus. Et lequel des deus qu'il vous
playra me sera le bien venu, combien que l'un me fût
plus agréable que l'autre, car, Dieu mersi, je ne suis
dénuée de bons amys ni voisins, en ma juste querelle,
par aynsin il ne gist pour moy que le retardement,
qu'à vous parler libremant comme faytes à moy, j'ay
trouvé jà un peu dur et estrange veu que si fransche-
ment je me suis mise en votre pays sans nulle condition, me fiant en votre amytié promise par vos fréquentes lettres, et que estant demeuré quasi comme
retenue prisonnière en votre château quinze jours, à la
venue de vos conseillers je n'ay obtenu permission
de vous aller lamanter ma cause, veu que ma fiance
en vous estoit telle que je ne demandoys qu'aler à
vous pour vous fayre entendre mes dolléances à la
vérité.

Or je vous suplie considérés de quelle inportance
ma longue demeure m'est, et pour n'estre cause de
ma ruine, qui, Dieu merssi, autremant n'est esvi-
dante, faytes moy conoître en effect la sinsérité de
votre naturelle affection vers votre bonne sœur et
cousine et jurée amie. Souvenés vous que j'ay tenu
promesse, je vous envoyés mon cueur en bague et
je vous ay aporté le vray et corps ensamble, pour

plus seurement nouer ce neud, si à vous me tient.

Or pour ne fayre tort à la sufisance de ce porteur, auquel vous pouvés croyre comme à moy, je ne vous inportuneray de plus long discours, si non vous présanter mes affectionnées recommandations à votre bonne grâce et prier Dieu vous donner, ma Dame, en santé, longue et heurheuse vie.

De Karlil, ce xxviii de mey.

Votre très fidelle et oblisgée, s'il vous plest, bonne sœur et cousine sans varier,

MARIE.

Post scriptum : J'ay despuis ma lettre écrite resceu advertissemant pour certain, comme messieurs qui se discnt régens et gouverneurs ont fayt leur proclamations pour venir prendre et abatre toutes les mésons des gens de biens et apréhender leur personnes, ce par quoy vous pouvés jusger combien le temps que jà j'ay obmis m'est nuisant; par quoy je vous suplie, si au moyns comme je me promêts avés esguard à mon bien et de ce pouvre royaulme voisin, en toute haste mander à ses messieurs qu'ils cessent de poursuivre par voye de fayt, car vous en voulés mesler et mayntenir ma juste querelle. Ce porteur vous en déduira la nessécité plus au long et je priray Dieu qu'il vous ayt en sa guarde; je ne peulx oublier aussi de vous remersier de la bonne resception que j'ay euc en votre pays prinsipallemant par le député de votre warden, mester Loders, lequel, en ce que peult un

6.

serviteur sans commandemant exprès de son maytre, m'a resceu en toute courtoysie; ce que je vous suplie lui fayre paroytre vous avés agréable, affinque les autres n'ayent subject d'en user autrement.

Au dos : A la ROYNE D'ANGLETERRE, Madame ma bonne sœur et cousine.

⤛⬦⤜

MARIE STUART

A SIR WILLIAM CECIL.

(Autographe. — Musée britannique à Londres, collection Cottonienne, Caligula, C. I, fol. 84.)

Espoir de Marie Stuart de trouver dans Cecil, en son malheur, un appui certain. — Recommandation en faveur de lord Herries, qu'elle envoie vers Élisabeth.

De Carlisle, le 29 mai (1568).

Mester Cesiles, l'équité, dont vous avvez le nom d'estre amateur, et la fidelle et sincère servitude que vous portés à la Royne, Madame ma bonne sœur, et par conséquent à toutes celles qui sont de son sang et en pareille dignité, me fayt, en ma juste querèle, par sur tous autres, adresser à vous en ce temps de mon trouble pour être advancée par votre bon conseille, et que j'ay commandé à mi lord Herris, présant porteur, vous fayre entandre au long; sur lequel me remétant après m'être recommandée à votre famme et à vous, je priray Dieu vous avoir en sa saynte guarde.

De Karlile, ce xxviii de mey.

Votre bien bonne amye,
MARIE R.

Au dos : A MESTER CECILES, premier segrétaire de la Royne, Madame ma bonne sœur.

⊷⊶⊷

INSTRUCTIONS

DONNÉES PAR MARIE STUART A LORD FLEMING.

(Original — Bibliothèque royale de Paris, manuscrit de Harlay,
n° 189, fol. 209.)

Remontrances d'Élisabeth contre la demande faite par Marie Stuart d'un secours de France. — Protestation d'Élisabeth qu'elle voulait assister elle-même Marie Stuart contre Murray et les autres rebelles. — Nécessité où se trouve la reine d'Écosse de renoncer au secours du roi de France, pour attendre l'effet des promesses de la reine d'Angleterre. — Mission confiée à lord Herries et à lord Fleming pour traiter sur ce point avec elle. — Charge donnée à lord Fleming, en cas de refus d'Élisabeth, de supplier le roi d'envoyer en Écosse un secours d'hommes et d'argent pour forcer Murray à rentrer dans le devoir. — Désir de Marie Stuart de se rendre en France si elle n'est pas assistée par Élisabeth. — Demande afin que sa pension lui soit payée et qu'il soit envoyé des vivres et des munitions à Dumbarton. — Remerciments que Marie Stuart prie le roi d'adresser à Élisabeth pour le traitement qu'elle a reçu en Angleterre. — Récompenses qu'elle l'engage à donner à divers seigneurs écossais qui lui sont restés fidèles. — Avis que ses bijoux ont été envoyés hors d'Écosse par les rebelles pour être vendus. — Précautions qui doivent être prises en ce qui concerne la garde écossaise en France, et les Écossais qui viendraient dorénavant d'Écosse. — Mauvais traitement que les Écossais rebelles ont fait subir à M. de Beaumont, envoyé du roi de France. — Rançon qu'il a été forcé de leur payer. — Intelligences qui existent entre les rebelles écossais et les rebelles de France.

De Carlisle, le 30 mai 1568.

INSTRUCTIONS A MYLORD FLEMYNG POUR ESTRE PAR LUY
USÉES VERS LE ROY TRÈS CHRESTIEN POUR LES AF-
FAIRES DE LA ROYNE D'ESCOSSE, DOUAIRIÈRE DE
FRANCE.

Premièrement : Faire entendre à Sa Majesté que
depuis le partement de monsieur de Beaumont, che-
valier de son ordre (qui fut dépesché à Carlell en
Angleterre le XIXme de ce présent mois de may), où la
dite dame Royne pour sauver sa vie avoit esté contrainct se retirer comme plus amplement il aura
compté à Sa Majesté, la dite Dame a receu lettres et
advis de la Royne d'Angleterre qui luy escript, savoir :
qu'elle avoit envoïé en France vers le Roy luy demander secours et support de gens et de munitions
de guerre pour ayder à la remettre et restituer en la
place et couronne où il a pleu à Dieu l'appeller. Duquel secours elle ne se pouvoit aucunément contenter ; et quant bien elle ne le trouveroit mauvais,
ceulx de son conseil ne s'en contenteroient jamais,
allégant que ce seroit plus pour le dommage de l'une
que pour le bien de l'aultre ; mais bien qu'elle la con-
seilloit prendre ung aultre chemin, qui est de n'em-
ploïer aultre qu'elle, et luy fourniroit de gens, argent, artillerie et aultres choses qui luy sont nécessaires
au cas que le S^r. de Mura, et aultres de sa société, ne
se voulsissent à sa requeste condescendre et ranger à

telle raison qui sembleroit bonne à la dite Dame Royne d'Escosse.

Se voyant la dite Dame réduicte en la nécessité et affliction que chacun sçait et estant dedans les terres de la dite Royne d'Angleterre (où elle a esté assez bien et honorablement traictée : touteffois comme arrestée depuis qu'elle y est entrée) elle est contraincte se contenter et accepter pour le présent ceste offre, et réserver pour une aultre foiz le Roy et ses amys en France, et plaira à Sa Majesté le tout bien considérer et les aultres points nécessaires que le dit S^r. de Flemyng luy pourra dire et remonstrer amplement.

Pour l'effect de quoy, elle envoye présentement vers la dite Royne milord Herys et milord Flemyng, deux de ses bien aymés et fidelles subjects, pour traicter et conclure de ce propos, et puis après le dit S^r. de Flemyng passera en France faire entendre au dit Seigneur Roy ce qui en sera réuscy et résolu.

Suivant ceste résolution, si besoing est, remonstrer au dit Seigneur Roy très Crestien qu'estant la dite Dame en l'estat qu'elle est maintenant, elle ne peult et ne doibt employer aultre que le dit Seigneur à la supporter et secourir, le priant bien humblement de sa part à ceste fin de luy ayder de deux mil hommes de guerre à pied, de l'argent pour entretenir cinq cent chevaulx legers, avec telle artillerie et autres munitions de guerre nécessaires pour le recouvrement de ses forteresses, desquelles le dit S^r. de Mora et ses adhérans se sont saisiz, les tiennent et occuppent encores maintenant, dont de ce sera fait ung mémoire

que baillera le dit sieur de Flemyng. Avec ces forces,
se joindront presque tous les seigneurs du royaume
et subjects de la dite Dame, la plupart desquelz ont
à ceste dernière journée si bien et vaillament faict leur
debvoir, comme à bons et fidelles subjects envers
leurs souverains appartient, qu'ils ne méritent rien
moins que louange et grand contentement. Ils continuent en bonne volunté de faire encores de mesmes
toutes les foiz que l'occasion se présentera.

Si la dite Dame n'obtient support de la dite Royne
d'Angleterre, comme elle a promis, et elle luy permet passer oultre, elle yra en personne faire sa ré-
vérence au dit Seigneur Roy et luy lamenter sa
cause sur l'effect que dessous.

Pour ce mesme effect, qu'il luy plaise commander
lui paier sa pension dont luy est deue trois années,
faisant entendre la nécessité où elle est. Cependant il
seroit très bon et nécessaire envoyer un présent support de vivres et munitions d'artillerie au château et
place de Dunbertrand.

Néantmoins qu'il plaise au Roy escrire à la Royne
d'Angleterre et la remercier du bon traitement que la
dite dame Royne d'Escosse a receu en son royaume
et de ses aultres bons offices envers elle. Qu'il luy
plaise aussi envoyer son ordre en Escosse à deux ou
trois des seigneurs que la Royne vouldra nommer
et qu'elle sçaura l'avoir mieulx mérité, pour les gra-
tifier du debvoir qu'ils ont faict et pour leur augmenter l'envye de continuer quand l'occasion se présentera.

Toucher un mot au dit Seigneur Roy des bagues et joyaulx de la dite Dame qu'elle a esté advertye avoir esté envoyez par les rebelles hors du pays pour vendre. Et s'il se trouvoit y en avoir aucuns en France, que le Roy veuille commander les arrester et cependant faire deffendre à tous quelz qu'ils soient de n'en acheter n'y ne s'en mesler et entremettre aucunement.

Au demeurant advertir le Roy que ceulx de sa garde et autres Escossois en France s'estudient entièrement à s'enquerir et savoir par subtilz moïens ce qui s'y faict et conclud en ce qui concerne la dite Dame et en donnent ordinairement advertissement aux enne-mys de Sa Majesté, comme le dit Seigneur Roy sçaura fort bien, s'il luy playt les faire examiner, avec l'ad-vertissement du seigneur de Glasco; et pour éviter à cela, la dite Dame desire bien et prie le Roy com-mander d'arrêter telz perturbateurs et doresnavant ne laisser entrer en France aucuns qui y viendront, ou par mer, ou par terre, s'ilz n'ont passeport ou de la dite Dame, ou de ses lieutenants; et aussi qu'il ne soit receu nul Escossois en sa guarde, sinon ceulx qui auront tesmoignage et certiffications de la dite Dame, de leurs fidélité et bon vouloir au service du dict sei-gneur et de la dite Dame.

N'oublier en passant à faire entendre au Roy le ri-goureux traictement dont ont usé vers le dit S^r. de Beaumont les rebelles d'Escosse, comme il venoit de Hamiltonn à Dunfries pour trouver la Royne et comme, pour eschappèr de leurs mayns, il fut contraint de leur donner argent.

Advertir le Roy de la grande intelligence qui est entre les ennemis de la dite Dame Royne et ceulx qui se sont rebellez contre le Roy, et qu'il ne se faict rien dont l'un ne donne advertissement à l'aultre.

Faire et dire au surplus devant le Roy par le dit seigneur de Flemyng tout ce qu'il verra et trouvera bon estre, en toutes choses, pour le bien et affaires de la dite Dame Royne.

Faict à Carlelle, ce pénultiesme jour de may, l'an mil v^e soixante huict.

MARIE R.

INSTRUCTIONS

DONNÉES PAR MARIE STUART A LORD FLEMING.

(Copie du temps. — Musée britannique à Londres, collection Sloane, n° 3199, fol. 339.)

Communication qui doit être donnée au cardinal de Lorraine des instructions remises à lord Fleming pour sa mission auprès du roi. — Demande d'un secours d'argent dont Marie Stuart a le plus pressant besoin. — Recommandation qu'il ne soit rien payé que sur l'avis de lord Fleming. — Prière pour que ses oncles lui envoient un service d'argenterie. — Avis des intelligences qui existent entre des archers de la garde écossaise et les rebelles d'Écosse. — Instance pour que l'accueil le plus favorable soit fait en France aux seigneurs écossais demeurés fidèles, spécialement au duc de Châtellerault et à son fils. — Remercîments que Marie Stuart prie le cardinal d'adresser à lord Herries, à raison des sacrifices qu'il a faits pour elle. — Avis donné par Marie Stuart que, pendant sa captivité en Écosse, on lui a montré les copies de diverses lettres qu'elle écrivait au cardinal de Lorraine et au roi. — Précautions qui doivent être prises en France à cet égard. — Avis qui doit être demandé à M. d'Aumale pour l'envoi de munitions de guerre en Écosse. — Instance pour qu'il soit pourvu de France au remboursement des dépenses que pourraient faire à Londres les lords Herries et Fleming.

De Carlisle, le 30 mai 1568.

INSTRUCTIONS A MYLORD FLEMYNG, ENVOYÉ VERS MONSEIGNEUR LE CARDINAL DE LORRAYNE.

Luy communiquer les instructions que le dit S^r. de Flemyng a vers le Roy et le prier de la part de la dite Dame qu'il tienne la main en tout ce qui concerne son service.

Oultre luy remonstrer la nécessité où S. M. est réduite, estant desnuée entièrement de tous biens, meubles, bagues et jóyaulx, que les rebelles de son royaulme ont prins et pillé et faict vendre une partie d'iceulx, comme elle a esté bien advertie, et pour ceste cause le prier bien affectueusement, que non seulement il fasse en sorte que le plus d'argent qu'il sera possible soit mis ensemble et appresté pour son service, au plustost que faire se pourra, mais aussi que luy, ses frères et amys, l'aydent et secourent du leur en ceste sa nécessité, et cependant commander au thésaurier de S. M. qu'il luy envoye instamment par le S^r. de Betoun, ou face tenir à Londres par banque ou autrement, vingt-cinq ou trente mil livres pour s'entretenir, et qu'il deffende audict thésaurier, comme S. M. faict elle mesme, que rien ne soit payé tant des gaiges de ses officiers que d'autres qu'elle a assignez par ses mandemens et autrement, contenus en son estat, sinon ce dont elle a donné charge au dit S^r. de Flemyng luy dire.

Que la Royne n'a aucun buffet pour la servir, priant messieurs ses oncles s'il leur plaist luy en prester quelqu'ung des leurs, affin qu'elle n'employe son argent à en achepter ung, aultrement elle se remet à leur discrétion de faire comme bon leur semblera.

Faites entendre à mon dit seigneur, qu'il y a plusieurs Escossois en France, tant à la garde, qu'aultres, qui sont bien cogneus par M^r. de Glasco, lesquels ne s'estudient à aultre chose qu'à s'enquerir avec subtils moyens, de ce qui se faict et conclud en ses affaires, et en advertissent à tous coups ceulx qui sont ennemys et cherchent sa vie. S. M. desire que tels gens soient serrez et examinez et ostez des lieux où ils peuvent faire telle nuisance.

Que mon dit S^r. le Cardinal face que toute faveur, amitié et bonne volonté soit monstrée aux seigneurs et aux aultres Escossois, estant à présent et qui pourront estre en France, estant de ses amis et bons et fidèles sujets, spéciallement à M. le duc de Chastellerault et son fils.

Sur ce propos le prier qu'il escripve à mylord Herys, le remerciant des bons services qu'il a faicts et continue de faire à la Royne, laquelle n'a aultre chose en sa nécessité que ce qu'il luy a fourny et fournist ordinairement. Il a laissé sa maison et biens pour suivre et faire service à S. M. Parquoi S. M. desireroit de bien bon cueur qu'il fust recogneu par quelque honneste moyen. On a honnoré ung S^r. de Moray qui n'a jamais rien mérité auprès de luy.

Advertir mon dit seigneur qu'estant la Royne captive, les rebelles lui ont reproché et remonstré plusieurs fois des doubles des lettres qu'elle luy escrivoit et au Roy, se vantant les avoir recouvrées tant par le moyen des clercs, des secrétaires, spéciallement de ceulx de feu Mr. de L'Aubespine, que aultrement, à quoy il se seroit bon donner ordre pour le temps à venir.

Adviser avec M. d'Aumalle, qui congnoist le païs d'Escosse, des munitions de guerre et aultres choses nécessaires, et le prier (entre les corselets et harnois qui pourront estre achetez pour cest effect) qu'il en soit choisy demie douzaine dorez et beaulx pour aucuns de ces seigneurs; n'oublier aussi un bon nombre de piques et harquebuzes.

Advenant que les dits seigneurs de Herys et Flemyng empruntent (suivant le commandement de la Royne et pour le service de S. M.) aucune somme de deniers à Londres pour ayder à subvenir à ses affaires, en attendant qu'il luy en soit envoié de France par Mgr. le Cardinal et aultres maniant les affaires de S. M. en France, de faire rembourser ce qu'ils auront emprunté au terme qu'ils auront promis.

Faire et dire au surplus par le dit Sr. de Flemyng, tout ce qu'il verra estre bon pour le bien et service de la dite Dame.

Faict à Carlill, le pénultiesme jour de may, l'an mil cinq cent soixante huit.

MARIE R.

WARRANT

DONNÉ PAR MARIE STUART AU COMTE DE HUNTLY.

*(Original. — Musée britannique à Londres, collection Cottonienne,
Caligula, C. I, fol. 61.)*

Autorisation accordée au comte de Huntly de former, nonobstant le dernier acte
du Parlement à ce contraire, des ligues et associations pour la défense de
Marie Stuart.

Sans date (1568).

, REGINA.

We understandinge the trew and faithfull service
donn to ws be our cusinge George erlle of Huntley lord
Gordoun and Badzenoct etc. and that he is willinge in
our service as we hewe ado till bestow his bandis on
dyvers of our subjectis and for the mair securite re-
savis and gewis bandis of manrent and manteinance.
And becaus the gewinge and resavinge off sic bandis
is of befoir be anc act of Parliament dischairged ; heir-
for we haive permittit and gewin liceance and be thir
presentis permittis and gewis liceance to our said cusinge George erlle of Huntley etc. to resaif band and
bandis of manrent or kyndnes frae quhatsumever persone or personis or subjectis heretable or utherwayis,
as he and the gewar sall appoynte and conveine;
and siclyk to gif his band of manteinance to thaime
and ewerilk ane of thaim. Notwithstandinge oney

act or constitutioné maid in the contraire with the
quhilkis and all the pains therintill quhairthrow nether the gewar nor resaivair sall incur one danger in
thair bodeyis, landis, guiddis and gair in tymis cumminge be this presents we dispence.   Dispensand also
with all bandis of manrent or utheirs resavit be him
and all bandis of manteinance gewin be him to quhatsumever persone or persones befoir the dait heirof
and sithun with all bandis of manrent or manteinance
resavit or gewin be his umquhille father of guid me-
moriey duringe his lyftym.   And this liceance and
dispensatione to resaif and gif bandis to the effect
abone writtine till have place and stand to the said
erlle and for his umquhille father for ws and for our
successouris in all tymis cumminge be thir presents
subscrivit be ws and gewin under our signet at . . .
· · · · · the · · · · day of

MARIE R.

1568. — Le 4 juin, lord Herries, que la reine d'Écosse avait envoyé à Élisabeth, afin de solliciter de nouveau la permission de venir à sa cour, arrive à Grenwich.

Le 8 juin, Middlemore quitte Londres, envoyé par Élisabeth à
Carlisle, et de là en Écosse.

Le 13 juin, il arrive à Carlisle, et remet à Marie Stuart une lettre d'Élisabeth, par laquelle cette princesse refusait de l'admettre
en sa présence avant qu'elle se fût justifiée de l'accusation d'avoir
participé au meurtre de son époux.

MARIE STUART

A LA REINE ÉLISABETH [1].

(Autographe. — Musée britannique à Londres, collection Cottonienne, Caligula, C. I, fol. 94.)

Protestation de Marie Stuart contre le refus que fait Élisabeth de l'entendre en personne. — Déclaration que, si elle s'est réfugiée en Angleterre, ce n'est ni par suite d'une nécessité absolue, ni pour mettre ses jours à l'abri ; mais pour venir accuser ses sujets rebelles devant Élisabeth, lui prouver son innocence et la choisir entre tous pour être rétablie par elle sur le trône. — Plainte de Marie Stuart de voir sa démarche mal interprétée. — Regret qu'elle éprouve des craintes que manifeste Élisabeth de compromettre son honneur si elle venait à son secours. — Autorisation qu'elle sollicite, puisqu'il en est ainsi, de se retirer auprès d'autres princes qui ne craindront pas de lui venir en aide. — Assurance qu'elle donne à Élisabeth de venir se remettre entre ses mains, si elle l'exige, et de lui prouver en tout temps son innocence. — Vive instance pour qu'elle veuille bien au moins l'entendre elle-même dans sa justification. — Préjudice irréparable que tout délai apporte au rétablissement de ses affaires en Écosse. — Tort que lui a déjà causé le pardon qu'elle accorda aux rebelles, à la prière d'Élisabeth. — Différence dans la conduite tenue par Élisabeth à l'égard de Murray, le bâtard, rebelle et fugitif, qu'elle a admis en sa présence, tandis qu'elle lui refuse, à elle, cette faveur. — Insistance pour qu'Élisabeth consente au moins à demeurer neutre. — Déclaration de Marie Stuart qu'elle veut bien prendre volontairement Élisabeth pour arbitre de son innocence, mais qu'elle ne consentira jamais, dût-elle être retenue prisonnière, à entrer en discussion avec ses sujets, et qu'elle aimerait mieux mourir que de se soumettre à cette humiliation. — Prière pour qu'une réponse favorable soit donnée à lord Herries. — Sollicitation afin qu'il soit enjoint à lord Scrope de ne mettre aucun obstacle aux intelligences que Marie Stuart s'est ménagées en Écosse. — Résolution prise par Marie Stuart de ne faire aucune communication intime à Élisabeth que de vive voix.

De Carlisle, le 13 juin (1568.)

Madame ma bonne sœur, je vous mercie l'envie qu'avez d'ouïr la justification de mon honneur, qui

[1] Il existe une minute autographe de cette même lettre dans le volume 133 des *Cecil papers* de la précieuse collection du marquis de Salisbury à Hatfield-House.

doibt importer à tous princes, et d'austant plus à vous, que j'ay cet honneur d'estre de votre sang si proche; mais il me semble que telz qui vous persuadent que ma réception vous tournera à dishonneur, manifestent le contraire. Mais hélas! Madame, où ouistes-vous jamais un prince blasmé pour escouter en personne les plaintes de ceulx qui se deullent d'estre faussement accusez? Ostez, Madame, hors de votre esprit que je sois venue icy pour la sauveté de ma vie, (le monde ni toute Écosse ne m'ont pas reniée) mais pour recouverer mon honneur et avoir support à chastier mes faulx accusateurs, non pour leur respondere à eulx comme leur pareille, car je sçay qu'ils ne doyvent avoir lieu contre leur prince, mais pour les accuser devant vous, que j'ay choisie entre tous autres princes, pour ma plus proche parente et parfaicte amye; vous faisant, comme je supposois, honneur d'estre nommée la restitueresse d'une royne qui pensoit tenir ce bienfaict de vous, vous en donnant l'honneur et le bon gré toute ma vie, vous faisant aussy connoytre à l'œil mon innocence, et comme faulsement ils m'ont menée; je vois à mon grand regret qu'il est interprété autrement.

Et pour ce que vous dites que vous estez conseillée par gens de grande qualité de vous garder en cette affaires; jà à Dieu ne plaise que je soye cause de votre déshonneur, au lieu que j'avois intention de chercher le contraire. Pourquoy, s'il vous plaist, pour ce que mes affaires requièrent si grande haste, veoiez si les autres princes en feront de mesmes, et puis vous

n'en sçauriez estre blasmé. Permettez-moy de chercher ceulx qui me recepveront sans cette crainte là,
et prenez quelle assurance vous vouldrez de moy,
quand je me devrois remettre entre vos mains après,
ce que je pense ne désirerez, qu'estant remise en mon
lieu et mon honneur restitué, tous estrangers hors
du pays, je viendray vous faire entendre ma cause et
me justifier pour mon honneur et pour l'amitié que
je vous porte, et non pour subjection que j'aye de
respondre à des faulx subjects. Ou bien m'envoyant
quérir, sans donner crédit, comme il semble que faic-
tez, à ceulx qui n'en sont dignes, usez de votre faveur et ayde premier, et lors vous verrez si j'en suis
digne; si vous trouvez que non, et que mes demandes
soyent injustes ou à votre préjudice ou à votre déshonneur, il sera temps quand je seray là de vous descharger vers moy, et me laisser chercher ma fortune
sans vous en empescher; car estant innocente, comme
Dieu mercy je me sents, ne me faictes-vous pas tort de
me tenir icy, sortant de prison, comme quasi en une
aultre, donnant courage à mes faulx ennemis de con-
tynuer en leurs obstinées menteries, et à mes amis
terreur, délayant leur ayde promise d'ailleurs, si je
les voulois employer? J'ay tous les gens de bien de
ma part, et mon retardement me les peut fayre perdre
ou devenir aultres, et puis ce sera à faire une nouvelle
conqueste.

   J'ay, pour l'amour de vous, pardonné à ceulx qui,
à ceste heure, cherchent ma ruine; de quoy je vous
puis accuser devant Dieu, et crains encores que votre

retardement me face perdre le reste. Excusez-moy, il m'importe, il fault que je vous parle sans dissimulacion : vous recevez ung mien frère bastard à votre présence, fugitif de moy, et vous me la refusez, que, je m'asseure, me sera tant plus délayée que ma cause est juste. Car c'est le remède d'une mauvaise cause de fermer la bouche aux défendeurs ; et puis je sçay que c'estoit la commission de Jon Wood que de procurer ceste délayance, comme leur plus certain remède à une injuste querelle et usurpation d'autorité. Par quoy, je vous supplie, aydez-moi, m'obligeant à vous de tout, ou soiez neutre, et me permettez chercher mon mieulx d'ailleurs; autrement remettant les choses en longueur, vous me ruinez plus que mes propres ennemys. Si vous craignés blasme, au moins pour la fiance que j'ai eue en vous, ne faites pour moy ni contre moy, que ne voyez comme je viendray à mon honneur, estant en liberté, car icy je ne puis ny ne veulx respondre à leurs faulses accusations, mais ouy bien par amitié et bon plaisir me veulx-je justifier vers vous *de bonne voglia*, mais non en forme de procés contre mes subjectz, s'ilz n'avoyent les mains liées; Madame, eux et moy ne sommes en rien compaignons, et quand je devrois estre tenue icy, encores aymeroy-je mieulx mourir que me faire telle.

Or, laissant à parler comme vostre bonne seur, je vous prieray pour vostre honneur, sans plus délayer, renvoyer mylord Heris, avecques assurance de m'assister selon qu'il a vous requis de ma part. Car je n'en ay nulle responce de vous ny de luy, ou vostre

7.

licence comme dessus : je vous suplie aussy, puisque je suis venue me rendre entre vos mains, où j'ay jà tant tardé sans avoir aulcune certitude, de commander à mylord Scrup de permettre mes subjects, n'estant qu'ung ou deux ou trois, d'avoir accès de venir et retourner pour ne perdre du tout l'intelligence de mes subjectz, aultrement ce seroit condanner moy et mes défences. Pleust à Dieu que sceussiez ce que j'avois intention vous dire en brief, je n'eusse tant tardé ; combien que je ne vous blasme en rien de ceste menée contre moy, mais j'espère, pour toutes leurs belles offres et faulx coulourez discours, vous me conoistrez une plus proffitable amie qu'ilz sçauroyent vous estre. Je ne diray rien en particulier que de bouche, par quoy je feray fin par mes humbles recommandations à vostre bonne grâce, priant Dieu qu'il vous donne, Madame ma bonne seur, en senté, très heureuse et longue vie.

De Carlil, ce 13 de juin.

Vostre bien bonne seur et cousine,

MARIE R.

Au dos : A LA ROYNE D'ANGLETERRE, Madame ma bonne sœur et cousine.

1568. — Le 15 juin, Middlemore va rejoindre Murray à Dumfries, et lui remet une lettre d'Élisabeth, qui lui déclare qu'il est accusé de haute trahison envers la reine d'Écosse, sa souveraine, et qu'il est requis de se rendre à York pour se justifier devant une commission nommée à cet effet.

Le 21 juin, M. de Montmorin, qui était venu visiter Marie Stuart de la part de Charles IX, quitte Carlisle pour se rendre à Londres, et de là en France, avec des lettres de cette princesse pour la reine d'Angleterre, le roi de France, le duc d'Anjou et le cardinal de Lorraine.

Dans les premiers temps de son séjour à Carlisle, Marie Stuart fut traitée en apparence avec beaucoup de respect; mais, en réalité, elle était déjà l'objet d'une surveillance très-active, et insensiblement lord Scrope prit chaque jour des mesures plus sévères à son égard, de sorte que bientôt elle devint tout à fait prisonnière.

MARIE STUART

A LA REINE ÉLISABETH.

*(Autographe. — Collection du marquis de Salisbury à Hatfield-House,
Cecil papers.)*

Preuve acquise par Marie Stuart de la faveur qu'Élisabeth accorde à ses ennemis. — Lettres qui lui en ont fourni le témoignage. — Accusations portées contre elle par la comtesse de Lennox et son mari. — Reproches qu'elle pourra adresser à la comtesse de Lennox en la présence d'Élisabeth. — Assurance qu'ils donnent de la résolution prise par Élisabeth d'empêcher Marie Stuart de retourner jamais en Écosse. — Appel à tous les princes contre l'indignité que présenterait une pareille conduite. — Communication des dépêches que Marie Stuart se propose d'adresser, avec l'autorisation d'Élisabeth, au roi d'Espagne, au roi de France ainsi qu'à l'empereur. — Déclaration de Marie Stuart qu'elle ne peut prendre pour juge le Conseil d'Angleterre. — Nouvelle protestation contre le refus que fait Élisabeth de l'entendre en personne, alors qu'elle admet en sa présence la comtesse de Lennox, son accusatrice. — Supplication pour qu'il lui soit permis de se retirer devant les rois d'Espagne, de France et devant l'empereur, qu'elle veut prendre pour ses juges. — Dangers que peut attirer sur Élisabeth la conduite de son Conseil. — Importance, pour leur commun intérêt, des communications que Marie Stuart veut lui faire de vive voix. — Autorisation sollicitée pour lord Fleming de passer en France afin de remercier le roi, en son nom, de ses bons offices envers elle.

Sans date (juin 1568).

Madame, despuis ma lettre écrite, j'ay telle preuve
de la doubte en quoy j'estoys de la partialle faveur
de vos ministres vers mes ennemis, que je suis, au lieu
que je pançois estre en seureté, en plus de dangier; car
j'ay veu les lettres de Jon Woud, où il admoneste,
suivant, se dit-il, le conseil que Medlemur lui aporte
de par Torkmorten, Cisille et quelques aultres, de poursuivre mes serviteurs avecques toute extrémité, et ne
laysser pour vous qui leur pric du contrayre, et sependant mal user davant eux, les assurant de leur faveur.
Ma belle mère, la contesse de Lenos, écrit en semblable,
et son mari, de fayre diligence de m'accuser : elle a tort.
Ce n'est d'à sète heure que elle a mauvayse opinion
des roynes; puis qu'elle m'est si ennemie à tort,
quand il vous playra, je lui diray des enseignes devant vous. Au reste, ils assurent que je seray seurement guardée jamays de retourner en Escosse. Madame, si c'est honestement trayter ceux qui se sont
venus jeter entre vos bras pour suport, je le laysse
jusger à tous princes. J'ay monstray tous les paquets
à ce porteur, dont j'envoyray le double, si il vous
plest le permettre, aux Roys d'Espaygn et de France
et Empereur; et commanderay milord Heris les vous
montrer, pour jusger si il me seroit bon prandre votre
Conseil pour judge, qui se met parti contre moy. Je ne
veulx croire qu'ils vous fassent ce déshonneur, mays
que ce vilain là mant d'eulx, comme il font tous

ceulx de sa profession. Cela est injuste, que votre présance me soit refeusée, et que ma belle-mère et autres,
que je ne pançoys m'estre ènemis, soyent près pour
me nuire et m'accuser en la présance. Je vous suplie
ne me laysser être trompée issi à votre déshonneur.
Donnés moy consgée de me retirer, affin de fayre
jusges les subdits princes, et avoir leur conseil et secours, comme mes ènemis l'ont de votre Conseill. Et
Dieu veuille qu'il ne vous amoyndrissent votre autorité, comme ils se promètent vous mener à ce qu'il
vouldront, pour perdre amitié de tous les autres princes et guagner celle de ceulx qui disent tout haut
que n'estes digne de reigner. Si je vous pouvois parler, vous vous repantiriés de m'avoir tant diféré.
Or je prie à Dieu vous guarder de doner example
à mon dosmage, premier, et à votre préjúdisse,
segond.

Votre bien bonne sœur,

Marie R.

Je vous suplie permettre à milord Flimin passer
pour remercier le Roy de France, monsieur mon bon
frère, à qui je suis tant tenue.

Au dos : A la Royne d'Angleterre,
Madame ma bonne sœur et cousine.

MARIE STUART

A LA REINE ÉLISABETH [1].

(Imprimée — Addition aux mémoires de J. Melvil, tome III, p. 60.)

Faveur accordée par Élisabeth aux ennemis de Marie Stuart. — Plaintes contre
Murray. — Ordre donné par Marie Stuart à lord Herries de communiquer à
Cecil tout ce qu'il a eu charge de lui rapporter de la part d'Élisabeth. — Espoir
d'une prompte résolution. — Communication faite par Marie Stuart à sir Francis Knollys. — Plaintes contre la comtesse de Lennox. — Dépêches adressées
par Marie Stuart aux rois d'Espagne et de France ainsi qu'à l'empereur. — Sa
résolution de les prendre pour juges de sa conduite. — Malheurs que peut attirer sur Élisabeth le Conseil d'Angleterre. — Importance des communications
que Marie Stuart veut lui faire de vive voix. — Autorisation sollicitée pour lord
Fleming de passer en France afin de remercier le roi.

Sans date (juin 1568).

Madame, despuis ma lettre écrite, j'ay telle preuve
de la doubte en quoy j'estoys de la partialle faveur de
vos ministres vers mes ennemys, que je suis au lieu que
je pançois [avoir comme plus prosche de vostre sang.
Quoi faisant, j'espère, vous connoitrés que je ne seray
ingrate ni indigne de tant d'obligations, desquelles
sur l'assurance qu'on m'en a donné à votre nom, j'ai
adverty mes subjets pour, selon votre bon plaisir, s'abs-

---

[1] Cette lettre présente une grande analogie avec la précédente; cependant
elle renferme quelques différences et surtout une intercalation importante qui
prouvent que l'une n'est pas entièrement la copie de l'autre, c'est ce qui m'a
déterminé à les reproduire toutes les deux.

tenir de leur part des troubles, et retirer leur dépesche jà acheminée en France, où ils se délibéroyent chercher leurs secours, pour le peu de confort que je leur pourvoys bailler d'issi; comme aussi ays-je fayct moy en France et Espagne, pour affin de les empescher de faire ce qui me rendroyt plus estroitement obligée à eulx : désirant qu'estant remise en mon propre estat, ce soit par ceulx à qui la proximitay des pays et autres compétances me donnent plus de moyen m'en revancher au profit et union de ces deux royaumes; et quant à ce que M. de Mora s'est remis à vous, je seroys marrie que lui qui n'a cet honneur que par la bastardise vous appartenir, eut plus de fiance en vous que moy, qui par tous respects ay plus de rayson de ce faire; et si il connoist son devoir, pour vous complaire je feray davantage, quand contre le mien, pour l'amour de vous, je l'useray et les autres selon votre conseil en tant qu'il ne sera contre mon honneur. Or, pour ce que milord Herriss m'a parlé de votre part si amiablement, je n'en fyt doubte, ayns en ay certifié amis et ennemis. Mais pour nous entre-entendre mieulx, affin que venant au point ne se trouve difficultay, je lui ay commandé écrire à mayster Cessille tout ce qu'il m'a raporté de par vous (parce aussi qu'il dit l'avoir ouï de lui et de monsieur de Lessester) avèques ma réponse sur tous les points de sa charge, affin que m'entendant clairement ne me puissiés plus blasmer d'estre cause de différer. Ayns vous puissiés vous deffaire de mon importune charge dont j'ay honte et aurois davantage si ce n'estoit en recevant ce der-

nier bénéfisse. En bref j'espère pour jamays vous
fayre connoistre combien je suis et seray toute ma vie
vôtre. J'en ai dit à mester Knolis vostre vischamber-
land librement ce que j'en panse. Je m'assure qu'à
votre faveur il me fera bon office de vous en faire le
raport] estre en seureté, en plus de dangier; car j'ay
veu les lettres de Jean Wood, où il admonest suivant,
se dit-il, le conseil que Midlomar luy apporte de par
Trockmorton, Cecill et quelques autres, de poursuivre
mes serviteurs avèques toute extrémité, et ne laysser
pour vous, qui leur prie du contraire, et sependant
m'abuser devant eux, les assurant de leur faveur. Ma
belle mère, comtesse de Lenox, écrit en semblable à
son mary de faire diligence de m'accuser : elle a tort.
Ce n'est d'à cette heure qu'elle a mauvaise opinion des
roynes; puisqu'elle m'est si ennemie à tort, quant il
vous plaira, je luy diray des enseignes devant vous.
Au reste, ils assurent que je seray seurement guardée
jamays de retourner en Écosse. Madame, si c'est hon-
nestement traiter ceux qui se sont jettés entre vos
bras pour suport, je le laysse juger à tous les princes.
J'ay montray tous les paquets à ce porteur, dont j'envoyray le double, si il vous plaist le permettre, aux
Roys d'Espagne et de France et à l'Empereur, et milord Herris les vous montrera pour jusger si il me
seroit bon prandre votre Conseil pour judge, qui se met
party contre moy. Je ne veux croire qu'ils vous fassent
ce déshonneur, mais que ce vilain menteur-là comme
ils sont tous ceulx de sa profession. Cela est injuste
que votre présance me soit refusée, et que ma belle-

mère et autres, que je ne pouvoys croire m'estre ennemys, soyent prêts pour me nuire et m'accuser en
la présance. Je vous supplie ne me laysser estre
trompée issi à votre déshonneur. Donnés-moy congié
de me retirer affin de fayre judges les susdits princes,
et avoir leur conseil et secours, comme mes ennemis
l'ont de votre Conseil. Et Dieu veuille qu'ils ne vous
amoyndrissent votre authorité, comme ils se promettent vous mener à ce qu'ils voudront pour perdre l'a-
mitié de tous les autres princes et guaigner celle de
ceulx qui disent tout haut que n'estes dignes de re-
gner. Si je vous pouvois parler, vous vous repantiriés
de m'avoir tant différé. Or je prie Dieu vous guarder
de donner exemple à mon dosmage, premier, et à votre
préjudisse, second.

Vostre bien bonne sœur,

MARIE R.

P. S. Je vous supplie permettre à milord Flimin
[passer] pour remercier le Roy de France, monsieur
mon bon frère, à qui je suis tant tenue.

Au dos : A LA ROYNE D'ANGLETERRE,
Madame ma bonne sœur et cousine.

MARIE STUART

A LA REINE ÉLISABETH.

(Autographe. — Collection du marquis de Salisbury à Hatfield-House, Cecil papers.)

Mission donnée par le roi de France à M. de Montmorin auprès de Marie Stuart, pour savoir comment elle est traitée en Angleterre. — Reproches de Marie Stuart contre le traitement qui lui est fait par les ministres d'Élisabeth. — Avis donné à Marie Stuart qu'Élisabeth a mandé Murray en sa présence. — Mission donnée par Élisabeth à Middlemore, envoyé par elle en Écosse pour assurer protection aux seigneurs restés fidèles à Marie Stuart. — Mépris qui a été fait de ses ordres. — Pire traitement qu'ils ont eu à subir depuis l'arrivée de Middlemore en Écosse. — Faveur qu'il accorde aux rebelles. — Abandon où est laissée Marie Stuart, qui n'a plus d'autre espoir qu'en son innocence et en Dieu. — Plaintes adressées par Marie Stuart à Élisabeth de ce qu'elle a accrédité lord Scrope auprès des rebelles. — Vive instance de Marie Stuart, puisqu'elle est abandonnée par Élisabeth, pour qu'il lui soit permis de se retirer en France. — Assistance qu'elle doit chercher auprès du roi de France et du roi d'Espagne, à défaut de l'appui de la reine d'Angleterre.—Supplications afin qu'Élisabeth change de conduite à son égard. — Charge qu'elle donne à M. de Montmorin d'insister vivement auprès de la reine d'Angleterre pour obtenir une résolution favorable. — Regret qu'elle éprouverait d'être forcée d'accepter les secours du roi de France et du roi d'Espagne. — Prière afin qu'il soit permis à lord Fleming de passer en France pour le règlement du douaire de Marie Stuart et quelques autres affaires sans conséquence.

De Carlisle, le 21 juin (1568).

Madame ma bonne sœur, ce gentillhomme[1], présent porteur, estant venu avecques charge du Roy de France, monsieur mon bon frère, pour sçavoir la vérité de mon estat, et commant je suis traytée en vostre royaulme, je suis marrie que j'ay si peu

[1] M. de Montmorin.

DE MARIE STUART. 409

d'occasion de me louer du desportemant de vos ministres : car de vous je ne puis ni ne veulx me douloyr; et d'aultant moigns que j'ay entendu (outre la copie de la lettre qu'avés écrite par Medlemur à mon frère bastard) par milord Heris, qu'avés mandé mon dit mauvays subject pour vous rendre compte de ses injustes desportemants. Mays que s'en est-il ensuivi ? Meddlemur, envoyé pour sauvegarde de mes fidèles subjects, a souffert en sa présance non un refus à vostre requeste, qui leur povoit commander, mays en sa présance ont abatu la maison d'un prinsipal baron ; et ne se montrant auqunement scandalisé de cet effect, au desprix et déshonneur de votre assurance, (en laquelle moy et les miens se reposoyent de tout) est demeuré avecques eulx, où il est encore pour le présent huitième jour. Quels offices, je ne sçay, il use, mais tous mes subjects disent être pis traités depuis sa venue : ils viennent plus outre, et se vantent estre plus autorisés par lui, et exéquutent leur entreprise, qui tend à la conqueste de mon royaulme.

Ils vous abusent d'une espérance de vous rendre preuve de leurs faulses calomnies, que l'inéqualité du traytement que resevons me devroit fayre craindre, si mon innosçance et la fience que j'ay en Dieu, qui jusques issi m'a préservée, ne m'assuroyt. Car considérez, Madame, ils ont l'autorité qui m'appartient, le pouvoir usurpé, mon bien pour corrompre, et les finences qu'ils ont en tout le pays à leur commandement, vos ministres qui de jour à autre, au moyns aucuns, qui leur écrivent et conseillent ce qui vous peut persuader. Plust à Dieu que vous sçussiés se que j'en sçay! Et moi je suis tenue comme prisonnière, desfavorisée par le refus de votre présance; eulx, les armes à la main, se sessissent de ce que se peuvent, ils invantent faulse-mant moyens pour conserver soubs couleur de leurs calomnies contre moy, qui n'ay ni conseil ni moyen de faire les diligences requises en telles choses pour défense de mon honneur, seullement priè-je mon Dieu de juger entre eulx et moi. Or, voyant donc non seul-lement leur cause si favorablement trétée par celui de qui j'atandois le secours, et aussi que milord Scrup a commission de parler à eulx, les advouant par cela chiefs de la justice, je ne puis sinon m'en pleindre à vous, et vous prier ou m'envoyer quérir pour vous faire mes doléances et m'assister aussi promptement que la nécessité le requiert, ou me permettre me re-tirer en France ou aylleurs, où je trouverai plus de commodité, selon que par ma dernière lettre je vous écrivis. Et je vous supplie, puisque vous voiés quels sont les effets, ne faytes un combat inégual, eulx ar-més, et moy destituée. Ayns résolvés ce gentilhomme, si vous entendés, voyant le déshonneur qu'ils vous font, de m'assister ou de me laysser aller; car sans plus atendre qu'ils me donnent le troisième assault, il faut que je supplie et le Roy de France et celui d'Espagne, si n'i voulés avoir respect, d'avoir esguard à ma juste querelle et me remettent en mon lieu, lors je vous feray connoitre leur faulsetaye et mon in-nossance : car de les laisser conquérir le pays, et puis me venir acuser, qu'arès-je guaygné de m'estre venu soubmettre à vous? Est-ce preuve de leur justice qu'ils procèdent avant sans respondre à se de quoi l'on les interrogue? Jusgés, Madame, selon que Dieu vous a donné un esprit par dessubs les autres, et non selon le counseill de ceux qui sont mûs de particulière affection. Je ne b'asme personne, mays un ver de terre se ressant quand on luy marsche; combien plus un cueur royal malaysément suporte-il d'estre diléyé par persuations qui vous sont données. Je vous supplie, escoutés les plaintes que j'ai prié ce gentilhomme vous fayre de ma part, et les ramandés de fasson qu'elles n'ayent besoign passer outre; ayns, selon mon espérance en vous, montrés que n'avés besoign d'estre par autre admonestée de meintenir votre sang, vos voisins et perfets amis, et ayés souvenance d'escouter et ayder les affligés et non les grands aux dépens d'autri : montrés vous ma sœur aynée en effet, et vous voirés si, en reconnoissance et hobéissante amitié, je me montre digne de segonder se que vous entreprendrés. Le Roi, monsieur mon bon frère, vous assistera, si le requérés, et vous y meintiendra, et selui d'Espagne avèques, et s'en sentiront satisfaits. Or obligés-moy, seule, ou les contentés. Et selon votre réponse, ce gentilhomme, ou assurera son maytre de votre bonne volontay, ou le prira d'employer la sienne à votre refus; qui sera à mon regret pour l'amitié que je me promets de vous et selon votre résolution.

Je vous prie aussi permettre à monsieur de Flamin de passer oultre pour les affaires particulières de mon douayre. Il a aussi quelque autre requeste en faveur de quelques uns de mes spésiaulx serviteurs seullemant, de mesme petite conséquence, que je vous prie permettre à ce gentilhomme, vous en requérant. Et pour ne vous importuner de plus long discours, je vous présenteray mes affectionnées recommandations à votre bonne grâce, priant Dieu vous donner, Madame, en santé, longue et heureuse vie.

De Karlil, ce XXI de juign.

Votre bien bonne sœur,

MARIE R.

Au dos : A LA ROYNE D'ANGLETERRE, Madame ma bonne sœur et cousine.

MARIE STUART

A CHARLES IX, ROI DE FRANCE.

(Autographe. — Collection de la Baronne J. de Rotschild, à Paris.)

Vif remerciment pour la mission donnée par le roi de France à M. de Montmorin, chargé de se rendre auprès de Marie Stuart et de s'informer de la manière dont elle est traitée en Angleterre. — Plaintes adressées au Roi par Marie Stuart contre la conduite qui est tenue à son égard. — Calomnies portées contre elle. — Secours qu'elle réclame du roi de France en son malheur. — Protestation qu'elle souffre pour la vraie religion dans laquelle elle veut mourir.

De Carlisle, le 21 juin (1568).

Monsieur mon bon frère, le sieur de Monmorin ne m'a aporté peu de consolation en l'extresmité de ma misère de me voir visiter et s'enquérir de mon estast qui despand de Dieu et de votre ayde, comme il vous pourra déclarer au long ; car je ne vous veulx importuner de longues lamantations, mays je vous diray seullement que j'ay estay trété le plus indignemant que fult jamays, non princesse, mais gentillfame, et avec le plus d'injustice, ayant esté calomniée le plus faulsement, et non seullement cela, mays en dangier de ma vie, si Dieu ayant pitié de mon inossance et conaissance de leur faulseté ne m'eût sauvée de leur mayns. Par quoy je vous suplie avoir esguard à ma nescésité et me voulloir ayder, comme je prie se porteur vous fayre entandre le besoign que j'en ay, et j'espère vous fayre paroître leur inventions faulses et tendant à la ruine de moy et de tous princes, prinsipallemant tenant l'ansienne religion, en laquelle j'espère mourir ; et pour ce que j'é si grand besoign de votre secours promptement ; j'en feray d'autant plus brieff discours, me remétant à votre embassadeur et à la sufisance de ce porteur. Me recommandant bien affectionnémant à votre bonne grâce, je priray Dieu vous préserver des mayns de céulx qui vous pourschassent et de la misère où je suis.

De Karlil, ce xxi de juign.

Votre bien bonne sœur,

MARIE R.

Au dos : AU ROY TRÈS CHRESTIEN, Monsieur mon bon frère.

MARIE STUART

AU DUC D'ANJOU.

*(Autographe. — Bibliothèque royale de Paris, Ms. Gaignières,
n° 334 , fol. 327.)*

Protection que Marie Stuart réclame de la part du duc d'Anjou. — Supplications
pour qu'il use de tout son crédit afin qu'il lui soit donné des secours de
France.

De Carlisle, le 21 juin (1568.)

Monsieur mon bon frère, je n'ay voullu faillir, encores que j'aye grand besoign de haster ce porteur, de vous suplier de m'estre favorable en ma
juste querelle, laquelle se porteur vous pourra fayre
entandre autre que leur faulx raports qu'il ont à
tort prise contre moy ; et pour ne faire tort à sa sufisance et me fiant en votre bon naturel pour l'honneur que j'ay eu d'avoir estay votre belle-sœur, je ne
vous importuneray de vous fayre mes doléances,
mays vous supliray de procurer que j'aye secours
comme j'en écris au Roy votre frère et à la Royne
votre mère et le haster, et je priray Dieu vous donner, Monsieur, en santé, longue et heureuse vie.

De Karli, ce xxi de juign.

Votre bien affectionnée bonne sœur,

MARIE R.

Au dos : A MONSIEUR.

MARIE STUART

AU CARDINAL DE LORRAINE.

(Copie du temps. — Musée britannique à Londres, collection Sloane, n° 3199, fol. 341.)

De Carlisle, le 21 juin (1568).

Mon oncle, si vous n'avez pitié de moy à ce coup, je puis bien dire que c'est faict de mon filz, de mon pays et de moy, que je seray en ung aultre quartier en ce pays, comme en Lochlevin. Je vous supplie avoir esguard, mes ennemis sont peu et j'ay tout le reste de

8.

la noblesse : les leurs les commencent à laisser, si
j'avois tant soit peu de secours. Car ilz sentent bien
que leur querelle est maulvaise et que, en Escosse et
icy, où j'ay peu parler pour respondre à leur calomnies et faulx raports, ils sont estimez traistres et
menteurs; et pour ce respect s'éforcent-ils de m'empescher de passer oultre et m'arrestent icy. Ceulx
que la Royne envoye pour les faire cesser et poursuivre mes ennemis, les fortifient et assistent au contraire, de fasson que l'on me tient jusques à ce que
les aultres m'ayent bastues, combien que j'ay offert
les prouver faulx accusateurs et moy innocente,
comme ce porteur vous dira, auquel je me remette-
ray pour le crédit que je luy donne. Je vous supplie
haster quelque secours, comme il vous monstrera le
besoing qu'en ont tous mes bons serviteurs qui ne
sont en petit nombre, et entre aultres le pauvre
Mr. de Setoun, qui est en danger d'avoir la teste tran-
chée pour avoir esté ung de mes délivreurs de prison.
Entretenez bien Betoun, car je ne l'ose envoyer quérir que je ne soye plus seure. Car ils disent bien
qu'ilz le feront tuer s'ilz peuvent, et George Douglas
qui m'a ostée aussi. Par quoy je le vous envoiray incontinent qu'il pourra avoir seureté de passer, comme
j'en escris à l'ambassadeur de France. Car on a empesché Mr. de Flaming qui est là, de passer vers le Roy.
Si George va, je vous envoyray, tout au long, leurs
déportementz et les miens depuis le commencement
des troubles, car il a ouy leurs beaux comptes de
moy et je l'instruiray du reste. Je vous le recommende,

faictes luy donner honneste entretien. Car aultrement guères ne perdront leurs amys pour me servir au hasard de leur vie. Il est fidelle : de cela je vous asseure et faira ce que luy commanderez. Je vous supplie, envoyez souvent visiter le Duc : car ses parentz m'ont servi extrêmement bien, et s'ils ne sont secouruz ils sont vnj^x gentilzhommes, tous d'un surnom, condamnés à estre penduz et leurs maisons abastues. Car tout homme qui ne les veult obéir est coulpable de ce crime qu'eulx mesmes ont commis. Ouvertement ilz inventent de jour en jour menteries de moy, et secrètement m'offrent de ne dire plus mal de moy, si je veulx leur quitter le gouvernement. Mais ou j'ayme mieulx mourir, ou les faire advouer qu'ilz ont menty de tant de vilennies qu'ilz m'ont mises subs. Or je me remetz à la sufisance de ce porteur et vous supliray avoir pitié de l'honeur de vostre pauvre niepce et procurer le secours que vous dira ce porteur et ce pendant de l'argent ; car je n'ay de quoy achetter du pain, ny chemise, ny robe.

La Royne d'icy m'a envoyé ung peu de linge et me fournit un plat. Le reste je l'ay empruntay, mais je n'en trouve plus. Vous aurez part en ceste honte. Sandi Clerk, qui a esté en France de la part de ce faulx bastard, s'est vanté que ne me fourniriez point d'argent et ne vous mesleriez de mes affairs. Dieu m'esprouve bien ; pour le moins assurez-vous que je mourray catholique. Dieu m'ostera de ces misères bien tost. Car j'ay soufert injures, calomnies, prison, faim, froid, chaud, fuite sans sçavoir où, quatre xx et

douze miles à travers champs sans m'arester ou descen-
dre, et puis couscher sur la dure, et boire du laict
aigre, et manger de la farine d'aveine sans pain, et
suis venue trois nuitz comme les chahuans, sans femme,
en ce pays, où, pour récompense, je ne suis guères
mieulx que prisonnière : et ce pendant on abast toutes
les maisons de mes serviteurs et je ne puis les ayder,
et pend-on les maistres, et je ne puis les récompenser,
et touteffoys tous demeurent constantz vers moy,
abhorrent ses cruels traistres, qui n'ont trois mil hommes à leur commandement, et si j'avois secours, encores la moytié les laisseroit pour seur. Je prie Dieu
qu'il mette remède, ce sera quand il luy plaira, et qu'il
vous doint santé et longue vie.

De Carlile, ce xxi de juing.

Votre humble et obéissante niepce,

MARIE R.

Je vous supplie présenter mes très humbles recommendations à ma Dame ma tante. Je luy escriray dans
huict jours par George Douglas, qui luy ira faire entandre ma misère. Je ne veulx oublier que j'ay promis
quand je partis d'Eccosse à mes gens de leur amener
du secours à la fin d'aust. Pour l'honneur de Dieu, que
je ne les fasse ruiner et puis qu'ilz [ne] soyent trompés. Mais envoyés en avecque le Duc et quelques Fran-
çois d'autorité, et, entre autre, le capitaine Sarlabous
seroit bien requis. C'est tout ung pour ma retenue ;

mais que mes subjects ne soyent trompez et ruinés ;
car j'ay ung filz que se seroit pitié de laisser entre ses
traistres.

MARIE STUART

A LA REINE ÉLISABETH.

(*Autographe.* — *Musée britannique à Londres, collection Cottonienne,*
Caligula, C. I, fol. 108.)

Reproches adressés par Marie Stuart à Middlemore, à son retour d'Écosse. — Justification de Middlemore au sujet des lettres précédemment envoyées — Mensonges inventés par Murray. — Déshonneur qu'ils feraient rejaillir sur Élisabeth. — Confiance de Marie Stuart qu'Élisabeth ne laissera pas de tels faits
impunis. — Assurance donnée par Middlemore, qu'en exécutant sa charge il
s'est efforcé de protéger les intérêts de Marie Stuart — Regret de Marie Stuart
qu'avec d'aussi bonnes intentions il n'ait pu lui rendre que de mauvais services.
— Excuse de sa mauvaise écriture sur le malaise que lui cause les fausses im-
putations dont elle est l'objet et sur ce que le porteur, impatient d'aller se justifier, la presse de fermer sa lettre.

Le 22 juin (1568).

Madame ma bonne sœur, despuis la despêche du
sieur de Monmorin, mayster Medlemur est revenu
d'Escosse, auquel j'ay remontray la playnte que je
vous avvois fayte tant de sa longue demeure, ayant
esté refusé, que du bruit qui venoit des parolles de
monsieur de Mora en playne table, où il se vantoit
avoir autre conseil que de cesser sa riégence ; ce que
vous voirrés confirmé par les lettres de mayster Jon
Woud, que j'envoie par le dit Monmorin à mi lord

Heris pour vous montrer pour ce que s'est à vostre dessin
que je serois mal traytée. Mays il nie qu'il ayt fait tels
offices, ou ceulx que ce gualant homme [vous impute].
Je croiray aisément, comme dit Medlemur, qu'il a
advancé cela; car celuy qui mant de moy, je ne foys
doubte qu'il n'en fisce de mesmes de vos ministres, et,
comme je lui ay dit, cela leur tousche pour le déshonneur qu'il vous font, prométant au contrayre de votre
direction choses si hors d'équité sans votre sceu;
pour quoy je ne foys doubte qu'eulx vérifiant de
[vers] vous sa faulseté, vous ne le fassiés punir, pour
leur honneur et example à autres tels gualants de ce
servir faulsemant du nom de telles gens, prinsipallemant en choses qui vont si loing que le raport de
cessi ira, pour y avoir esté présent à la lecture d'au-
culnes de ces lettres un serviteur du Roy venant
pour s'enquerir de mon traytemant. Or encores que ce
gentilhomme n'a eu rien fayt à mon advantasge,
n'ayant empesché auqunes maysons d'être abatues et
les autres d'estre semontés jusques à s'estre rendues,
et qu'il dit avoir empesché après d'avoir esté abatues,
chose plus domageable qu'autremant, car je desirerois
les guarder d'estre maytre du pays et non sauver une
mayson pour se i tenir affin de nuire au reste de mes
serviteurs, si es-se que en ce qu'il pançoit, à ce qu'il
dit, avvoir usé sa commission pour me fayre plésir, je
serois marrie que lui en sceusiés mauvès gré, mays
bien vous asurès-je que le malheur a voulu que pen-
çant me fayre plésir, comme il dit, il a fayt que je
vouldroys ne vous avvoir donné la poyne de l'en-

voyer; c'est à fin que ne pansiés que j'ay resceu un grand bénéfisse. Parquoy je vous suplie considérés leur gloire de ne vous avoir voulu obtempérer, et la fiance que j'ay eue en vous jusques issi, et nous traytés tous deus selon nos mérites.

Excusés moy si j'écris si mal, car ces lettres que voirrés si faulsemant invantées m'ont fayt toute nuit si malade, que je ne vois gouste pour écrire si tard, car ce porteur se haste, je pance, plus qu'il n'eust fayt si il ne desiroit s'excuser de ma playnte qui le précède. Je vous bayse les mains; Dieu me doynt grâce de vous voir et vous en voirés d'autres excuses meilleures à mon advis.

Écrit à xi heures, ce xxii de juign.

Votre bien bonne et fidelle sœur,

Marie R.

Au dos : A la Royne d'Angleterre, Madame ma bonne sœur et cousine.

MARIE STUART

A LA REINE ÉLISABETH.

(*Autographe. — Musée britannique à Londres, collection Cottonienne ; Caligula, C. I, fol. 110.*)

Vif regret de Marie Stuart de ce qu'il ne lui est pas permis de dire à Élisabeth de vive voix ce qu'elle désire lui communiquer. — Reproche qu'elle adresse à Middlemore d'avoir invoqué de mauvaises raisons pour justifier sa conduite.— Difficultés que l'on fait d'admettre auprès de Marie Stuart les Écossais qui demandent à la voir, malgré l'assurance qui lui avait été donnée qu'ils auraient tous un libre accès vers elle. — Différence de la conduite dont on use en Angleterre envers les rebelles, que l'on favorise, et envers Marie Stuart, que l'on retient comme prisonnière. — Assistance que Marie Stuart est en droit d'attendre d'Élisabeth, ou à défaut, liberté qui doit lui être laissée de se retirer ailleurs. — Vives réclamations contre le traitement dont elle est l'objet à l'insu d'Élisabeth, de la part de ceux à qui elle est commise. — Charge qu'elle donne à lord Herries de faire entendre ses plaintes à la reine d'Angleterre.—Nouvelles recommandations en faveur de lord Herries qui désire passer en France.

De Carlisle, le 26 juin (1568).

Madame ma bonne sœur, tant plus je vois en avvant et plus je me sents satisfayte de votre naturelle bonne inclination, combien que les effects issi soyent tous contrayres. Pleust à Dieu que je vous peusse avvoir parlé deus heures avvant Medlemur, ou après, sur ces lettres que je vous envoyé l'autre jour, et d'autres cho-

ses qu'il y a plus long-temps que j'ay sur le cœur, qui
peut-être vous profiteroyent! Mais il faut que je retourne à mon propos : Medlemur dit avoir estay avysé
de n'abatre ces maysons ; mais seulx de dedans ont
obtins cela en randant la place, comme ce porteur,
George Douglas, vous dira et milord Heris à qui les
conditions sont envoyées. Au reste, milord Heris m'a-
voit écrit que permétiés aveques passeport à mes subjects, qui auroyent affayre pour moy, de venir et aller ; mays il fauldra qu'en écriviés à milords Scrup et
Knoles, car ils m'en ont refeusé, et milord Wurkinton
a pris despuis deus jours deus Écossois venants vers
moy après qu'on avoit bruslé leur maysons, et l'un est
blessé en sa prise, et sont tenus estroitement, et
pance qu'on leur ostera leur lettres.

Je vous supplie, considérés : mes enemis sont aux
champs et fortifiés, et conseillés, se disent-ils, de ruiner
touts les miens et de ne remètre leur action entre vos
mayns, mays oui de m'accuser vers vous; d'autre
part, je suis tenue issi comme en prison, mes serviteurs desfavorisés, et moy comme les meyns liées sans
pouvoir avvoir les intèligences requises ; et eulx cherchent faveur en votre Conseill, et moy je ne m'adresse
qu'à vous et à ceulx qu'il vous plest m'apointer. L'on
m'a fayt entandre qu'on me vouloit transporter hors
d'issi ; se seroit m'oster tout négosse. Parquoy, sans
votre commandement, j'ay respondu : « Je ne veulx
bousger, » m'assurant ou que m'envoirés quérir pour
aller vers vous, ou me donnerés la libertay d'aller aylleurs libremant, comme je suis venue ; car vous ne

vouldriés favoriser seulx qui ne vous veullent fayre
jusges de leur fayts, mais bien servent de couverture
pour me nuire, si votre consian[ce] et honneur n'a-
voyent meilleure considération [que] se laysser abuser par leurs meschantes inve[ntions]. Or, je vous suplie, puis que vous voïés que subjects favorisent
subjects; vous, royne, et sœur et cousine, favorisés
votre semblable. Milord Heris vous dira plus au long
quells traytemants je resoys et combien peu de faveur : qui me fayra vous suplier d'escrire à ces si-
gneurs issi de donner un sauf conduit à deus de mes
plus fidelles subjects, et de commander que ceulx qui
viendront pour mes affayres ayent permission d'aller
et venir ; si en rien ils enfreignent vos loyx, ils seront responsables et moy pour eulx. Et me remetant sur milord Heris, je vous supliray donner votre
passeport à ce jentilhomme favorablement et luy fayre
bon visasge, affin que l'on conoisse qu'avés agréable
le service qu'il m'a fayt, me délivrant. Il s'en va passer son temps en France pour aprendre le lansguage
et être recongneu et récompansé en partie par le Roi,
monsieur mon bon frère, et messieurs mes oncles, par
leur commandement, pour le désir qu'il ont de co-
noitre celui qui a fayt un service qui leur est si agréable ; et je lui ay bien voulu donner consgié, voïant que
je n'ay affayre issi de beaucoup de mes bons serviteurs.
Il ne demande que pour s'en aller, car il n'a rien affayre que pour son plèsir, au moigns pour moy. Et
me remètant sur ce que vous en dira milord Heris, je
finiray par mes affectionnées recommandations à votre

bonne grâce, priant Dieu qu'il vous doint, Madame, en santé, longue et heureuse vie.

De Kerlil, ce xxvie de juign.

>Votre très-affectionnée et bonne sœur et cousine,

>>MARIE R.

Au dos : A la ROYNE D'ANGLETERRE, Madame ma bonne sœur et cousine.

MARIE STUART

A CHARLES IX, ROI DE FRANCE.

(Autographe. — Bibliothèque impériale de Saint-Pétersbourg, Ms. 870.)

Résolution qui parait prise en Angleterre de retenir Marie Stuart. — Son espoir que le roi de France empêchera l'exécution de ce dessein. — Crainte de Marie Stuart d'être gardée plus étroitement à l'avenir. — Refus qui a été fait de laisser passer Mr de Fleming en France. — Mission donnée à Douglas de faire au roi le récit de tout ce qui est survenu en Écosse. — Dévouement que Douglas a montré pour Marie Stuart. — Son désir de demeurer quelque temps en France. — Vive recommandation afin que le roi veuille bien l'employer à son service. — Recommandation pour Beatoun. — Vive intercession en faveur de lord Seaton, que l'on menace de mettre à mort. — Recommandation pour lord Fleming.

>>De Carlisle, le 26 juin (1568).

Monsieur mon bon frère, voyant contre mon espérance que les partialitez de cette Reine, au moings de son Conseill, me préparent une plus longue demeure issi que je ne désiroys, si il ne vous plest d'y mètre remède, comme vous voirrés par les advertissemants du sieur de Montmorin, et que je crains être plus estroitement guardée doresnavant, qui m'osteroit le moyen de vous advertir particulièremant de l'estat présent et passé depuis trèse moys tant de mon païs que de moy, et veu qu'aïant envoyé monsieur de Flamin pour cest effect, qui n'a sceu avvoir consgié de passer plus outre que Londres, j'ay despesché Douglas, présent porteur, pour au long vous fayre raport de ce qui est survenu depuis, et vous conter et ma prison et ma sortie et ma retraite en ce païs, et ce que j'ay entendu qu'on fayt de nouveau en mon païs. Particulièrement vous priant luy donner crédit comme à moy; car il m'a fayt preuve de fidell serviteur, m'ayant ostée d'entre les mayns de mes mortels ènemis au danger de sa vie et perte de ses plus prosches parants. Et pour ce qu'il désire, jusques à ce qu'il voie qu'il me puisse fayre servisse, comme il a commancé de fayre, demeurer pour un tems en vostre court, pour aussi atandre le remède que métrés à mes [infortunes], je vous suplie lui donner que que signe ou entretien, pour fayre conoistre qu'il vous a fayt service me sauvant la vie. Je respondray de sa fidélité. Il a besoign de chercher de se préparer une vie en France, car il en peut bien quister sa part en Escosse, si je n'en suis maistresse tout à fait. Je creins que si je ne reçois plus de faveur issi, que je seray contreinte vous en envoïer d'autres pour ce même

effect ; mais non un qui m'ayst fait un si bon et impor-
tant service.

Je vous supplie d'avoir Beton aussi pour recommandé, car on la lui garde bonne pour avoir esté bri-
gueur de la partie, et le pauvre M. de Seton, à qui l'on
menasse d'oster la vie pour mesme fait. Or il y a si
peu que Montmorin est party, et aussi M. Flamin, qui
est si bien instruit, si il a consgié, que il fault aussi
que je vous recommande spésiallement, c'est un de vos
vieulx serviteurs, et puis cetuissi qui vous en dira
autant que je sçaurois escrire, me fera finir par mes
humbles recommandations à votre bonne grâce : priant
Dieu vous donner, Monsieur mon bon frère, en santé,
longue et heureuse vie.

De Kerlil, ce 26 de juing.

Vostre bien bonne sœur,

MARIE.

Au dos : AU ROY DE FRANCE, Monsieur
mon bon frère.

MARIE STUART

A LA REINE CATHERINE DE MÉDICIS.

(Autographe. — Collection du marquis de Villeneuve Trans, à Nancy.)

Vive recommandation en faveur de Douglas. — Espoir de Marie Stuart que Catherine de Médicis voudra bien récompenser les services que Douglas lui a rendus en la délivrant de sa prison. — Témoignage qu'elle attend de sa bienveillance pour détruire les faux bruits qui ont été répandus. — Charge donnée au porteur de faire entendre à la reine-mère les plaintes de Marie Stuart. — Instance de Marie Stuart afin qu'elle lui fasse payer ce qui lui est dû en France. — Entier denûment dans lequel se trouve Marie Stuart.

De Carlisle, le 26 juin (1568).

Madame, voïant comme il apert plustost que je doivve être rentrée d'une prison en une autre que d'avoir la liberté que je prétendoys, par laquelle j'espérois vous fayre le discours moy mesmes de mes infortunes et du tort que me font un petit nombre des plus oblisgés subjects que j'aye, et aussi que M. de Flamin, que je vous avois envoïé, a esté aresté à Londres, j'ay pencé, après vous avvoir mercié par le sieur de Monmorin de l'honneur que m'avez fayt d'avoir mes affayres en si bonne recommandation, de vous envoïer avecques lui un de mes fidelles serviteurs et qui en a fayt la plus grande preuve, c'est Duglas, présant porteur, que je m'assure sçavés jà

comme il m'a ostée d'entre les mayns de mes ennemis;
Parquoy je le vous envoye pour amplement vous ra-
Porter comme toutes choses se passent, comme celui
qui vous pourra tesmoigner de ma prise et de ma
délivrance, et de la part de tous mes subjects, qui
est pour moy et qui contre moy. Parquoy je me
remétray du tout à luy, et vous suplieray luy fayre
Paroître qu'il a fait un acte qui vous a aysté agréable,
luy faysant donner quelque entretien, car je n'ay
espoir qu'en vous, que vous récompancerés ceulx qui
me serviront, pour l'anvie que j'ay de vous fayre
service, et aussi pour desmantir ses inventeurs qui ont
publié qu'estiés retombée malade de quoy j'estois
hors de prison, comme j'ay conté à Monmorin de tels
advertisseurs; auxquels pour le service du Roy vostre
fils et le vottre, il me samble que fayriés bien de
châtier.

Or j'ay commandé ce porteur vous dire tout ce de
quoy je me puis douloir, comme à ma propre mère,
et pour ce je vous présenteray mes très humbles recommandations pour votre bonne grâce, priant Dieu
vous donner, ma Dame, en santé, très longue et heureuse vie.

De Kerlil, ce xxvi juing.

Madame, je vous suplie avoir esguard à ma nécessité.
Le roy me doit quelque argent et je n'ay pas un soul : je
n'ay point de honte de vous fayre ma pleinte, comme
à celle qui m'a nourrie, car je n'ay seulement pas de

quoy ascheter une chemise, et suis venue en l'esquipa*
que ce porteur vous dira.

                 Votre très humble et très obéissante fil*

                             MARIE.

Au dos : A LA ROYNE DE FRANCE, madame
ma bonne mère.

MARIE STUART

A LA REINE ÉLISABETH.

*(Copie du temps. — Bibliothèque impériale de Saint Pétersbourg, M*s. 8*?*

Plaintes de Marie Stuart au sujet des retards apportés à la conclusion de ses
res. — Protestation contre la résolution qui a été manifestée de la c***
dans l'intérieur de l'Angleterre, et l'avis qui lui a été donné que des co**
saires allaient être envoyés pour recevoir les accusations de ses sujets *
les. — Déclaration de Marie Stuart qu'elle est toujours prête à se re***
près d'Élisabeth afin de lui faire entendre sa justification. — Son re*
répondre devant des commissaires. — Désir de Marie Stuart qu'il lui so*
mis de se rendre en France ou de retourner en Écosse. — Assurance *
offre si elle retourne en Écosse. — Appel qu'elle est décidée à faire **
gers si sa juste demande lui est refusée. — Sacrifice qu'elle fait de son*
et de sa vie, qui sont au pouvoir d'Élisabeth. — Rigueurs dont on use *
ses sujets, à qui l'on ne permet pas d'approcher d'elle. — Projet qu'*
Marie Stuart, en se rendant en Angleterre, de faire connaître son inno**
Élisabeth et de demander son appui, ne voulant recourir à l'assistance d*
princes que sur son refus. — Sa résolution formelle de ne pas consent*
rendre dans l'intérieur de l'Angleterre à moins que ce ne soit pour être **
en présence d'Élisabeth. — Sollicitations de Marie Stuart afin que lord **
lui soit renvoyé et qu'il lui soit permis, à elle, de quitter l'Angleterre *
comme elle y est entrée. — Assurance que lord Fleming reviendra *
la première sommation d'Élisabeth. — Déclaration de Marie Stuart q**
considération, fût-ce même au péril de sa vie, ne l'empêchera d'***

gouverneur de Dumbarton à recevoir des secours étrangers si Élisabeth lui refuse sa protection. — Vives instances pour qu'Élisabeth consente à se montrer généreuse envers elle.

De Carlisle, le 5 juillet 1568.

Madame, combien que la nécessité de ma cause, qui me rend en votre endroit importune, vous fait juger que je suis hors de la voye, si est-ce que ceus qui n'ont ny ma passion ny les respects qui nous sont persuadez, jugeront que je fays selon que ma cause requiert.

Madame, je ne vous ay point accusée ny en parolle ny en pensée, bien que n'avés faute de bon entendement pour vous garder d'estre persuadée contre vostre naturelle bonne inclination. Mais cependant je ne puis (estant sensible) que je n'aperçoyve un très mauvays avancement en mes affayres depuis que je suis venue icy. Je pensoys vous avoir assés discouru les incommodités qui me surviennent de ce délay, et surtout qu'ils pensent tenir, ce moys d'aoust, un parlement contre moy et tous mes serviteurs, et cependant je suis ici arrestée, et encore voulés-vous que je me mette plus avant en vostre pays sans vous véoir et m'éloigner du mien, et là me faire ce déshonneur, à l'instance de mes rebelles, d'envoïer députés pour les ouyr contre moy, comme feriés à un simple sujet, sans m'ouyr de bouche. Or, Madame, je vous ay promis d'aller vers vous, et là vous ayant fait ma plainte de mes rebelles, et eus venus non comme prossesseurs mais comme subjects pour y respondre, vous vouloye

9.

supplier d'ouyr ma justification de ce qu'ils m'avoient
mis faulsement sus. Si je n'en venois à bout, vous
pourriés [vous] descharger de vous mesler de mes affaires et me laisser pour telle que je suis : mais de
faire comme vous dites, si j'estoye coulpable j'y pen-
serois, mais ne l'estant pas, je ne puis accepter ce
déshonneur d'eus estant sujets qu'ils me viennent accuser devant vos députés. Je ne le puis accepter. Et
puisqu'il vous semble contre vostre conscience et honneur d'en fayre autrement, je vous supplieray ne
m'estre ennemie jusques à ce que voiez comme en tout
je me deschargeray, et me permettre me retirer en
France où j'ay un douaire, ou en Escosse, avecques asseurance que s'il vient estrangers en Escosse je m'o-
bligeray de leur retour sans vostre préjudice, ou, si
cela ne vous plaist, je proteste que je ne l'estimeray
à faulseté, si je reçoy des estrangers en mon pays
sans vous en faire descharge. Faites de mon cors à
votre volonté, l'honneur ou le blasme seront vostre :
car j'ayme myeus mourir icy et que mes fidelles subjects soient secourus. Si vous ne le voulés par estrangers, ne les laissez ruiner pour espoir d'en recevoir
particulière commodité à la longue.

J'ay beaucoup de choses qui m'esmeuvent à craindre d'avoir affaire en ce pays à autre qu'à vous : mais
pour ce que de ma dernière plainte il ne s'en est rien
ensuivy, je me tays ; advienne qui en pourra ! J'aime
autant endurer ma fortune que de chercher et ne
trouver point. Au reste, il vous avoit pleu donner licence à mes subjets d'aller et venir, ce qui m'a esté

refuzé par mylord Scrup et maitre Kanolles, ce disent-
ils, par vostre commandement, par ce que je n'ay
voulu partir à vostre charge que je n'eusse la response
de la présente, combien que je leur ay monstré ce que
requiert ma response sur ces deus points contenus en
vostre dite lettre. L'un est (pour les briefvement réci-
ter): je suis venue vers vous pour vous faire ma plainte;
laquelle ouye, vous déclaroys mon innocence, et puis
pour requérir vostre aide; et aultrement je ne puis
sinon faire ma plainte à Dieu de n'estre ouye en ma
juste querelle, et appeller aus aultres princes qui la
respecteront de la façon que mon estat le mérite, et à
vous la première, Madame, quant vous aurez examiné
vostre conscience devant luy, et les ayant pour tes-
moins. Et l'autre, de m'achemyner plus avant dans le
païs sans aller vers vous. Je n'estimeray cette nulle
faveur, ains la prendray au contraire, y obéissant,
comme à chose forcée. Cependant je vous suplie me
renvoier mylord de Heris, car je ne m'en puis passer,
n'ayant ici personne de mon Conseil, et me permettre
aussi, s'il vous plaist, sans dilaier, de despartir où que
ce soit, mais que je sois hors de ce pays. Je m'asseure
que ne me refusez cette simple requeste pour vostre
honneur, puis qu'il ne vous plaist user de vostre naturelle bonté vers moy autrement. Et puis que de
mon gré je suis venue, que je m'en aille avec le vostre;
et si Dieu permet mes affaires venir à bien, je
vous en seray obligée, sinon je ne vous en pourray
blasmer.

Quant à Mr. de Flammy, puisque sur ma fiance luy

avez permis aller chez luy, je vous respons qu'il ne
passera outre, ains retournera quant il vous plaira.
En ce que me donnerez crédit, pour mourir je ne
vous veux décevoir, mais de Dombertran je n'en respons pas, quand mylord Flammy seroit en la Tour :
car ceus qui sont dedans ne lairront de recevoir secours si je ne les asseure du vostre, non pas quant vous
devriez vous en prendre à moy, car je leur ay laissé
ceste charge de respecter plus mes serviteurs et mon
estat que ma vye.

Ma bonne sœur, ravissez vous, gaignez le cueur, et
rien ne sera que vostre et à vostre commandement. Je
penseroys vous satisfaire en tout, vous voyant. Hélas!
ne faites comme le serpent qui se bouche l'ouye : car
je ne suis un enchanteur, mais vostre seur et cousine
naturelle. Si César n'eust dédaigné d'écouter ou lire
la plainte d'un avertisseur, il n'eust succombé. Pourquoy doivent les oreilles des princes être bouchées,
puisque l'on les paint si longues ; signifiant qu'ils
doivent tout ouyr et bien penser avant que respondre.
Je ne suis de la nature du basilique ny moins du
caméléon pour vous convertir à ma semblance quant
bien je seroye si dangereuse et mauvaise que l'on dit,
et vous estes assez armée de constance et de justice, laquelle je requiers à Dieu, et qu'il vous
donne grâce d'en bien user avecques longue et heureuse vie.

De Carleyl, ce 5 de juillet 1568.

Vostre bonne seur et cousine,

MARIE R.

MARIE STUART

AU COMTE D'ARGYLL.

(Original. — General Register house , à Édimbourg.)

Lettre précédemment écrite par Marie Stuart au comte d'Argyll au sujet de ses affaires. — Témoignage que Marie Stuart se plaît à rendre au comte d'Argyll de sa fidélité. — Arrivée de lord Fleming auprès de Marie Stuart, venant de Londres. — Son départ pour l'Écosse. — Compte détaillé qu'il doit rendre de l'état dans lequel il a laissé les affaires. — Confiance entière qui doit être mise en lui. — Assurance donnée par lord Herries qu'Élisabeth a écrit à Murray de cesser toute hostilité contre les partisans et les fidèles sujets de Marie Stuart, au nombre desquels est le comte d'Argyll.

De Carlisle, le 7 juillet 1568.

Derrest cousing. We haif writtin to zou laitly anent our proceidingis, ewer thanking zow of zour greit constancy towartis ws; and now being, thankis to God, in gud helth, we thocht necessare to adverteis zow of the samyn, as we beleif ze ar desyrous to heir thairof. My lord Flemyng arrevit heir from Londoun the v. of this instant, and is past in Scotland, quha will schaw zou all our affaires mair amply and at mair lenth nor we think expedient to wryt at this tyme, to quhome ze sall gif credeit. My lord Hereiss hes writtin to ws, that our sister the Quene hes declarit to him scho hes writtin to my lord of Murraye expressly that hie use na forder extremitie aganis zow our favouraris and trew subjectis. Swa committis zow to the protectioun of God almychtie.

Off Carleill, the vɪȷ of julii, 1568.

Zour gud sister[1],

MARIE R.

Au dos : To oure derrest cousing,

THE ERLE OF ARGYLE.

———————

COMMISSION

DE LIEUTENANT-GÉNÉRAL DU ROYAUME

DONNÉE PAR MARIE STUART AU DUC DE CHATELLERAULT.

(Copie du temps. — Musée britannique à Londres, collection Sloane, n° 3199, fol. 174.)

Événements qui ont forcé Marie Stuart de se retirer en Angleterre, où elle est retenue prisonnière. — Traitement exercé par les rebelles contre elle et contre son fils. — Charge qu'elle donne au duc de Châtellerault de gouverner le royaume d'Écosse en son absence, et spécialement de venger le meurtre du feu roi. — Injonction faite à ses sujets d'obéir au lieutenant-général. — Prière adressée aux rois et princes chrétiens de lui donner faveur et secours.

De Carlisle, le 12 de juillet 1568.

Marie par la grâce de Dieu royne d'Escosse, douairière de France, sçavoir faisons, que nous, estant

[1] Le comte d'Argyll avait épousé une sœur naturelle de Marie Stuart.

poursuivie par aulcuns de nos subjects rebelles, avons esté contrainct, après avoir perdu une bataille, nous retirer en ce pays d'Angleterre, où sommes destenue par le moyen de ces dits rebelles, qui ne ce contentent d'avoir occis et tué notre mary, m'ont mis prisonnière, faisant entendre leur faulse accusation, nous mettant à sus le meurtre par eux commis à l'encontre de notre dit mary, comme il c'est assez approuvé, nous voullant oster notre honneur, ayant vollé nos bagues et jouyaux, poursuivant notre vie, notre filz mis prisonnier jusque à ce qu'il soit en âge, auquel après pourront faire telle traictement comme ils ont fait au père.

Pour ces causes et autres avons ce aujourd'huy donné et donnons la place de notre lieutenant et gouverneur de notre royaulme d'Escosse à monsieur le Duc notre cousin, luy donnant pouvoir, puissance et autorité de gouverner, commander, faire et disposer pour la conservation de notre dit royaulme comme nous mesmes, et comme il a cydevant fait, nous estant en minorité.

Par quoy prions et commandons à tous nos fidelles serviteurs et subjects de l'obéir en ce, luy estre aidans et favourables de toutes leur puissance, comme si nous mesmes y estions en personne, pour venger le meurtre faict par ces dits rebelles et le tort qu'ils font présentement à nous et notre fils. Aussi prions tous Rois et Princes chrestiens de luy donner telle faveur et secours qu'il puisse avoir moyen de garder et maintenir notre juste querelle.

En tesmoings de quoy avons signé la présente de
notre main et fait appliquer notre cachet.

A Carlil en Angleterre, le xij de juillet mil cinq sens
soixante huit.

MARIE R.

1568. — Le 13 juillet, malgré toutes ses protestations, la reine
d'Écosse est obligée de quitter Carlisle sous l'escorte de sir George
Bowes.

Le 16 juillet, elle arrive au château de Bolton, appartenant à
lord Scrope, et situé dans le comté d'York.

MARIE STUART

A CHARLES IX, ROI DE FRANCE.

(Copie. — Bibliothèque d'Aix, Manuscrit n° 569, in-4°.)

Mission confiée au porteur. — Prière de Marie Stuart afin qu'il soit donné prompte
audience et bonne réponse à son envoyé.

De Bolton, le 27 juillet (1568).

Monsieur mon bon frère, j'ai dépesché ce gentilhomme vers vous pour les occasions que mon ambassadeur[1] vous dira, auquel pour cet effet je vous supplie donner audience et brève responce, comme vous
pourrez juger que le cas le requiert, et je ne vous

[1] L'archevêque de Glasgow, ambassadeur de Marie Stuart en France.

importuneray de plus longue lettre, sinon pour vous présanter mes humbles recommandations à vostre bonne grâce, priant Dieu vous donner, Monsieur mon bon frère, en santé, longue et heurheuse vie.

De Boton, ce 27 juillet.

Vostre bien bonne sœur,

MARIE R.

MARIE STUART

A LA REINE ÉLISABETH.

(*Autographe. — Collection du marquis de Salisbury , à Hatfield-House ,*
Cecil papers.)

Résolution prise dès l'origine par Marie Stuart de refuser tout consentement à ce qu'il fût procédé contre elle — Son désir de se remettre à la volonté d'Élisabeth.—Réponse qui lui a été transmise par lord Herries sur sa négociation. — Confiance de Marie Stuart dans la parole d'Élisabeth. — Consentement qu'elle donne, sur les nouvelles instances qui lui sont faites en son nom , à ce que deux commissaires soient désignés par Élisabeth et à ce que Murray et Morton soient appelés en Angleterre pour soutenir l'accusation qu'ils portent contre elle. — Sa déclaration qu'elle n'entend néanmoins abandonner aucun des droits attachés à son titre de reine. — Injonction adressée à ses sujets de retirer la dépêche qu'ils avaient déjà fait partir pour demander des secours en France, et de cesser toute hostilité. — Résolution qu'elle a prise elle-même de ne pas se mettre dans la nécessité d'avoir des obligations à la France et à l'Espagne. — Confiance entière que place Marie Stuart dans les promesses faites par Élisabeth.

De Bolton, le 28 juillet (1568).

Madame ma bonne sœur, à ce que je voys par les lettres qu'il vous a plu m'écrire par milord Heris, vous n'avvés entandue la response que je vous avois faycte de ne pouvoir approuver cette manière de procéder, qui par vous m'étoit offerte; aussi n'avois-je trouvé votre résolution vers moy (me remettant à votre volontay) comme ledit lord Heris me déclare maintenant, à sçavoir, qu'avez fait response à ma première demande que me remettriés en mon estat et pays, désirant m'ouïr pour mon honneur et vostre excuse vers ceux qui sont trop injustement persuadé contre mon innossence, laquelle je ne creigns déclarer pour doute de ma cause ni pour vous pancer aultre que de bon naturel vers celle qui vous est si proche et à qui avvés tant promis d'amitiay de longue main, et de faict montray au besoign à Dombarre quant je me sauvis; dont je n'ay perdu la mémoyre, ni de toutes vos courtoysies, ayns les rédigeray pour vous en aymer et honorer toute ma vie sans dissimulation. Mais pour beaucoup d'autres respects j'avoys creint, jusques à présent, et entre autres, pour la mauvayse information que faussement ils ont donné de moy, où je n'ay eu moyen de répondre, de mectre ma cause entre mains d'autres que de vous. Toutesfoyes, sur votre parolle, il n'est rien que je n'entreprisse, car je ne doubtay jamays de votre honneur et royalle fidélitay, ayns seray contante, selon que milord Heris m'a requis de votre part, que deus, quels qu'il vous plaira, viennent, m'assurant que sçaurés bien choisir gens de qualitay pour si importante charge. Cela faict, Mora ou Morton, ou tous deus, comme prinsipaulx, à qui le soubtien de cette cause est attribué contre moy,

pourront venir comme désirés, pour prandre aveques
eulx tel ordre que bon vous semblera ; m'usant moy
comme leur Royne, sellon la promesse de milord Heris en votre nom, sans préjudisier à mon honneur,
couronne, estast ou droyt, que je puisse avoir comme
plus prosche de votre sang. Quoy faysant, j'espère
vous conoîtrés que je ne seray ingrate ni indigne de
tant d'obligations ; desquelles, sur l'assurance qu'il
m'en a donné à votre nom, j'ay adverti mes sujets
pour, sellon votre bon plésir, s'abstenir de leur part
des troubles et retirer leur dépesche jà acheminée en
France, où ils se délibéroyent chercher leur secours,
pour le peu de confort que je leur pouvoys bailler
d'issi : comme aussi ays-je fayct moy en France et
Espaygne, pour affin de les empescher de fayre ce
qui me randroyt plus estroitement oblisgée à eulx ;
désirant qu'estant remise en mon propre estast, ce
soit par ceulx à qui la proximitay des pays et autres
compétances me donnent plus de moyen m'en revancher, au profit et union de ces deux royaulmes.

Et quant à ce que monsieur de Mora c'est remis à
vous, je serois marrie que lui, qui n'a cest honneur que
par bastardise vous appartenir, eut plus de fiance en
vous que moy, qui par tous respects ay plus de rayson
de ce fayre ; et si il conoit son devoir, pour vous complayre je feray davantage, quand, contre le mien, pour
l'amour de vous, je l'useray et les autres selon votre
conseil, en tant qu'il ne sera contre mon honneur.
Or, pour ce que milord Herris m'a parlé de votre
part si amiablemant, je n'en fays doubte ; ains en ay

certifié amis et enemis. Mays pour nous entre-entendre
mieulx, affin que venant au point, ne se trouve difficultay, je lui ay commandé écrire à mayster Cessille tout
ce qu'il m'a rapporté de par vous (par ce aussi qu'il dit
l'avoir oui de lui [et] de monsieur de Lessester) avèques
ma responce sur tous les points de sa charge; affin
que m'entendant clairement, ne me puissiés plus blasmer d'estre cause de différer ; ayns vous puissiés deffaire de mon importune charge dont j'ay honte, et auroys davantage, si ce n'estoit en recevant ce dernier
bénéfisse. En brief j'espère pour jamays vous fayre
connoître combien je suis, et seray toute ma vie,
vôtre. J'en ay dit à mester Knolis, votre vischamber-
land, libremant ce que j'en pance. Je m'assure qu'à
votre faveur il me fera ce bon office de vous en fayre
le report, qui me guardera vous fayre plus long discours, sinon vous bayser les mains et prier Dieu qu'il
vous donne toutes ses grâces, et entre les autres celle
de connoître la volontay de ceux qui s'offrent à la vous
porter bonne, sur toutes celle de

> Votre affectionnée bonne sœur et cousine,

> MARIE R.

Écrit de Bolton, ce 28 de juillet.

Au dos : A LA ROYNE D'ANGLETERRE, madame
ma bonne sœur et cousine.

MARIE STUART

A LA REINE ÉLISABETH.

(Autographe. — Collection du marquis de Salisbury, à Hatfield-House.
Cecil papers.)

Satisfaction de Marie Stuart par suite du rapport que lui a fait lord Herries des sentiments d'affection témoignés par Élisabeth à son égard. — Terme qu'elle veut mettre à ses plaintes et à ses importunités. — Son espoir de voir enfin s'améliorer la malheureuse position dans laquelle elle se trouve. — Son désir d'être admise en présence d'Élisabeth. — Prière afin qu'il soit permis à quelques seigneurs écossais fidèles de venir d'Écosse en même temps que Murray. et de communiquer librement avec Marie Stuart.

De Bolton, le 29 juillet (1568).

Madame ma bonne sœur, s'en retournant ce courrier par votre court, je n'ai voulu faillir me remantevoir à votre bonne grâce, estant mon plus grand plésir de ce faire à toutes les occasions, principalement d'issi en avant que votre bon naturel s'est commancé à faire paroytre par ce que milord Herris m'en a rapportay, qui m'oste le subject de vous écrire d'un si fascheux stille, dont importunément j'ai usé jusques à présent : vous supliant, qu'encores que je ne vous fasse une nouvelle lamentation de jour à autre, ne laysser à vous souvenir que ma condition n'en est pas plus amandée si non de bonne espérance, après Dieu, en vous ; laquelle je vous supplie prendre payne augmenter par vos fréquentes et amiables lettres pour

conforter l'affligée, et me fayre seure de votre santay,
puisque je n'ay cest heur d'en estre témoyn de veue,
comme je prie Dieu que je puisse estre avvant mourir. J'avois oublié vous fayre une requeste par mes
dernières, qui est de permettre quelques uns de mes
seigneurs venir, quant monsieur de Mora viendra, ou
un peu avvant, avèques consgié d'aller et venir : car
vos deux conseillers et officiers ne m'ont résolue sur
ce poinct, comme milord Herris entandoit l'avoir eu
accordé de vous. Et pour ne tourner mon debvoir à
importunitay, je vous béseray les mayns, priant Dieu
qu'il vous doint, Madame ma bonne sœur, en santay,
longue et heureuse vie.

De Boton, ce xxix juillet.

Votre bien affectionnée bonne sœur et cousine,

MARIE R.

Au dos : A LA ROYNE D'ANGLETERRE, madame
ma bonne sœur et cousine.

MARIE STUART

A LA REINE ÉLISABETH.

(Autographe. — Musée britannique à Londres , collection Cottonienne. Caligula , C. I, fol 139.)

Mission donnée, par les Écossais fidèles, à lord Stirling de se rendre auprès de Marie Stuart. — Résolution qu'ils ont prise de s'opposer à la tenue du parlement convoqué par les rebelles — Leur déclaration qu'ils consentent à une suspension d'armes si Élisabeth prend l'engagement d'empêcher le parti contraire de commettre aucune hostilité. — Assurance que demande Marie Stuart à cet égard. — Nécessité de rendre une prompte réponse.

De Bolton, le 6 août (1568).

Ma Dame ma bonne sœur, j'avois résolu, m'assurant de votre bonne voulontay laquelle plus clèrement j'avois entendu par milord Heris, que d'avvant ne vous importuner plus, que je n'eusse votre responce, mays mes subjects qui s'estoyent tous assamblés pour empescher ce prétandu parlemant mal et faulsemant apelé, ayant ouï que, selon votre bon plésir, [je] vouloys qu'ils fissent session d'armes, m'ont envoyé lord Squerlin, qui s'est trouvée à leur assamblée (comme ce porteur vous déclarera plus à plein), pour m'asseurer de leur obéissance en cela comme en tout aultre chose, me priant ètre seure que l'autre partie vous obéiroit; et quant à eux, je vous en certifie qu'il ne fayront nulle hostilitay, et si auqun le faysoit, il lui coustera la vie. Mays aussi il me suplie, comme moy vous, qu'il n'adviegne comme de Medlemur : car les miens cessèrent, et les autres non. Par quoy, si voullés m'assurer qu'ils vous obéiront ou que punirés ceux qui l'enfreindront, ou leur serés ennemie, je respondray des miens ; si non vous les tiendrés excusés, d'aultant qu'ils ne cherschent que leur seuretay, ce métant, pour cest effayt, le dixième de ce moys en armes et pour tenir leur lieu et le mien au parlemant, ou bien perdre la vie en ceste querelle.

Parquoy je vous suplie en diligence despêcher ce porteur affin que je puisse ranvoyer vers eulx l'asurance en votre nom que si les autres y font refeus vous les défandrays, et, pour ce que ces points requièrent brièvé responce, je ne vous fayray plus long discours sinon vous suplier de vous souvenir d'osbliger une royne et un tel nombre de fidelles subjects et un royaulme, sans vous laysser persuader à petit nombre qui ne s'en trouveront si dignes. Et sur cela je vous béseray les mayns, priant Dieu qu'il vous donne, Ma Dame ma bonne sœur, vous avoir en sa sainte guarde.

De Boton, ce vi d'aust.

Votre bien affectionnée bonne sœur et cousine,,

MARIE.

Au dos : A LA ROYNE D'ANGLETERRE, ma bonne sœur et cousine.

MARIE STUART

A LA REINE ÉLISABETH.

(Autographe. — Collection du marquis de Salisbury à Hatfield-House, Cecil papers.)

Regret de Marie Stuart de ce qu'Élisabeth a pris ses doléances en mauvaise part. — Confiance qu'elle met en elle. — Seule ressource qui lui reste d'en appeler à la reine d'Angleterre des torts d'Élisabeth. — Entier abandon qu'elle a fait de son sort entre les mains de sa cousine. — Protestation contre le reproche d'ingratitude qui lui est adressé. — Remercîment pour l'autorisation qui lui a été accordée par Élisabeth de communiquer avec sir Francis Knollys, son vice-chambellan. — Nécessité d'une prompte réponse sur la mission donnée à Borthwick relativement à la demande de suspension d'armes en Écosse. — Vives instances de Marie Stuart afin qu'Élisabeth lui rende ses bonnes grâces.

De Bolton, le 7 août (1568).

Madame, j'é resceus hier avèques grand déplésir une lettre de vous, pour voir qu'avés pris autrement que je n'avoys jamais entendu les miènes. J'advoue bien que n'ayant entendu auqune certayneté de votre bonne voullontay vers moy, je vous écrivois trop libremant, si je n'eusse protesté que me pardonneriés, si je apeloys de vous à vous-mesme. Dieu me soit juge, si jamais je vous feus ingrate, si je ne me ressente de vos bons offices ; mais qui [a] enuie, la pasiance fayt perdre beaucoup de respects, comme je m'en étoys accusée plusieurs fois. Mais vous l'avvés pris en trop mauvayse part d'une qui vous a choisie entre touts aultres vivant, pour se mettre elle et tout ce qu'elle

10.

a entre les meins. Si je vous ai offencée, je suis issi
pour vous en fayre amande à votre discrétion, mays
si vous m'injuriés, je n'ay que la Royne d'Angleterre à
qui me pleindre de ma bonne sœur et cousine qui
m'accuse de fuir la lumière. Et au pis aller, je vous
avois offert Vesmesterhal ; mays je voys bien ce que
vous distes est vray : vous tenés du lion, qui veult
ordonner des autres par amour et en avvoir l'honneur
et le bon gré, faysant de vous-mesme, ou vous cou-
roussés. Et bien, je le vous donne, je vous acsepte
pour grand lion; reconnoissés-moy pour segond de
ceste mesme race. Or j'ay tout mis entre vos mains :
faytes pour moy de fasson que je vous puisse valoir,
m'an resantant, et je vous feray desdire de m'avvoir
nommé ingrate, car je vous préféreray à toultes les
personnes du monde. Or j'ay resceu une autre lettre
de vous, où je vois que votre cholère ne vous fayt pas
oublier votre bon naturel. Madame, ne vous imprimés
légièrement mavayse opinion de moy, vous auriés
tort : vous le connoistrés. J'ay estay bien aise qu'avez
trouvé bon que je communique avèques votre vischam-
berlan ; se que je feray librement, m'assurant qu'il
sera tenu segret ce que je lui diray, fors à vous et
ceulx qu'il vous pléra eslire pour entendre mes affaires
avèques vous.

Au reste je vous envoyay hier Borthic, pour porter
les nouvelles que j'avois resceues d'Écosse, et vous
suplier en diligence me fayre responce, si je pourray
asurer mes gens de mettre bas les armes : car autrement si les autres ne le guardoynt, et les miens le

fissent, se seroit leur ruine ; et les miens sont prèts pour le dixiesme de ce moys. Votre vischamerlan peult testifier la hâte qui y est requise, car il a ouï leur message. Or vous voyés que je vous estimoys plus que ne pancés ; car à votre parolle, tout ce que j'ay vous obéira sans dissimulation. Je ne sçay si les aultres en ont fayt aultant, ou feront, si nécessitay ne les y contreint.

Or je ne veulx point conter aveques vous. Oubliés le passé, si je me suis mespris, et àcseptés ma bonne voullontay, et m'osblisgés tant que je ne puisse m'en revanscher, car je vous donneray l'honneur comme à ma sœur aynée, et vous supplieré si m'aviés ostay un point de votre bonne grâce pour une passionnée lettre, redonnés m'en deus pour générositay et pour ma bonne voullontay ; car d'aultant moigns j'ay méritay la vôtre, d'autant mètres-je peine la desservir à l'advenir et la tiendray chère comme acquise par desubs mes mérites. Si vous couroussiés contre moy et me donnissiés consgié, je ne le prendroys pas pour la première foys, aussi pour la segonde ; je vous suplie que je ne l'aye qu'avecques votre bonne grâce et espoir de vous revoir, si je n'ay ce bien cette première foys.

Je n'ay eu loisir de parler à monsieur votre vischamerlan, car il vous despeschoit en haste la première despesche. Je le priray de s'emploier comme lui avvés commandé. Je ne vous importuneray davantage, creignant pour ce premier coups mes lettres ne soyent si bien resceues ; ayns vous ayant ramantie de m'envoyer responce sur le retardemant de ce parlement où ses gens se veulent battre, je prieray Dieu qu'il vous doynt sa saynte grâce et considération du malheur de vostre semblable (c'est son commandement) et d'en avoyr pitié.

De Boton, ce vii aust.

Votre bien bonne sœur et cousine,

MARIE R.

Au dos : A LA ROYNE D'ANGLETERRE, Madame ma bonne sœur et cousinne.

MARIE STUART

A LA REINE ÉLISABETH.

(Autographe. — Musée britannique à Londres, collection Cottonienne, Caligula, C. I, fol. 141.)

Diligence mise par Marie Stuart à envoyer l'un de ses serviteurs en Écosse pour donner aux siens des ordres conformes aux désirs d'Élisabeth. — Protestation que ses sujets fidèles n'ont aucun projet de rien entreprendre contre les rebelles. — Vive assurance que ceux qui enfreindraient ses ordres seraient punis avec rigueur. — Déclaration de Marie Stuart qu'elle n'a adressé, en France, aucune sollicitation de secours depuis qu'elle a été assurée par Knollys de la bonne volonté d'Élisabeth à son égard. — Vif désir de Marie Stuart qu'une entrevue lui soit accordée par la reine d'Angleterre. — Utilité que cette entrevue aurait pour toutes deux.

De Bolton, le 13 août (1568).

Madame ma bonne sœur, ce soir à minuit j'é resceus votre lettre, et, ayant une heure d'avvant veu ce qu'il vous avoit pleu écrire à milord vischamerland et milord Scrup, j'avois jà commancé d'escrire en Escosse pour commander ce mesme dont me donnés advis par vos lettres ; lesquelles veues, j'ay d'autant plus diligemant despêché un mien serviteur qui ira jusques aux plus esloignés, leur faire le commandemant de par moy conforme à votre lettre. Mays pour ce que par la première vous dites estre advertie que mes fidelles subjects devoient fayre quelque entreprise : Madame, qui vous a fayt cest advertissemant est mal adverti, car ils ne se sont mis ensamble que pour empescher l'injustice des rebelles, par laquelle ils vouloyent leur atribuer le nom qu'ils ont mieulx méritay ; et quant à vos subjects, vous pouvés asurer qu'ils ne portent si peu de respect à ma personne de entreprandre telle chose contre ma voulontay ; j'entends gens d'honneur ou des grands. Asurés vous que se que je dis, je le guarderai, et, si aultre me faysoit manteuse, je seroy la première preste à les punir de parjure, ce que j'aymeroys mieux mourir qu'estre.

Quant à [la] France, je vous promets que je n'ay eu nulles nouvelles de ce que me mandés. J'escrivis de Carlel quant j'eu advertis mester Knolis et lui dis que je pance que m'excuserés, qu'avant sçavoir votre bonne voulontay, et n'ayant nulle asurance, j'ay fayt devvoir de cherscher mes ensiènes aliances, mays assurés-vous que despuis [que] milord Heries est de retour, je n'ay fayt auqune pratique qui puisse empescher rien de ce qu'avecques lui avvés communiqué. J'espère vous satisfayre en cela comme j'ay discouru

avecques mester Knolis diver[ses] foys et présantemant luy ay prié vous fayre entandre.

Je vouldroys bien avvoir ce bien de parler à vous,
pour une perpétuèle asurance l'une de l'autre ; je ne
vous en ose presser, mays si je m'assuroys ne vous
importuner, je vous en inportuneroys, j'entends après
le retour de ceulx qu'il vous playra envoyer issi, car
j'ay beaucoup de choses de quoy je me deschargerois
voulontiers le cueur à vous de bousche, à notre advantage commun, et d'aultant plus voulontiers que je me
trouve osbligée pour votre desmonstration d'amitiay.
Quant ce vient au point, je ne vous diray qu'une chose,
souvenés-vous que je vous ay dit que vous m'auriés
pour jamays vôtre, si à vous ne tient ; je ne vous ose
importuner durant votre progrès, qui me fera vous
présanter mes affectionnées recommandations à votre
bonne grâce, priant Dieu, vous donner, Madame, en
santay, longue et heurheuse vie.

De Boton, ce trèsiesme d'aust.

Votre affectionnée et bien bonne sœur et cousine,

MARIE R.

Au dos : A LA ROYNE D'ANGLETERRE, madame
ma bonne sœur et cousine.

MARIE STUART

A LA REINE ÉLISABETH.

(Autographe. — Musée britannique à Londres, collection Cottonienne, Caligula, C. I, fol. 443.)

Envoi des lettres adressées par les Écossais fidèles à Élisabeth. — Excuses sur ce qu'elles ont été écrites avec passion. — Déclaration qu'elles renferment d'une entière soumission à la volonté d'Élisabeth. — Jactance de Murray, qui annonce tout haut la réunion du parlement — Supplications adressées à Élisabeth afin qu'elle empêche la tenue de ce parlement. — Protestation de Marie Stuart dans le cas où il serait assemblé malgré l'assurance contraire que lui a donnée Élisabeth. — Confiance entière qu'elle met dans la parole de la reine d'Angleterre. — Vives instances pour qu'Élisabeth ne prenne pas en mauvaise part les lettres qui lui sont adressées par les seigneurs écossais.

De Bolton, le 14 août (1568).

Madame ma bonne sœur, j'ay resceu ce matin lettres de mon pays, lesquels j'ay communiqué à votre vischamerland, ensamble une lettre pour vous des prinsipaulx de mes subjects, de laquelle ayant veu le double, j'ay creint vous l'envoyer pour ce qu'elle a estay dévisayée par eulx avvant avoir entendu votre bonne inclination vers moy, comme gens plus passionés du desir de leur chief que bons segrétayres vers une telle princesse. Mais d'aultre part voïant que ils vous offrent leur service si unanimemant, j'ay pancé que vous excuseriés la ferfeur des membres vers leur chief et prendriés leurs offres en bonne part, de quoy j'ay estay bien ayse pour les voir en mesme voulontay de vous demeurer osbligés comme moy, ce que j'ay prié votre vischamerland vous fayre plus au long antandre et ma bonne intention qui m'améne vous envoyer leur dite lettre.

Au reste monsieur de Mora dit tout hault qu'il tiendra le parlemant; mes gens sont jà si ascheminés que le conte de Hontlay marche, comme vous voirrés par celle de milord Heris : combien il désire les empescher d'antandre ma voulontay, je m'asure ils i obéiront et à la vôtre. Je vous suplie que les autres ne tienent un parlemant de bravade, comme ils se vantent, ou si ils le veullent fayre, ne permetés après que leurs excuses soyent resceues, car de moy je me soubmets à votre bon et sage advis m'assurant, selon votre promesse, que si eulx en rien i contreviegnent, vous ne vous en remetrés plus pour leur cause. Le bruit est qu'il ne forfalteron personne, car il n'auseroient; mays pour fayre dire que ne leur avvés deffandu, ils le veullent tenir et sesmondre chasqun, alléguant que c'est assés les autoriser, quant personne n'i contredit. Je vous suplie, considérés que pour députer qui viendra issi, il n'en ont affayre, car ils ont jà résolu quatre; je vous suplie considérer aussi que ce soyt des plus grands et que, si ils tiènent le parlemant, c'est en votre promesse que je le souffre; par quoy je désiréroys que commandissiés qu'il n'en eût point du tout, ou, si il i en a, que les tinsiés pour rompeurs de ce qu'ils ont promis, et comme tels, me favorisiés contre eulx celon votre promesse en cas qui forfaltent. Je m'assure qu'il ne m'est besoign de vous en fayre plus grande instance, veu, comme sur votre conseil seul je me fonderai et ne proséderay nullement au contrayre, vous ne voudriés qu'il me tournast à dosmage : or je me suis mise moy , ma cause , et tout , entre vos mains ; si j'ay mal (je m'assure au contrayre) ou dosmage, vous en auriés le blasme, car je m'apuie sur vous en fiance et prosède si libremant avveques vous, que je ne vous casche rien de mon intention ; et si il vous plésoit que je vous visse, je vous en ferois une preuve pour jamais.

Je ne vous inportuneray de plus longue lettre, si non vous souvenir de vostre sœur qui vous a esleue pour sa protectrisse et de prendre en meilleur sens ses lettres que je vous envoie, que j'eusse mieulx modéré si elle fut venue ouverte en mes mayns, despuis la venue de milord Heris prinsipallement. Et pour ne vous inportuner, après vous avvoir baysé les mains, je prieray Dieu vous donner, Madame ma bonne sœur, en santay, longue et heurheus vie.

De Boton, ce xiiij d'aust.

Votre bien affectionnée bonne sœur et cousine,

MARIE R.

Je ne vous envoy point les letres particulières du conte Hontlay, pour ce que les ayant montray à mester Knolis, il m'assure vous en faire le rapport.

Au dos : A LA ROYNE D'ANGLETERRE, madame ma bonne sœur et cousine.

MARIE STUART

A SIR WILLIAM CECIL.

(Original. — Musée britannique à Londres , collection Cottonienne ,
Caligula, C. I, fol. 147.)

Mission donnée au porteur par Marie Stuart auprès de la reine d'Angleterre. — Rapport qu'il a fait de la bonne volonté manifestee par Cecil de s'employer, en tout ce qui serait juste, au bien des affaires de la reine d'Écosse. — Assurance donnée par Marie Stuart qu'elle ne demandera jamais rien que de juste. — Inexpérience du porteur à raison de son jeune âge. — Impossibilité où Marie Stuart s'est trouvée d'en choisir un plus expérimenté. — Instance auprès de Cecil, à titre d'amitié particulière, pour qu'il veuille bien instruire le messager de la conduite qu'il doit tenir en traitant avec la reine, conformément au mémoire qui lui a été remis. — Assurance que Cecil doit donner à Élisabeth que Marie Stuart, quelque rapport contraire qui lui soit fait, sera constante dans ses promesses, comme elle compte également sur celles qui lui ont été faites par la reine d'Angleterre. — Mesures prises pour que toutes les hostilités cessent de part et d'autre en Écosse. — Assurance que si des hostilités ont été commises par les Écossais fidèles, elles ont eu pour unique cause d'empêcher que leurs amis, prisonniers, qui sont entre les mains des rebelles, ne fussent mis à mort et qu'eux-mêmes ne fussent condamnés pour forfaiture devant le prétendu parlement des rebelles. — Avis donné à Marie Stuart que les rebelles procèdent avec rigueur et qu'ils ont fait venir à Édimbourg, pour être traduits devant le parlement, les prisonniers qui n'étaient pas dans cette ville, malgré la déclaration qu'Élisabeth a donnée par écrit que les rebelles ne poursuivraient pas la guerre. — Ordre que Marie Stuart a envoyé aux Écossais fidèles, sur la foi de cette promesse, d'arrêter leurs entreprises. — Impossibilité où s'est trouvé lord Herries, en présence de ce qui se passait, d'arrêter les seigneurs fidèles qui ne faisaient que défendre leurs personnes, leurs amis, leur bonneur, leurs terres et leurs biens; ce en quoi lord Herries doit être excusé.

De Bolton, ce 16 août 1568.

Maister Ceceill, forsamekle as we haif send this present beirare our servant to oure gud sister the Quene zoure maistres, for to communicat with her of oure affaires conforme to the commission we haif gevin to him thairanent. And be his raport understanding zour gud mynd to do and travell for ws in all oure lefull affaires (as God willing hoipis never to requyre oure sister nor zow) bot with it quhilk salbe found honorable lefull and honest. Becaus this said beirare is ane zoung man not sa veill experimentit in travelling with sic matteris as neid war and not haifing the intellig[ence] sa prompt to expreme all that to oure sister quhilk is necessare for our service; in default of ane better at this present hes imployit him in the same. Praying zow as our singulare gud freind to instruct and help him with zoure gud counsale and informatioun in traveling and commowning with our sister of our said materis conforme to our memory gevin to him thairupone. And als that ze zoure self in lyk maner vald commounicat with hir of oure affaires; ewer halding hir asseurit that quhat report can be maid in our contrare we salbe constant with the grace of God in that quhilk we haif promesit, traisting the ly[ke of] hir and that scho tak na uthir opinion of ws. For howsone we ressavit hir vrytingis to caus staye oure faytfull subjectis frome persewing of the uthir party, incontinent thereeftir we wrait to them to the same effect, considerand hir asseurance send to ws and gif of before thair wes ony hostelitie or conventioun, ze may considder thai hade na les nor caus to staye all thai mycht. That thair frends quha ar in captivitie in thair handys war·nocht innocently put to deid and thame selffis forfaltit in thair pretendit unjust parliament. And as zitt as we understand ar un na wayis myndit to staye bot will proceid be all regour, as this beirar will schaw zow, and hes send for thayme our faytfull quhilkis ar in uthir presonnis nor in Edinburcht, to be brocht to the said parliament. Nevertheles we haifing lait ressavit our sisteris said asseurance in writ quhilk we haif send to our lieutenent and lordis of Counsale hes chargeit thame to desist fra said intendit persewing our rebellis, haulding thame selffis togidder for thair awin defence and surety, as reasoun vald, conforme to our sisteris vryting, Heirfoir considerand the premissis my lord Hereis could nocht tak sa greit a burdene on him afoir the ressait of the said asseurance of our sister, as to staye rest of oure haill nobilite frome defendinge thair personnis, freindes, honor, land and gudis. In respect of the quhilk, the said lord Hereis acht to be excusit. Referring the rest to this beirar and zoure gud discretioun, committis zow to the protection of God almychtie.

      Off Bowtoun castell, this xvj of august 1568.

Zour richt gud frind,

MARIE R.

Au dos : To oure richt trusty and weilbelovit SIR WILLIAM CECEILL, principall secretair to the Queene our gude suster.

MARIE STUART

A LA REINE ÉLISABETH.

(Autographe. — Musée britannique à Londres, collection Cottonienne, Caligula, C. I, fol. 154.)

Plaintes de Marie Stuart contre la conduite des rebelles qui continuent leurs entreprises malgré la suspension d'armes. — Extrémité à laquelle sont réduits les sujets fidèles. — Vive insistance pour qu'Élisabeth, suivant sa parole, force les rebelles à tenir la foi promise. — Envoi des lettres de lord Herries qui rend compte du fâcheux état des choses en Écosse. — Supplications de Marie Stuart afin qu'Élisabeth consente à faire démonstration en sa faveur et l'envoie chercher pour être conduite auprès d'elle. — Instances pour qu'elle cesse d'accorder sa protection à ceux qui méprisent ses ordres, et consente à donner faveur à celle qui s'est remise tout entière entre ses mains.

De Bolton, le 23 août (1568).

Madame ma bonne sœur, au lieu que à tort l'on vous avvoit fait pleinte de mes fidelles subjects et de moy, il fault qu'eulx et moy vous en fassions une vrey : c'est que, pour vous complayre, j'ay commanday à tous les miens ne se mousvoir, ayns atandre leur prestandu parlemant que je les assurois ne rien prétandre que de choisir qui envoïer issi, les assurant que leur aviés défandu le surplus. Or les miens ont obéis, ce que l'on peut entandre des aultres comme du conte d'Hontely, car ils ont pris mon homme et lettres et n'en veulent layser passer auqune affin de les prandre en trahison, pensant se venir joyndre aus autres qui ayant resceu mes lettres sont tous demeurés sans venir plus près

pour ne donner ocasion de querelle. Cependant les
traitres ont compdamné les gens de bien, au moygns
une partie, et entandent d'aschever sur les aultres;
qui m'est de si grand importance que ils disent qu'ils
seront contreints ou se randre à eulx ou aller en
France si j'improveois. De moy, je m'assure tant de
votre promesse que il ne me sera besoign d'aultre
remède que celuisi qui est vous ramentevoir votre
promesse, mon obéjssance et fiance en vous, et leur
désobéissance, m'assurant que ne soufrirays chose
tant déshoneste que je soyes, pour vous avoir creu,
en l'extresmitay que voirrés par les lettres de milord
Heris que vous excuserés d'escrire si passionémant
pour le crêvecueur que c'est à gens de bien d'estre
aynsi traités.

Si il vous plésoit, (voïant la fasson de quoy ils procèdent, pour fayre quelque desmonstration aux miens
que estes, selon votre promesse, offencéc contre eulx,
et au contrayre que l'obéissance des miens vous a
pleu) m'envoïer quérir seullemant affin que je vous
peusse fayre mes dolléances, voïant qu'eulx me font
atandre leur venue à leur plésir et eulx cependant
preignent leur advantasge se servant de votre tolé-
rance pour couvrir leur présomption, je pancerois
ma pasciance d'autant mieulx récompancée, ou, si il
ne vous plest, je m'assure que, voïant que ils font
tels fayts, m'ayderés présantemant à i mètre tel ordre
que je puisse assurer les miens n'avoir besoign cherscher aultre suport.

Ma bonne sœur, à ce coup montrés vous le lion, faytes

diférance de qui fayt ce qu'il veult et contre votre commandemant, ou de celle qui se fie du tout en vous et vous obtempère. Je vous suplie, faytes moy entandre votre bonne résolution en diligence sur ces mesmes resquestes et doléances. Or votre honneur et votre bon naturel cueur de lion et autoritay parle pour moy, et je me tays; seulemant dirai cecy, que vous eussiés pris à déshonneur, si, ayant pris la cause entre vos mieins, les miens eussent usé d'hostilitay. Et si les leurs preignent messagiers et lettres, s'est rompre tresves; et ils procèdent comme estant lesgitismes jusges despuis en avoir remis le jusgemant à vous, si ils estoient tels ou non. Que vous reste-il à faire? Tant plus ils prosédent et plus offensent-ils ceulx que vouliés acorder. Je ne fays doubto que ne montriés votre générosité à ceulx qui font si peu d'estat de vos commandemants, veu mesme an ce qu'ils vous doivent. Ce qui me fera vous présanter mes humbles commandations à votre bonne grâce, priant Dieu vous avoir en sa sainte et bonne guarde.

De Boton, ce xxiii d'aust.

Votre très affectionnée bonne sœur et cousine,

MARIE R.

Je vous suplie, excusés moy si j'escris si mal, car ayant resceu ses nouvelles, je ne suis pas si à mon ayse que d'avanst.

Au dos : A LA ROYNE D'ANGLETERRE, madame ma bonne sœur et cousine.

MARIE STUART

A LA REINE ÉLISABETH.

(*Autographe. — Musée britannique à Londres , collection Cottonienne,*
Caligula, C. I, fol. 159.)

Légèrcté des motifs donnés par Murray afin de tenir son parlement. — Inutilité de cette réunion pour désigner les commissaires qui doivent se rendre en Angleterre. — Véritable objet de cette convocation dont le but est de procéder contre les sujets restés fidèles. — Promesse formelle qui avait été faite par Élisabeth de s'opposer à toute mesure semblable. — Ordre donné par Marie Stuart, sur la foi de cette promesse, à ses sujets restés fidèles. de suspendre les hostilités. — Attaques continuelles dirigées contre eux — Protestation au sujet de l'avis donné à Élisabeth que des attaques auraient été faites par les sujets fidèles de Marie Stuart contre les Anglais. — Assurance que lord Cessford et son fils, qui étaient au nombre des agresseurs, ont toujours tenu le parti des rebelles. — Offre faite par Marie Stuart d'ordonner la poursuite des coupables. — Protestation de Marie Stuart qu'elle ignore si le duc de Châtellerault est arrivé en Écosse avec les Français. — Assurance qu'ils y seraient venus sans son consentement. — Déclaration de Marie Stuart qu'elle veut fermement tenir toutes les promesses par elle faites à Knollys. — Confiance qu'elle met dans l'amitié d'Élisabeth. — Sa crainte que ses ennemis, qui entourent la reine d'Angleterre, ne parviennent, par leurs faux rapports, à l'irriter contre elle. — Son vif désir d'être appelée auprès d'Élisabeth et de regagner ses bonnes grâces.

De Bolton, le 27 août (1568).

Madame ma bonne sœur, j'ay resceu de vos lettres d'une mesme date, l'une où vous faytes mantion de l'excuse de monssieur de Mora pour tenir son prestandu parlemant, qui me samble bien froyde pour obtenir plus de tollérance que je m'estois persuadée n'avvoir par votre promesse. Quant à n'oser donner commission de venir sans un parlement pour leur peu de nombre de noblesse, alors je vous responds qu'ils n'en ont que troys ou quatre d'avantasge qui eussent aussi bien dit leur opinion hors du parlemant qui n'a esté tenu pour cest efect, mays pour fayre ce qu'expressémant nous avions requis être empeschés, qui est la forfalture de mes subjects pour m'avvoir estay fidelles, ce que je m'assuroys, jusques à hier, avoir eu en promesse de vous, par la lettre écrite à milord Scrup et mester Knoleis, vous induire à ire contre eulx, voire à les en fayre resantir. Toutefoys je voys que je l'ay mal pris; j'en suis plus marrie, pour ce que sur votre lettre qu'il me montrèrent, et leur parolle, je l'ay si divulguémant assuray, que pour vangence que j'en désirasse, si non pour mètre diférence entre leur faulx desportements et les miens sincères. Dans votre lettre aussi datée du xme d'aust vous mestiés ses mots :

« I thinke zour adve[rse] perty upon my sindrye
» former advises will hold no parlment at all and if
» they do it schal be onley in a forme off an asembly
» to accord whome to send to this realme and in
» what sort for otherwise if thy schall proced in
» mener off a parlement with any acte off judsgement
» aguanest any person I shall not any wise alloue
» theroff and if thy shall bi so overseen than you mei
» thinke the sam to bi no uder moment than ther
» former procedins and by suche their rasche maneir
» of proceding they shall moost prejudice themselfs
» and be assured to find me readye to condempne
» them in their doigns. »

11.

Sur quoy j'ay contremandé mes serviteurs, les faysant retirer, soufrant selon votre commandemant d'estre faulsement nommés traytres par ceulx qui le sont de vray, et encores d'estre provoqués par escarmousches et par prinses de mes gens et lettres ; et au contrère vous estes informée que mes subjects ont envahis les vôtres ! Madame, qui a fayt ce raport n'est pas homme de bien, car lord Sesfort et son fils sont et ont estay mes rebelles despuis le commancemant. Enquérés-vous si il n'estoyent à Denfro avecques eulx ? J'avois offert respondre de sa frontière ; ce qui me fut refusé, ce qui m'en devvroit assés descharger. Néanmoigns pour vous fayre preuve de ma fidélitay et de leur faulsetey, si il vous plest me fayre donner le nom des coulpables et me fortifier, je commanderay mes subjects les poursuivre, ou, si voullés que ce soit les vôtres, les miens leur ayderont. Je vous prie m'en mander votre volontay. Au reste mes subjects fidelles seront responsables à tout ce que leur sera mis subs contre vous, ni les vôtres, ni les rebelles, despuis que me conseillâtes les fayre retirer. Quant aux Françoys, j'escrivis que l'on n'en fit nulle poursuite, car j'espérois tant en vous que je n'en auroys besoign. Je ne sçay si le Duc aura eu mes lettres, mays je vous jure davvant Dieu que je ne say chose du monde de leur venue que ce que m'en avés manday, ni n'en ay eu de France mot du monde et ne le puis croyre pour cest occasion, et si ils y sont, sc'est sans mon sceu ni consentemant, parquoy je vous suplie ne me condamner sans m'ouïr, car je suis prête de tenir tout ce que j'ay ofert à mester Knolees et vous assure que votre amitiay, qu'il vous plest m'offrir, sera resceue avvant toutes les choses du monde quant. France seroit là pour presser leur retour, à ceste condition que presniés mes affayres en mein, en sœur et bonne amye, comme ma fiance est en vous. Mais une chose seulle me rand confuse, j'ay tant d'ènemis qui ont votre oreille, laquelle ne pouvant [raviser] par parolle, toutes mes actions vous sont desguisées et faulsemant raportées, parquoy il m'est impossible de m'assurer de vous pour les manteries qu'on vous a fayt pour destorner votre bonne voulontay de moy; parquoy je desirerois bien avoir ce bien, vous fayre entandre ma sincère et bonne affection laquelle je ne puis si bien descrire que mes ennemis à tort ne la décolore. Ma bonne sœur, guaygnés moy, envoyés moy quérir, n'entrés en jalousie pour faulx raports de celle qui ne désire que votre bonne grâce. Je me remétray sur mester Knoleis à qui je me suis libremant descouverte, et, après vous avvoir bésay les mayns, je priray Dieu vous donner, Madame ma bonne sœur, en santay, longue et heurheuse vie.

De Boton, [d'] où, je vous promets, je n'espère partir qu'avèques votre bonne grâce, quoyque les manteurs mantent. Ce xxvij d'aust.

Votre bonne sœur et cousine,

MARIE R.

Au dos : A LA ROYNE D'ANGLETERRE, madame ma bonne sœur et cousine.

MARIE STUART

AU COMTE D'ARGYLL.

*(Original avec post-scriptum autographe. — General Register house,
à Édimbourg.)*

Avis encore incertain donné à Marie Stuart que le comte de Huntly aurait essuyé
une défaite. — Peu de confiance qu'elle met dans les belles promesses qu'elle
reçoit en Angleterre. — Communication qu'elle a faite à lord Herries et à l'archevêque de Saint-André de deux lettres qui lui ont été écrites par Élisabeth. —
Charge qu'elle leur a donnée de les communiquer au comte d'Argyll. — Avis
renfermé dans ces lettres que des troupes françaises seraient en mer pour se
rendre en Écosse, ce dont Élisabeth se montre très-mécontente. — Faux rapport adressé à Élisabeth, qu'il aurait été fait une entreprise sur les frontières
par les Écossais fidèles. — Avis donné à Marie Stuart que le jeune laird de
Seswood était à la tête de cette invasion, ce qui n'empêche pas Élisabeth de
rejeter toute la faute sur les Écossais fidèles. — Envoi par Élisabeth de commissaires au nombre desquels est le duc de Norfolk. — Charge laissée à lord
Herries ainsi qu'au porteur de communiquer toutes autres nouvelles. — Envoi
fait par Marie Stuart au comte d'Argyll d'un cheval de prix.

De Bolton, le 27 août 1568.

Traist cousing and counsalour, we greit zow weill.
We haif understand that my lord of Huntly hes gottin
sum defait, of the quhilk we ar in greit pane till we
heir the veritie therof; and, haifing gottin mony fair
and greit promeses of this realme, thinkis the same
nocht to tak greit effect. We haif ressawit two vry
tingis fra our sister the Quene, be our servand James

Borthik, writtin with hir awin hand, and causit trans-
lait thame in Scottis; of the quhilkis we haif send co-
peis to my lord Hereis and the bischop of St-Androis,
quha will mak zow participant therof, quhairin it
maye be considerit quhat effect maye be found to our
profit; for we latt zow knaw the asseurance as we
haif it. And seing scho hes writtin to ws of sic newis
as we thocht maist neidfull to adverteis zow, wald
nocht faill to do the same; principally schawing
amangis uthir heidis, that thair is ane cumpanye of
Frenschemen outhir on the se to pas in Scotland, or
ellis alreddy arrevit thairin, at the quhilk scho is evill
content. Alwayis gif sa be that they cum or ar arrevit, ze knaw zour force and habilite, quhilk our faythfull subjectis maye use.

It hes bein falsly reportit to hir, that our men
hes invaidit and maid slauchter with greit distruc-
tioun of houssis in hir bordouris. As it is schawin ws, the princepale of thay invaidaris wes the
young lard of Seswood; nochtwithstanding scho layis
the haill burdein on ws, and our party allanerly.

Als scho vrytis, thair is sum commissionaris to cum
heir, quherof the deuk of Northfolk is ane. Referring uthir thingis to my lord Hereis, quha will schaw
zow mair at lenth be Borthikis informatioun, and the
rest to this beirar. Swa comittis zow to God.

Off Bowtoun, the xxvij august, 1568.

Autographe : Wi send zou a hors fer and gud lyk,
huilk ze schal resceue. Any y had beter ze schould

e

nocht want. This berar lent mi his for zou afor, bi-
caus this was nocht redi.

Zour richt gud sister and cusignes,

Marie R.

Au dos : To oure traist cousinge and
counsalour, THE ERLE OF ARGYLE.

MARIE STUART

AU COMTE D'ARGYLL.

*(Original avec post-scriptum autographe. — General Register house,
à Édimbourg.)*

Remerciments de Marie Stuart à raison du dévouement dont le comte d'Argyll lui
a donné un nouveau témoignage dans la dernière assemblée. — Rapport qui
lui en a été fait par Livingston. — Bonne intention dans laquelle Marie Stuart
avait requis la séparation de ses sujets fidèles et la cessation de toute hostilité
de leur part, sur la foi de la lettre d'Élisabeth dont elle avait envoyé la copie
en Écosse. — Assurance que lord Herries, en leur communiquant cet ordre, n'a
fait que se soumettre à ses volontés. — Crainte de lord Herries d'être exposé
aux soupçons du comte d'Argyll, alors même qu'il est signalé par le parti contraire comme la seule cause des désordres commis sur les frontières et des
troubles qui agitent l'Écosse. — Avis renfermé dans les dernières lettres d'É-
lisabeth, dont communication a dû être donnée au comte d'Argyll par le laird de
Skeldoune, qu'un secours était parti de France pour se rendre en Écosse. —
Espoir de sa prochaine arrivée. — Honneur que le comte d'Argyll et les siens
se sont acquis par leur démonstration en faveur de leur reine. — Protestation
particulière de Marie Stuart qu'elle en conservera toute sa vie le souvenir.

De Bolton, le 31 août 1568.

Traist cousinge and counsalour, we greit zow
weill. Having ressauit zoure vrytingis heir zisterdaye

be Johne Levingstoun, understanding thairby, and by his report, zoure greit fervency, gud will, and ford-wartnes, ze haif schawin in this zour last assembley, thankis zow maist hertly thairof. Zour disasem-bling and staying of forder proceiding thairin, we cawsit to be for anc gud intent, considering our sisteris vryting quhilk we send zow, the copy thairof wes be the same in hir gud promeses, constrynit to staye zow. Quhairof my lord Hereis hes aduertesit ws, ze and the rest of oure nobilite wytis him, and is verray commowit thairat, praying yow nocht charge him thairwith; for he did na thing by oure express commandiment, being far mair wytit be the vthir party of this cuntrey, that he wes the haill occasioune of innormeteis on our bordouris and vthiris tumultis within oure cuntrey. We doubt nocht bot ze haif alreddy sene be the copey of our sister the Quenis last vrytingis, quhilk we send to zow be the lard of Skeldoune, of the aduertisment scho makis to ws of the Frensche menis cuming in our realme, quhilk we hoip to be haistely. Referring all uthir thingis to zour wisdome, committis zow to God.

Off Bowtoun, the last of august, 1568.

Zour richt gud sister and assured frind,

MARIE R.

P. S. Autographe: Ze schal si farder by the in-structions, bot asur zour self that ze heuue dun zour-self and al our frindes ne letle honour and gud in

onli schauin zour forduartnes and obedient to my·
Y wil nocht spel tym in wourdes, bot y think mi so
far adet to zou that y schal think on it al my lyf.

Au dos : To oure traist cousinge and lieutenent, THE ERLE OF ARGYLE, etc.

<hr/>

MARIE STUART

A LA REINE ÉLISABETH.

*(Autographe. — Musée britannique à Londres, collection Cottonienne,
Caligula, C. I, fol. 142.)*

Résolution de Marie Stuart de n'avoir aucun égard aux propos qui lui seront rap-
portés comme un témoignage de la mauvaise volonté d'Élisabeth envers elle.
— Protestation au sujet des faux rapports qui sont faits contre elle à la reine
d'Angleterre. — Supplication pour qu'Élisabeth consente enfin à lui donner
une favorable assistance. — Communications faites à ce sujet à son vice-
chambellan. — Entière confiance de Marie Stuart dans Élisabeth. — Chargé
qu'elle a donnée à Knollys de lui en rendre témoignage et de lui transmettre
en même temps les lettres qui lui sont adressées par les seigneurs écossais,
lettres pour lesquelles Marie Stuart n'a pas voulu servir d'intermédiaire à cause
des sentiments de défiance qu'elles expriment. — Nécessité d'une prompte décision. — Résolution prise par Marie Stuart, si la réponse se faisait encore
attendre, de se rendre elle-même auprès d'Élisabeth, à moins que pour l'en
empêcher on ne la déclare prisonnière. — Entier dévouement de Marie Stuart
pour Élisabeth. — Sollicitation en faveur des prisonniers retenus par les rebelles. — Prière de Marie Stuart afin qu'Élisabeth empêche la vente de ce qui
reste de ses joyaux. — Offre qu'elle fait à Élisabeth de ceux qui pourraient
lui être agréables.

De Bolton, le 1er septembre (1568).

Madame, n'ayant esguard ni à la faveur d'auquns
des vôtres ni au soupson des miens ni aulx faulx ra-

ports qui journaillement vous sont fayts de moy, ni
à ceulx que l'on me fayt, que l'on favorise mes rebelles et que devvés envoïer, avèques les deus prinsipaulx comissères, un qui de tout temps m'a esté
ènemi, je veulx, laysant touts les subdits points à part,
vous suplier y avvoir esguard et me traiter en parante
et bonne amye, selon qu'il vous plest m'ofrir, et contre
seste violante tourmante de raports me conforter du
furre de l'asurance de votre favorable asistance. J'ay
dit ce que j'avoys sur le cœur à votre vischamerland,
vous supliant ne me laysser perdre par faulte de seur
port; car, comme un navire agitay de tous vents,
aussi suis-je sans sçavoir où prendre port, si, prenant
amiable considération de mon long erre, ne me re-
cueillés à port de salut; mays jugés que j'ay besoign
de prompt secours, car je suis foyble d'avvoir résistay
à si long débat. Acseptés-moy et me donnés de quoy
asurer les aultres, car de moy seulle je me fie tant en
votre constance promise que tous les rapports ne me
sauroyent persuader au contrère; pleust à Dieu qu'en
fissiés aynsin de moy!

J'ay parlé librement à mester Knoles, et lui priay
vous l'escrire et vous envoyer les lettres de mes subjects : lesquelles sentant plus de desfiance que je n'en
veulx avoir de votre bon naturel, je n'ay voullu servir
d'ambassadeur. Ma bonne sœur, hastés seullemant,
affin que j'empesche quoy qui vous pourroit desplère :
ce que je ne puis sans votre faveur, quant je n'en
aurois jamays si bonne dévotion jusques à ce que je
sasche votre bonne voullentey. Je ne vous osé impor-

tuner; mays j'ay telle chose en teste que, si je n'ay
résolue responce, je prandray la hardiesse de m'asche-
miner vers vous, si je ne suis prise prisonière par votre
commandemant. Ne me perdés, je vous suplie, puis
que je désire vous dédier ma vie et cueur pour jamays.
Je prie Dieu [qu'il] prospère la vôtre, et me doint pasiance et bon advis contre tant de meschantes inventions de ce monde.

De Boton, ce premier de septembre.

Vostre bien bonne et obligée sœur et cousine,
si il vous plest,

Marie R.

Je vous suplie de commander quelque libertay aux
pauvres prisoniers qui sont fort estroitemant traités,
sans le desservir, et commander que le reste de mes
bagues ne soyent vandues, comme ils ont ordonné en
leur parlemant; car vous m'avés promis qu'il n'i
auroit rien à mon presjudice. Je seroys bien ayse que
les eussiés pour plus de seuretay, car se n'est viande
propre pour traystres, et entre vous et moy je ne fays
nulle diférance; car je seroys joyeuse qu'il y en eût
qu'eussiés agréable, les prenant de ma mayn ou de
mon bon gré [si les trouvés de votre goust] [1].

Au dos : A la Royne d'Angleterre, madame
ma bonne sœur et cousine.

---

[1] Ces derniers mots, entre crochets, ont été en partie rognés dans la pièce
originale.

MARIE STUART

A SIR FRANCIS KNOLLYS [1].

(Autographe. — Musée britannique à Londres , collection Cottonienne,
Caligula, C. I, fol. 161.)

Communication faite par Marie Stuart à Knollys des nouvelles qui lui sont venues d'Écosse. — Lettre qu'elle a écrite à Élisabeth à ce sujet. — Désir de Marie Stuart que Knollys rende lui-même compte à la reine d'Angleterre de leur dernière conversation. — Prière pour qu'il sollicite une prompte réponse. — Assurance de Marie Stuart qu'elle a pleine confiance dans les bons procédés de Knollys. — Son excuse de ce qu'elle ne peut lui en donner le témoignage qu'en mauvais anglais; cette langue , dans laquelle elle n'a jamais écrit, ne lui étant pas familière. — Communication qu'elle autorise Knollys à prendre de la lettre qu'elle envoie à Élisabeth et qu'elle laisse ouverte. — Avis donné à Marie Stuart que Knollys doit voir bientôt ses ennemis. — Prière qu'elle lui adresse de faire savoir à sa femme, quand il lui écrira, qu'elle sera la bien venue auprès de la pauvre prisonnière. — Souvenir que Marie Stuart se propose d'adresser à Knollys comme un témoignage qu'elle compte sur sa bonne volonté envers elle. — Son désir qu'il fasse remettre ce cadeau à sa femme. — Nouvelles excuses de Marie Stuart sur son mauvais anglais , langue qu'elle écrit pour la première fois.

Sans date (de Bolton, le 1er septembre 1568).

Mester Knoleis, y heuu har sum neus from Scotland; y send zou the double off them y vreit to the Quin my gud sister, and pres zou to du the lyk,

[1] Cette lettre, ainsi que Marie Stuart l'explique elle-même, est la première lettre qu'elle ait écrite en anglais. Sir Henri Ellis, bibliothécaire en chef du Musée britannique à Londres, l'a publiée dans son intéressant Recueil de Lettres historiques , première série , tome II, page 252.

conforme to that y spak zesternicht vnto zou, and sul
hesti ansur y refer all to zour discretion, and wil
lipne beter in zour gud delin for mi, nor y kan per-
suad zou, nemli in this langasg; excus my iuel vreitin, for y neuuer vsed it afor, and am hestet.   Ze
schal si my bel vhuilk is opne, it is sed seterday
my unfrinds wil be vth zou, y sey nething bot trest
weil, and ze send oni to zour wiff ze mey asur her
schu wald a bin weilcom to a pur strenger, hua
nocht bien aquentet vth her, wil nocht bi ouuer
bald to vreit bot for the aquentans betuix ous.   Y
wil send zou letle tekne to rember zou off the gud
hop y heuu in zou, guef ze fendt a mit mesager y
wald wysh ze bestouded it reder apon her non ani
vder; thus effter my commendations, y prey God heuu
zou in his kipin.

Zour asured gud frind,

MARIE R.

Excus my iuel vreitin thes furst tym.

MARIE STUART

A UN ÉVÊQUE ÉCOSSAIS.

(Original. — Musée britannique à Londres, collection Cottonienne.
Caligula, B. IX, fol. 313.)

Remerciments de Marie Stuart pour les soins que donne à ses affaires l'évêque auquel elle écrit. — Assurance qu'elle compte sur son dévouement. — Ordre qu'elle lui adresse, aussitôt que les Français seront arrivés en Écosse, de faire marcher sans délai toute la noblesse avec eux sur le château où est son fils, pour l'enlever, si l'entreprise est jugée possible, ou de marcher droit sur Édimbourg en détruisant tout le pays afin que l'ennemi ne puisse plus trouver de vivres. — Recommandation de s'emparer, s'il est possible, de quelques-uns des principaux chefs des rebelles. — Ordre de Marie Stuart afin que toute la noblesse et les sujets fidèles soient convoqués sans délai. — Confiance entière qu'elle met dans les mesures que l'évêque à qui elle s'adresse reconnaîtra nécessaires ou utiles. — Avis qu'elle a écrit à l'évêque de Ross de venir la trouver.

De Bolton, le 9 septembre 1568.

Reverend father, we greit zow weil. Forsamekle as we haif resavit zour writinges this morning considering the greit pains and travel ze haif tain in our affaires thank zow maist hartly thairof quhylk as zit man not leve to continew .... thairin .... as to the Frenschemens cuming, we pray zow ryght effectuouslie, yat incontinent sa sone as yai ar arrivet without ony ······· advertesment to us, ze caus al our nobilite and yair force pass forduart with the Frenschemen in diligence touartis our sone to se gif he may be gottin in handis. Or ellis to Edinbrugh destroying all the

countrey thairabout yat our ennemys get na viures.
And gif it be possible or yat ze may get ony of yair
greitmen in handis of our rebellis spair yame noth
bot dispeche yame haistely and speciallie . . . . . .
And that ze vreit in our name advertessant all our
nobilitie and faithful subjectis to assemble and do vyir
things as shalbe thocht necessarie referring zour wisdome and discretion. Committis zow to God.

    Of Bouton, ye ix of september 1568.

Zour right guid cusines,

MARIE R.

P. S. We have written to the bishop of Ross that
he cum here.

1568. — Marie Stuart avait rejeté, à plusieurs reprises, la proposition qui lui avait été faite de se justifier devant une commission
et n'avait cessé d'insister pour être admise en la présence d'Élisabeth. Cependant plus tard, elle donna son consentement à ce que
des commissaires anglais fissent une enquête sur la conduite de
Murray et de ses amis. Alors les ministres d'Élisabeth proposèrent à
Marie Stuart de nommer des députés pour assister, de sa part,
aux conférences qui devaient avoir lieu à cet effet. Elle y donna
malheureusement son assentiment contre l'avis de ses meilleurs conseillers, et par là se soumit implicitement à la décision des commissaires d'Élisabeth.

MARIE STUART

A LA REINE ÉLISABETH.

(Autographe. — Musée britannique à Londres, collection Cottonienne, Caligula, C. I, fol. 185.)

Consolation que Marie Stuart a reçue des bonnes paroles données par Élisabeth à l'abbé de Killwinning. — Nouvelle protestation contre les faux rapports faits par les rebelles. — Assurance donnée par Marie Stuart que ses sujets fidèles n'entreprendront rien contre les ordres d'Élisabeth. — Impossibilité où elle se trouve de s'opposer aux actes de lord Cessford, qui tient pour les rebelles. — Assurance d'obéissance qui lui a été donnée par lord Fernihurst. — Ordre qu'elle lui a transmis de satisfaire aux plaintes du gouverneur de Berwick. — Protestation contre les désordres qui se commettent sur les frontières dans ces temps de troubles. — Résolution de Marie Stuart de prendre à cet égard toutes les mesures que la reine d'Angleterre jugera utiles. — Confiance que l'on peut mettre dans lord Herries pour la répression de ces désordres. — Crainte de Marie Stuart qu'il ne lui faille renoncer à l'espoir d'une entrevue avec Élisabeth. — Preuves que lui a données Marie Stuart d'une entière confiance. — Espoir qu'elle a mis en Élisabeth seule pour son rétablissement. — Sa ferme résolution de s'en rapporter à sa foi et de cesser toute sollicitation à cet égard. — Son entier dévouement à la volonté d'Élisabeth. — Prière pour qu'il lui soit permis de voir Élisabeth ou de retourner en Écosse.

De Bolton, le 15 septembre (1568).

Ma Dame ma bonne sœur, j'ay resceu ungne grande consolation par vos amiables promesses et propos tenus de moy à l'abé de Kelov....[1], et despuis par votre lettre qui m'assure ne donnerés crédit aux raports faycts de moy. Je vous suplie avvoir tousjours ceste considération de mes énemis qu'ils ont desservi par

---

[1] L'abbé de Killwinning.

effect, c'est que par toutes voyes il cherschent à me nuire comme ceulx qui pancent m'avvoir tant offencée qu'ils ont honte de l'advouer ou amander, avèques desfiance qu'ils ne méritent pardon. Au reste vous êtes malcontante de mes subjects : Madame, ils me seront manifestemants désobéissant, ou ils se submetront selon les loyx, seulx qui se disent miens. Je ne puis respondre pour Sessfort, car il est contre moy, ni de sa wardenrie, si non lord Farnhest m'a promis que lui et les siens m'obéiront. Je lui ay écrit qu'on se pleind de lui et qu'il satisfit pour tous les siens le gouverneur de Barovic, ou je lui seray ènemye. Je vous suplie si des larrons, qui sont à qui plus leur donne, vous offensent, ne m'en faytes porter la pénitance. Vous ni moy, en temps de payx, ne sçaurions guarder les frontières de désordres; que puis-je donc à cest heure que selui qui les gouverne ne me reconoit point? Mays reguardés ce que je puis fayre, et mandés le moy et j'en feroy se qu'il vous semblera meilleur, et j'employray tous mes obéissants subjects, pour y fayre leur effort. De milord Heris, je m'assure qu'il s'aquistera de sa charge, et où il osera aller, il fera telle radresse que lui commêtrés. Je luy ay écrit pour cest effect; je vous envoiray sa response que je pance il aportera lui mesmes avèques les autres dont mester Knolis vous envoye les noms, qui ne fauldront au lieu et temps. Apointay de Farnhest; je vous envoiray sa propre lettre. J'ay montré la mienne à milord Scrup; somme, mes subjects assisteront aux vôtres pour punir les offendeurs de quelque part qu'ils s'advouent, si il vous plest écrire à milord Houdston qu'il les advertisse de ce qu'ils auront à fayre. Si un larron suborné me pouvoit empirer ma cause, je seroys en piteux estast en votre endroit.

Au reste j'apersoys combien ma veue vous seroit désagréable; je m'en desporteray. Je pourroys assés que respondre à tout ce qu'on vous peut aléguer là desubs, mays je ne veulx vous contester contre vous. Puis donc que m'avés tant admonestée de me fier en vous et promis amitié, si n'en voullois chersher d'aillieurs (ce que vous voïés clèremant par la venue de Kelounin, lequel vous a demandé passeport pour le Duc[1] vous offrant son service affin de vous fayre paroître que, contante de votre promesse, je n'ay qu'une corde en mon arc), je ne doubte que ne considériés la fiance que j'ay en vous et ne fassiés paroître que je n'auray rien perdu au change quant j'aurois mesprisé toutes les amitiés forènes pour avoir la vôtre bien solide, et que je n'ay empiray ma cause de m'estre humiliée à vous, ayns amandée; car estant en prison et d'avant la bataille vous promestiez me remètre, et à seste heure que je me suis venue randre en vos mains en feriés-vous moygns? Je crois que non; bien que vos lettres soyent honestemant froydes, pour l'ambiguité d'iselles si è-se que je me persuade que, si ne me voulliés osblisger, vous ne désireriés prendre sur vous le fayt de mes affères dont l'issue bonné ou mauvayse vous en sera atribuée comme, ou à la restorèse d'une royne,

[1] Le duc de Chatellerault.

12.

ou du contrère. Je ne vous admonesteray plus de rien, faytes comme mieulx vous en semblera, veu la foy que j'ay en vous ; quant à vous écrire , ce seroit un trop long discours et requerroit avvant là plus de répliques qui ne s'en peut accommoder par lettres. Quant il vous semblera que chose qui soit en moy vous puisse servir, je seray preste , ou après que vos desputés seront venus, ou après que m'aurés selon votre promesse remise en mon estast à votre parolle , de venir. Sependant pour moy je prandray passiance, me contentant de m'estre offerte en tout ce que je puis pour me dédier du tout à vous sans exseption, et vous promets que, quand serés résolue de l'acsepter, je ne vous desniray rien que j'aye sur le cœur. Sependant Dieu me doint passiance et en sa sainte grâce me recommanderoy humblemant à la vôtre. Moy et mes gens seront prêts au jour apointés de atandre votre résolution.

De Boton, ce xvme de septembre.

Votre bien affectionnée bonne sœur et cousine,

MARIE R.

Je vous suplie ne retarder plus le jour, car il m'es tardemen ou que je vous voye , ou que je retourne d'où je suis venue.

Au dos : A LA REINE D'ANGLETERRE, madame ma bonne sœur et cousine.

MARIE STUART

A CHARLES IX, ROI DE FRANCE.

(Autographe. — Collection de Monsieur Audenet, à Paris.)

Vive recommandation en faveur du capitaine Lader, qui se rend en France. — Prière afin que le roi lui donne du service dans sa garde. — Plaintes contre Witfchart, Cobron et Stuart, Écossais, qui ont accompagné en Écosse les députés envoyés en Angleterre par les rebelles de France. — Assurance donnée par Élisabeth à Marie Stuart qu'elle se charge de la rétablir dans son royaume.

De Bolton, le 15 septembre (1568).

Monsieur mon bon frère, s'en allant le capitayne Lader, l'un de mes fidelles subjects et des bons serviteurs du Roy monseigneur et votre frère, je n'ay voullu fayllir le vous recomander et vous suplier lui donner charge en votre guarde : je respondrays pour lui. Je vouldroys que tous lui resamblissent en fidélitay, ils ne seroyent postés entre vos rebelles et les miens comme Witfchart, Cobron et Stuart, qui sont allés en Escosse avecques leurs ambassadeurs issi. Je n'ay eu nulle responce de aucune de mes lettres, qui sera cause que je ne vous importuneray de mes affaires, lesquelles la Royne, ma bonne sœur, promet conduire à mon honneur et grandeur, me resmétant en mon estat. Je remétray le demeurant sur la sufisance de mon ambassadeur auquel je vous suplie donner crédit, et, en cest endroit je vous présenteray mes humbles commandations à votre bonne grâce, priant Dieu vous donner, Monssieur, longue et heureuse vie.

De Boton, ce xv septembre.

Votre bien bonne sœur,

MARIE.

Au dos : AU ROY DE FRANCE, monsieur mon bon frère.

———— ⋖●⋗ ————

MARIE STUART

A LA REINE ÉLISABETH D'ESPAGNE.

(Autographe. — Archives du royaume, à Paris, K. 1397; liasse B. 37, p. 270, des archives de Simancas.)

Remerciment de Marie Stuart à raison de la part que la reine d'Espagne prend à ses infortunes. — Étroite amitié qui les a unies dès leur enfance. — Impossibilité où Marie Stuart s'est trouvée de lui écrire depuis ses malheurs. — Charge qu'elle a donnée à Montmorin de prévenir la reine d'Espagne qu'elle s'était retirée en Angleterre. — Surveillance à laquelle elle est soumise. — Refus qui a été fait par Élisabeth de la laisser passer en France. — Charge donnée par Marie Stuart au frère de l'archevêque de Glasgow de rendre secrètement compte de l'état de ses affaires à l'ambassadeur du roi d'Espagne à Londres. — Confidence des relations que Marie Stuart est parvenue à établir depuis son séjour en Angleterre. — Assurance que tout le pays dans lequel elle se trouve est dévoué à la foi catholique et qu'il lui serait facile, avec les secours des rois d'Espagne et de France, en invoquant son titre à la couronne d'Angleterre, de rétablir la vraie religion. — Jalousie d'Élisabeth. — Injuste accusation portée contre Marie Stuart. — Mémoire qu'elle rédige de toutes les menées ourdies contre elle depuis sa naissance par les ennemis de la religion. — Offres qui lui sont faites si elle voulait changer de croyance. — Protestation contre toute con-

DE MARIE STUART. 183

cession qui pourrait lui être arrachée pendant qu'elle est prisonnière. — Déclaration de Marie Stuart qu'elle mourra dans la religion catholique romaine. — Supplication de Marie Stuart pour que la reine d'Espagne intercède en sa faveur auprès du roi d'Espagne et du roi de France. — Son désir qu'il soit envoyé en leur nom une ambassade à la reine d'Angleterre pour lui déclarer qu'ils veulent prendre Marie Stuart sous leur protection. — Crainte d'Élisabeth que des insurrections n'éclatent contre elle. — Partisans nombreux que Marie Stuart s'est acquis en Angleterre. — Sa résolution, si elle était secondée dans ses projets par les deux rois, de demander en mariage pour son fils l'une des princesses d'Espagne.—Son refus de le remettre entre les mains de la reine d'Angleterre. — Son dessein de l'envoyer en Espagne. — Recommandation du plus grand secret sur ces communications diverses. — Son désir d'avoir un chiffre avec l'ambassadeur d'Espagne. — Regret qu'elle éprouve de ne pas pouvoir s'expliquer plus ouvertement par lettre. — Prière afin que la reine d'Espagne envoie vers elle un serviteur dévoué auquel elle pourrait communiquer tous ses projets.

De Bolton, le 24 septembre (1568).

Madame ma bonne sœur, je ne vous sçauroys décrire le plésir que m'a donné, en temps si mal fortuné pour moy, vos amyables et confortables lettres, qui semblent envoyées de Dieu pour ma consolation, entre tant de troubles et d'adversités dont je suis environnée. Je m'apersoys bien que je suis oblisgée de louer Dieu de la nouriture que nous avons, pour ma bonne fortune, prise en jeunesse ensemble, qui est cause de notre indisoluble amytié, comme vous me faytes paroître de votre part; mays hélas! comme m'en resvancherés-je, sinon à vous aymer et honorer, et, si j'avoys jamais le moyen, vous servir comme j'en aurai la volontay et ai eue toute ma vie?

Ne me blamés, ma bonne sœur, de ne vous avvoir écrit; car j'ai esté onse moys en prison, tenue si étroitemant que je n'ay eu ni moyen d'escrire, ni personne à qui les bailler. Despuis je n'ay estay qu'en Escosse en un chasteau que dix jours, et mes ènemis à sinq milles de moy. Despuis je perdis la bataylle, je feus contreinte me retirer issi, dont je vous advertis par Monmorin. En passant, il faut que je vous bayse les mains du regret qu'il m'a conté vous avoir veu porter de mes infortunes. Pour retourner à mon propos, Don Guisman vous pourra tesmoigner le peu de moyen que j'avois, ni d'envoïer personne vers vous, ni d'escrire seurement; car je suis entre les meyns de ceux qui me reguardent de si près que peu de chose leur serviroit d'excuse à me faire un pire tour que me retenir maugré moy; et sans cela, j'eusse estay il i a longtemps en France. Mais elle m'a refeusé de m'y lesser aller tout à plat, et, bon gré mau gré que j'en aie, veult disposer de mes affayres. Je ne vous puis écrire le tout au mesnu, car il seroit trop long; mays je donne charge au frère de mon ambassadeur en France, de conter à celui du Roy, votre seigneur, à Londres, le tout par le menu, pour le vous écrire en chipfer; car autrement il seroit dangereulx.

Je vous diray une chose en passant que, si les Roys, votre signeur et frère, estoyent en repos, mon désastre serviroit à la chrestiantay, car ma venue en ce pays m'a fayt faire aqueintance issi, par laquelle j'ay tant apris de l'estat issi que, si j'avois tant soit peu d'espérance de secours d'ailleurs, je mètroys la religion subs, ou je mourois en la poyne. Tout ce quartier issi est entièrement dédié à la foy catolique, et pour ce respect, et du droit que j'ay issi à moy, peu

de chose aprandroit cette Royne à s'entremètre d'ayder aux subjects contre les princes. Elle en est en
si grande jalousie que cela, et non aultre chose, me
fera remètre en mon pays. Mays elle vouldroit par tous
moyens me fayre porter blasme de ce dequoi j'ay estay
injustemant acusée, comme vous voirrés en brief par
un discours de toutes les mesnées qui ont estay faytes
contre moy depuis que je suis née, par ces traîtres à
Dieu et à moy. Il n'est encore aschevé. Cependant je
vous diray que l'on m'ofre beaucoup de belles choses
pour changer de religion ; ce que je ne feray jamais.
Mays si je suis pressée d'acorder quelques points que
j'ay mandé à votre embassadeur, vous pouvés jusger
que ce sera comme prisonnière. Or je vous asure, et,
vous supplie, asurés en le Roi, que je mouray en la
religion cattolique romaine, quoy que l'on en dise.
Je ne puis l'exerser issi ; car l'on ne le me veult
permettre, et, seullemant pour en avoir parlé, l'on
m'a menassée de me retenir, et me donner moings
de crédit.

Au reste, vous m'avez entamé un propos en vous
jouant que je veulx prandre en bon essiant : c'est de
mesdames vos filles. Madame, j'ay un fils. J'espère
que si le Roy, et le Roy votre frère, auquel je vous
supplie écrire en ma faveur, veullent envoyer une
embassade à ceste Royne, en déclarant l'honeur qu'il
me font de m'estimer leur sœur et alliée, et qu'il me
veullent prandre en leur protection, la requerrant,
d'autant que leur amitié lui est chière, de me res-
mètre en mon royaume, et m'ayder à punir mes re-

belles, où qu'ils s'esforceront de le fayre, et qu'ils s'assurent qu'elle ne vouldra être de la partie des subjects contre les princes, elle n'oseroit le refeuser, car elle est assez en doubte elle mesmes de quelque insurrections. Car elle n'est pas fort aymée de pas une des religions, et, Dieu merssi, je pance que j'ay guaigné une bonne partie des cueurs des gens de bien de ce pays despuis ma venue, jusques à hasarder ce qu'ils ont avecques moy, et pour ma querelle. Si cela se faysoit, et quelques autres faveurs néssessaires dont j'advertis votre dit embassadeur, estant en mon pays et en amitié avèques ceste Royne, que les siens ne veullent permettre me veoir de peur que je la remète en meilleur chemin, car ils ont ceste opinion que je la gouverneroys, lui complésant, j'espèreroys nourrir mon fils à votre dévossion, et, avèques votre ayde, lui acquérir ce qui nous apartient; et, en cas que Dieu me soit si miséricordieulx, je proteste que m'acordiés l'une de vos filles pour lui, laquelle qu'il vous playra, il sera trop heureulx. L'on m'offre quasi de le fayre naturaliser, et que la Royne l'adoptera pour son fils. Mais je n'ay pas envie de le leur bayller et quister mon droit, qui seroit cause de le randre de leur religion meschante; mays plustost, si je le ray, je le vous voudroys envoyer, et me soubmetre à tous dangers pour establir toute ceste isle à l'antique et bonne foy. Je vous supplie, tenés cessi segret; car il me cousteroit la vie : et, quoy qu'oyés dire, assurés-vous que je ne changeray d'opinion, bien que par force je m'accomode au temps.

Je ne vous importuneray de plus longue lettre pour le présent, sinon vous suplier de fayre écrire en ma faveur. Si j'acorde avèques ceste Royne, je vous en advertirai. Mays il fauldroit que l'ambassadeur feut commandé d'avoir uns chypfer aveques moy, et de m'envoïer visiter quelque foys; car les miens n'osent aller vers eulx.

En cest endroit, je vous présanteray mes très humbles recommandations à votre bonne grâce, priant Dieu vous donner, en santé, longue et heurheuse vie. J'auroys bien plus à vous écrire, mays je n'ose. Encores ays-je la fièvre de ceste-ci. Je vous supplie, envoïés moi quelque un en votre particulier nom, en qui je me puisse fier, affin que je lui fasse entandre tous mes désaints.

De Boton, ce xxiiie de septembre.

Vostre très humble sœur à vous obéir,

MARIE.

Au dos : A madame ma bonne sœur,
LA ROYNE CATOLIQUE.

MARIE STUART

A LA REINE ÉLISABETH.

(Traduction du temps. — Musée britannique à Londres, collection Cottonienne,
Caligula, B. IX, fol. 254.)

Réception des lettres envoyées par Beatoun. — Protestation de Marie Stuart
qu'elle n'est point coupable de dissimulation à l'égard d'Élisabeth. — Sa confiance dans l'accomplissement des promesses qui lui ont été transmises par lord
Herries. — Assurance qu'elle ne songe point à réclamer ailleurs le secours
qu'elle est venue chercher auprès de la reine d'Angleterre, qu'elle regarde
comme son unique refuge et sa seule espérance. — Justes motifs de plaintes
que lui a donnés la prorogation du parlement. — Charge qu'elle donne au porteur de les exposer à Élisabeth. — Foi entière qu'Élisabeth doit ajouter à tout
ce qu'il lui communiquera de sa part.

De Bolton, le 24 septembre 1568.

Domina, soror mea optima. Per famulum meum
Beton recepi literas tuas, quas tibi placuit mihi scribere, in quibus mihi videris suspicari quod alio in
te sim animo quam tibi promiserim fore, modo tuum
promissum, mihi per dominum Heris factum, prout
non dubito, exequaris. Domina, fidem et verbum habeo,
quæ, uti spero, numquam mihi dedecus adferent. Certo
itaque credas velim quod, dum me sororis loco ho-
neste habueris, nullus autem amicorum aut parentum
respectus apud me tantum valere poterit ut amicitiæ
meæ fidem semel datam violem, sed omnibus te præ-
feram tanquam mihi magis proximam. Multoties te
rogavi ut navim meam, durante hac procella agitatam,

in portum tuum recipias; si enim hac vice in eo salva fuerit, anchoras ibi ejiciam. Navigium alioquin in manu Dei est paratum et stypatum ut sese contra quascumque tempestates facile defendat. Syncere et aperte tecum ago; ne ægre feras me in hunc modum scribere: non enim hoc facio quod tibi diffidam, uti apparet, quia in te omnino acquiesco. Non tibi querimoniis meis amplius molesta ero; licet justam habeam causam, saltem post prætensum hoc parlamentum, sicut harum lator tibi largius enarrabit, cui tanquam mihi ipsi credas supplico, in his et reliquis etiam omnibus quæ tibi dicturus est aut responsurus ad falsas inimicorum meorum relationes : est enim hæc præcipua causa cur ipsum miserim ad te. Omnia mea damna tuæ remittam discretioni et quo plures mihi fient injuriæ, eo majorem in te confidentiam habebo eoque magis mihi apparere cogentur decus et benignitas tua, quam mihi favorabilem experiri opto potius quam aliam ullam, quæ mihi aliunde offerri posset, commoditatem. Non ulterius tibi importuna ero; solum me tuæ commendabo benignitati Deumque rogabo ut tibi, soror mea optima, una cum sanitate, largam et felicem impertiatur vitam.

Datum Botoni, 24 septembris 1568.

Vestra dilecta soror et cognata,

Maria R.

MARIE STUART

A SIR WILLIAM CECIL.

(Original. — State paper office de Londres, Mary Queen of Scots, col. 4.)

Charge donnée à Beatoun, envoyé par Marie Stuart vers Élisabeth, de conférer avec Cecil et de se conduire par ses avis. — Entière confiance que Cecil peut avoir dans les communications qui lui seront faites par Beatoun.

De Bolton, le 24 septembre 1568.

Monsieur de Cecil, je vous renvoye le Sr Beton, présent porteur devers la Royne, Ma dame ma bonne sœur, avec charge de conférer avec vous et se conduire selon vostre adviz en ce qu'il a à négocier en mes affaires. A ceste cause je vous prye l'escouter et croyre de ce qu'il vous dira de ma part comme feriez moy mesmes. Et atant je prye Dieu vous donner, Monsieur de Cecil, ce que plus et mieux désirez.

Escript à Bolton, le xxiiij^e jour de septembre 1568.

Votre bien bonne amye,

MARIE R.

Au dos : A MONSIEUR DE CECIL, principal secrétaire de la Royne, madame ma bonne sœur.

LETTRE DE CRÉANCE DE MARIE STUART

POUR SES COMMISSAIRES AUX CONFÉRENCES D'YORK.

(Copie du temps. — Musée britannique à Londres, collection Cottonienne, Caligula, C. I, fol. 177.)

Résolution prise par la reine d'Angleterre de rétablir Marie Stuart dans son royaume et de punir les rebelles qui l'ont forcée d'abandonner l'Écosse. — Commission donnée par elle au duc de Norfolk, au comte de Sussex et à sir Ralph Sadler pour aviser aux moyens d'opérer le rétablissement de la reine d'Écosse. — Charge confiée par Marie Stuart à l'évêque de Ross, à lord Livingston, à lord Boyd, à lord Herries, à l'abbé de Killwinning, à Gordon de Lochinvar et Cokburn de Stirling de la représenter dans les conférences qui doivent avoir lieu. — Pouvoir qu'elle leur donne de se réunir à York ou dans tout autre lieu avec les commissaires anglais, pour arrêter de concert avec eux toutes mesures qui auront pour effet d'assurer son rétablissement en Écosse et la réduction des rebelles à leur devoir.

(De Bolton), le 29 septembre 1568.

Marie by the grace of God Queene of Scottis and dowarier of Fraunce. To all and sundre persons knaulege their presentis shall come greeting in God everlastinge. Forsamekle as hit hath pleased the ryche right hie, right mightie and right excellent princes, the Queens Majestie of England, our most deerest sister and cousignes, to take upon hir the restoringe of us to our realme and aucthorite fra the which we have bin most injustlie exact be certaine our disobedient and rebellous subjectis and for the knowledge and orderinge hereof hes appoynted our rycht noble and mightie prince Thomas duke of Northfolk erle marshall of

the realme of Ingland, Thomas erle of Sussex, viscount
of Fitzwalter, lord Egremont and Bornewell president
of the counsell establisht in the North, and Sr. Ralphe
Sadler, knight, chanceller of the ducherie of Lancaster,
herefore we for the furth settinge of the glorie of God
and treators of peace to be made amanges us our
realme and subjects for ever to continew for declarations of our part herein and all other thinges which
shall pertene to the weill of both the realmes her maid
constitute nominate and ordeine our trustie and const.
counsalouris, and reverend fader in God Johne bishop
of Rosse, William lord Levingstone, Robert lord Boyde,
John lord Hereis, Gavin recommendatour of Kylvy-
ning, Johne Gordone of Lochimvar and James Cok-
burne of Skirling, knythtis, our werray ondoute and
lawfull commissioners. To whom, or any four of them,
we have geven and be thes presentis gevis our full
aucthoritie and power to convene with our said deerest
sisters commissioners in the cittie of Yorke, the last
day of september instant, or any other day or place
within the realme of England and thear to treate
conclude and indent upon all sic heades and articles
as shalbe found tow our said deerest sisters commissioners and thame best for the furthsettinge of the
glorie of God, the reduction of our said disobedient
subjectis to thear dewtifull obedience of vs ffor gude
amitie aswell for as to come betwix thame and all
our obedient subjectis and further to treate upon the
said parte to be made betwix our said derrest sister
and vs our realmes and subjectis and all other pertey-

ning to the weill of the same and what they agree uppon in our name we promise uppon the word of a prince ferme and stable to hold, ratefie, and approve the same inviolable to be observed in all tyme cuminge.

In witnes whereof to thes presentis, subscribe with our hand, our signet is affixt.   At Bowton, the penult day of september, the yeare of God 1568, and of our reigne the xxvi year.

Concordat cum originali.

━━●◆●━━

<h1 align="center">INSTRUCTIONS</h1>

DONNÉES PAR MARIE STUART A SES COMMISSAIRES
AUX CONFÉRENCES D'YORK.

(*Copie officielle du temps. — Musée britannique à Londres, collection
Cottonienne. Titus, C. XII, Queen Mary's Register, fol. 161.*)

Déclaration que doivent faire les commissaires de Marie Stuart aux conférences d'York. — Exposé des motifs qui ont engagé Marie Stuart à se retirer en Angleterre. — Révolte de Murray et de Morton, et ses conséquences. — Confiance qu'elle a mise dans Élisabeth. — Sollicitations qu'elle a faites auprès de la reine d'Angleterre pour la prier de la rétablir en Écosse. — Mission qu'elle a donnée à lord Herries auprès d'Élisabeth. — Bonnes espérances que lui a rapportées lord Herries. — Consentement de Marie Stuart à l'emploi des voies de douceur pour ramener Murray à l'obéissance. — Production que doivent faire les commissaires des pouvoirs qui leur ont été conférés. — Protestation, dont ils exigeront acte au nom de Marie Stuart, qu'elle ne relève que de Dieu seul, qu'elle ne veut se soumettre à aucun juge sur la terre, et qu'elle entend que son recours à Élisabeth ne préjudiciera en rien à ses droits ni à ceux de ses descendants. — Révolte ouverte des comtes de Morton, de Marr, de Glencairn, des lords Hume, Lindsey, Ruthven, Sempill, Cathcart, Ochiltree, qui ont emprisonné Marie Stuart, à Loch Leven, et se sont emparés du gouvernement du royaume. — Simulacre de couronnement en faveur de son fils, alors âgé de treize mois. — Usurpation de Murray, qui s'est fait déclarer régent. — Délivrance de Marie Stuart et protestation de sa part contre les actes qui lui ont été arrachés pendant sa captivité. — Pouvoir qu'elle a donné, dans un esprit de pacification, aux comtes d'Argyll, d'Eglington, de Cassillis et de Rothes pour traiter avec les rebelles. — Attaque à main armée dirigée contre elle par les comtes de Murray, de Morton, de Glencairn et de Marr, qui, après avoir dispersé son armée, alors qu'elle se rendait à Dumbarton, l'ont contrainte de se réfugier en Angleterre pour demander secours à Élisabeth. — Réponse que l'on doit exiger de ses sujets rebelles sur tous ces griefs. — Protestation que Marie Stuart n'a trempé en aucune manière dans le complot dirigé contre Darnley, et n'en a jamais eu connaissance avant la catastrophe. — Sa déclaration que son mariage avec Bothwell ne peut servir de présomption contre elle à ce sujet, puisqu'il n'a été contracté qu'avec le consentement de la plus grande partie de la noblesse. — Nécessité où elle se trouve de demander à vérifier elle-même tous les écrits qui lui seront attribués, parce qu'ils ne peuvent être que faux et supposés. — Reproche d'ingratitude qui doit être adressé au comte de Lennox ou à tout autre de son nom qui se porterait accusateur de Marie Stuart. — Déclaration de Marie Stuart qu'elle ne peut reconnaître comme légitime le parlement assemblé par les rebelles, mais qu'elle est prête à se soumettre à la décision qui serait rendue par un parlement régulièrement convoqué et dont elle-même avait chargé Lethington de réclamer la réunion. — Protestation nouvelle contre l'acte d'abdication qui lui a été arraché pendant qu'elle était retenue prisonnière et contre lequel elle a protesté aussitôt qu'elle eut été rendue à la liberté. — Nullité de la ratification donnée à cet acte par les États d'Écosse, puisqu'elle a été basée sur la supposition erronée qu'il aurait été librement consenti par elle. — Pardon que Marie Stuart, à la sollicitation de la reine d'Angleterre, promet d'accorder aux rebelles après leur soumission. — Refus absolu de Marie Stuart d'accéder à tout acte de ce prétendu parlement des rebelles. — Assurance que Marie Stuart donnera son adhésion à toutes les mesures qui seront proposées, dans l'intérêt des deux royaumes, avec l'agrément des États d'Écosse régulièrement assemblés. — Condition qui doit être mise à tout traité, que Marie Stuart sera rétablie dans son royaume. — Déclaration de Marie Stuart que, relativement au libre exercice de la religion dans ses états, elle prendra conseil d'Élisabeth et de son parlement, et tâchera d'établir l'uniformité de culte en Écosse et en Angleterre. — Protestation de Marie Stuart, si l'alliance perpétuelle des deux royaumes est demandée, qu'elle ne désire rien tant qu'une pareille confédération et qu'elle sacrifiera toute autre alliance à celle d'Angleterre. — Recommandation pour que les assassins de Darnley soient punis d'après les lois du pays. — Déclaration qui doit être faite au besoin relativement aux droits de Marie Stuart à la couronne d'Angleterre. — Protestation qu'elle n'a jamais rien entrepris et ne veut rien entreprendre contre Élisabeth ni contre sa descendance légitime, dans la confiance où elle est qu'Élisabeth prendra l'engagement de la rétablir en Écosse et de ne pas permettre qu'il soit porté préjudice à ses droits, comme son héritière à défaut de descendants légitimes.

De Bolton, le 29 septembre 1568.

The articlis and instructiounis committit in credit be our soverane lady the Quene's Majestie of Scotland, to the lordis commissionaris, hir trew and faithful subjectis and counsallouris, John bishop of Ross, William lord Levingston, Robert lord Boyd, John lord Herreis, Gavin commendatar of Kilwynning, John Gordon of Lochinvar, and James Cockburn of Striveling, knichtis, appointit be hir Hienes, and be the erlis, lordis, bishoppis, abbotis and baronis, hir Majestie's faithful, constant and trew subjectis within the realme of Scotland; to be treatit at the conference to be held in the city of Zork, the last day of September instant, or ony uther day or dayis, place or places, within the realme of Ingland, in presence of hir Grace's derrest sister and cousigne the Quene's hienes of Ingland, or in presence of ane nobill and michtie prince Thomas duke of Northfolk, erle marshall of the realme of Ingland, Thomas erle of Sussex, viscount of Fitzwater, lord Egremont and Bornewell, president of the council of the North, and sir Ralph Sadler knicht, chancellour of the dutchy of Lancaster, hir Majestie's counsallouris and commissionaris appointit be hir Grace.

First, at zour meiting at Zork, zou sall declair to the duke of Northfolk, erle of Sussex, and sir Ralph Sad-

13.

ler, present commissionaris for the Quene's Hienes of
Ingland, that ze ar cum there in my name, with the
advice alswa of my faithful subjectis, sufficientlie
authorizit to the conference appointit be my said guid
sister the Quene of Ingland and me; and the cause of
this meiting to be, be ressoun that at my first cuming
within this realme of Ingland I sent unto my said
derrest sister the Quene, our traist and faithful counsallour my lord Herreis, desyring of hir Grace, in
maist freindly manner, to consider the estait of my
cause, and how grievous it was, not onlie to me,
bot alswa to all uther princes, to suffer sic practices,
that the subjectis, at thair plesour, sould overse
thameselfis sa far, forzetting thair natural and debtful
obedience, as to put handis to thair soverane and
native prince, quhilk the erlis of Murray, Mortoun,
and sindrie utheris thair adherentis, has practisit
aganis my persoun, doing that lay in thame, not onlie
to tak from me my awin authoritie, and government of my realme, bot alswa intrometting and spuilzieing my strengthis, disponing and wasting my
jewelis, movabillis, and haill patrimonie, oppressing
my faithful subjectis be slauchter, and imprisoning of
thair persounis, and rifling and spuilzieing thair
gudis, downcasting thair housis, fortalices, and places, to the greit destructioun of the policy of my
realme, and hurt to the commoun-wealth thairof:
and having maist suir trust and confidence in my
guid sister, and maist tender cousigne, the Quene's
Hienes of Ingland, be ressoun of proximitie of bluid,

and divers promisis of kindnes past of befoir, and affirmit be our familiar writingis and messages betwixt us, desirit effectuouslie hir Majestie to give me support of hir awin guidnes, be the qukilk I micht be reponit in my awin realme of Scotland, the auctoritie and government thairof, as I, quha am native just Princess and Quene thairof, aucht to be, and to cause my inobedient subjectis recognize thair offences, and thair unnatural dealing with me, rander my strengthis, restoir my jewallis and movabillis, and to desist and ceis fra all usurping of my auctoritie in time cuming, within my realme : quhilk being done be hir Grace's support and fortificatioun, sould not tend onlie to my weill and comfort, bot alswa to hir Hienes's great honour, befoir all uther princes, and wald obliss me to be mair dett-bund all my dayis unto hir Hienes.

To the quhilkis my desyris I ressavit maist freindlie and loving answeris and writingis with the said lord Herries, quhairby hir Grace, of hir guidness, did promise to support me, and to repone me in my awin realme, be hir Grace's forces onlie, quhairthrow I misterit not to require ony uther Prince for assistance in my causis, and in hoip thairof, desyrit me ernestlie to desist and ceis fra all suit at the king of Spain and uther princes handis for support : quhilk desyre I obeyit, putting my haill confidence, nixt God, in hir Grace's promisis.

And hir grace thinking it to be mair meit, that all my causis sould be set forward be sum gude dress,

rather than be force, hir Hienes desyrit me alswa very
ernestlie, to suffer hir a short space to travel with
the erle of Murray and his adherentis, (quha had sub-
mittit thair haill causis in hir handis) to cause thame
repair the wrangis and attemptatis committit aganis
me, thair Soverane, and contrair thair alledgeance
and dewtie, and to desist and ceis in times cuming,
quhairthrow I micht be reponit in my realme, auctoritie and government thairof, but ony impediment,
and be hir Hienes's labouris and moyen, rather than
be force of armis; desyring alswa, that I wald use hir
counsal toward the wrang and offences committit be
thame, how the samin sould be repairit to my honour,
and my clemencie be usit towardis thame, be hir
Grace's sicht : and seing hir Hienes of sa guid mind
towardis me, I willinglie condescendit unto hir Grace's
desyris, willing to use hir Majestie's counsal towardis
my subjectis, without prejudice of my honour, estait,
crowne, auctoritie and titill, as maist derrest sister,
and tender cousign to hir Hienes.

II.   Ze sall produce zour commisioun gevin to zou
be us, and excuse us that the samin is under our
signet onlie and subscriptioun, be ressoun that our
greit seill, as weill as uther jewallis, are with-haldin
fra us; bot the samin sall be ratifyit, approvit and
reformit as neid beis, till it be sufficient : and gif
thay produce thair commissioun, ze sall get the copie
thairof.

III.   Or ze enter in ony conference, ze sall protest
that albeit I be best contentit that the causis presentlie

in difference betwix me and my disobedient subjectis be considerit, and dressit be my derrest sister
and cousigne the Quene's Majestie of Ingland, or hir
Grace's commissionaris, auctorizit thairto, befoir all
utheris, that thairby I intend on na wayis to recognosce myself to be subject to ony judge on zeird, in
respect I am ane fre Princess, having imperial crowne
gevin me of God, and acknawledges na uther superiour;
and thairfoir that I, nor my posteritie, be in na wayis
prejudgit heirby.

IV. Ze sall schaw, in my name, to the duke's
Grace of Northfolk, and the rest of the lordis commissionaris of the Quene's Hienes of Ingland, our derrest sister and cousigne, that James erle of Mortoun,
Johne erle of Mar, Alexander erle of Glencairne, the
lordis Hume, Lindesay, Ruthven, Sempill, Cathcart,
Uchiltrie, with utheris thair assistantis, assemblit
in armis ane greit part of our subjectis, declaring
be thair proclamatiounis it was for our relief, umbeset the gait in our passage betwix our castellis
of Dumbar and Edinburgh, and tuik our persoun,
committit us in ward within our awin place of Lochlevin, and efter intromettit with our cuinzie-house,
pressing-irnis, gold and silver, cuinzeit and uncuin-
zeit, passit to the castel of Striveling, and maid
thair fashioun of crowning of our sone, the Prince,
then but XIII monethis auld. James erle of Murray
tuik upon him the name of regent, usurpand thairby
the supreme auctoritie of our realme, in the name of
that infant, intromettit with the haill strengthis of

our realme, jewallis, munitioun, and patrimonie of our crowne, als weill propertie as casualtie : and quhen it pleisit God, of his greit mercie, to releive us out of that strait thraldome, quhair we wer detenit elevin monethis sa hardlie, that nane of our trew subjectis micht have fre access to bespeik us; thairefter in Hamiltoun we maid opin declaratioun, that our former constranit writingis in prisoun wer altogidder aganis our will, and done for feir of our lyfe, affirmit the samin be our solemn aith. Zit for the godlie zeal and natural affectioun we buir to our native realme, and subjectis, gave powar to the erlis of Argile, Eglintoun, Cassillis, and Rothes, to agre and confirm a pacificatioun with the uther erlis, and thair partakeris; and passing to Dumbartan left the hieway, for avoiding of troubill : The said erlis of Murray, Mortoun, Glencairn, and Mar, with thair adherentis and partakeris, umbeset the way, and be thair men of weir, quhilk thay had wagit with our awin silver, overthrew our powar, slew sindrie richt honest and trew men, tuik utheris prisoneris, and ransomit thame; condemnit to the deith, under colour of thair pretendit lawis, greit landit baronis and gentilmen, for na uther cause bot for serving of us, thair native soverane. Thir thair unressonabill and undewtiful proceidingis causit us cum in this realme, to require the Quene's Majestie, our maist derrest sister, and in blude narrest cousigne in the warld, (our promisis of luif, freindship, and assistance sa effectuouslie affirmit) favouris and support, that we may enjoy peciabillie our awin realme, according to God's calling, and that our inobedient subjectis may be causit recognosce thair debtful obedience, reform to us and our obedient subjectis the wrangis thay have done, as sall be gevin in special, that ze and thay may live under us in zour calling as gude subjectis, under that heid that God has appointit zow; quilk in our name ze sall desyre.

And zit at the ingiving of the said complaint ze sall declair, that notwithstanding I am willing to cause the Quene's Hieness of Ingland to understand the evil behaviour of my subjectis towardis me, zit I will not submit my estait, crowne, auctoritie nor titillis, to ony prince or judge on zeird; bot is content to use the Quene of Ingland's counsal towardis my subjectis, for the offences committit be thame in extending my clemencie towardis thame allanerlie.

V. How sone ony thing beis answerit be my disobedient subjectis to the complaintis foirsaidis, ze sall desyre the samin to be gevin in writ, to the effect ze may advise thairon with myself, or ze answer thairto, I being sa concernit, speciallie gif the samin tuichis my honour, quhilk I esteme mair tender nor my lyfe, crown, auctoritie, or ony uther thing on zeird.

And gif thay press zou for answer, and thair alledgance beiring ony thing speciallie, quhilk may appeir to alledge me culpabill of my husband's deith, or demissioun of my crown and auctoritie; under protestatioun foirsaid, ze sall answer, that I lament mair heichlie the tragedie of my husband's deith, nor ony uther of my subjectis can do; and gif thay had

sufferit, and that I had bene permittit to use my auctoritie untroublit be my subjectis, I had punisht the
committaris thairof as apperteinit : likeas I am zit
willing to do the samin as law and justice will require.

And ze sall affirm suirly, in my name, that I had
never knawledge, art nor part thairof, nor nane of my
subjectis did declair unto me, befoir my taking and
imprisounment, that thay quha ar now haldin culpabill, and principal executouris thairof, wer the
principal auctoris and committaris of the samin :
quhilk gif thay had done, assuritlie I wald not have
proceidit as I did sa far ; suppois I did nathing
thairintill bot be the advice of the nobilitie of the
realme.

VI.   Gif thay alledge, that my marriage with the
erle of Bothwell will be ony presumptioun aganis me,
ze sall answer, that I never condescendit thairto,
unto the time the greitest part of the nobilitie had
cleinsit him be ane assise, and the samin ratifyit in
parliament, and thay had gevin thair plain consent
unto him for my marriage, and sollicited and perswadit me thairto, as thair hand-writing, quhilk was
schawin to me, will testifie.

VII.   In cais thay alledge thay have ony writingis
of mine, quhilk may infer presumptioun aganis me
in that cause, ze sall desyre the principallis to be
producit, and that I myself may have inspectioun
thairof, and mak answer thairto.   For ze sall affirm,
in my name, I never writ ony thing concerning that

matter to ony creature. And gif ony sic writingis be, thay ar false and feinzeit, forgit and inventit be thameselfis, onlie to my dishonour and sclander : and thair ar divers in Scotland, baith men and women, that can counterfeit my hand-writing, and write the like maner of writing quhilk I use, as weill as myself, and principallie sic as ar in cumpanie with thameselfis. And I doubt not, gif I had remanit in my awin realme, bot I wald have gottin knawledge of the inventaris and writeris of sic writingis or now, to the declaratioun of my innocencie, and confusioun of thair falset.

VIII. In case the erle of Lennox, or ony of his name, propone ony thing contrair me, ze sall advertise of the samin, quhairthrow I may cause zou mak answer thairto : And in the mene tyme, ze sall declair his unthankfulness towardis me, quha have bene sa beneficial to him and his, and thairfoir will not spair to declair, for his ingratitude, that thing may tend to his disadvantage, as sall be gevin in particularlie.

IX. In cais thay propone ony thing concerning thair actis of parliament, alledging that thay have set a parliament, and thairin that the Estatis fand thair proceidingis gude, contrair me; ze sall answer, that the samin cannot prejudge me in na sort, because thay had na lauchful powar to hald the samin; and I, being thair lauchful prince, and thay bot my subjectis, I cannot be judgit be thame, for thay aucht to obey. And gif I had bene a private persoun, I sould have bene callit, or at leist presentit in judgment, and heird, utherwayis na sic process can have place: and it is alswa veritie, that after my taking in Edinburgh, I sent the secretary Lethingtoun to thair counsal, desiring thame that the Estaitis of the haill realme micht be convenit, and in thair presence to abyde and underlye thair judgment, for ony thing micht be laid to my charge, I being first presentit befoir thame.

X. In cais thay alledge, that I have dimittit my crown, and the samin is ratifyit in parliament, to that ze sall answer, that the place and dait contenit in the said alledgit dimissioun declaris the samin to be maid I being in prisoun, and swa be the law is of nane avail, albeit I had not bene compellit thairto, as was verifyit and declarit be Robert Melvil the time of my being in Hamiltoun, efter I escapit furth of ward, quha affirmit solemnlie, that he came to me to Lochlevin, immediatlie befoir the alledgit dimissioun, sent direct furth of Edinburgh be the erle of Athole, the secretar, and utheris partakeris in that cause, and advertisit me, that it wald be laid to my charge to renounce my crowne; and, if I obeyit not the samin, I wald be put shortlie to deith. Thairfoir thair counsal was expreslie, to obey the said desyre, for my saiftie, alledging alswa that the samin wald do na hurt afterwardis to my richt, and heirfoir, but doubt, I had just cause of feir. Sicklyke, sir Nicholas Throgmorton, being ambassadour for the Quene of Ingland, and then remaning in Scotland, sent me the samin counsal in write, quhilk I obeyit. Nottheles, how sone as I was releivit, I revokit the said alledgit dimissioun, in presence of the nobilitie, and maid faith I was compellit thairto upon feir of my lyfe, as said is.

And as to the ratificatioun thairof in parliament be the Estaitis, the samin proceidit upon a wrangous ground, quhilk was compulsioun in me to renounce my crown afoirsaid. Lykeas, sindrie of the lordis maid ressounis upon the articlis zit unresolvit. Notwithstanding of the quhilk, it was concludit on thair manner the samin to be ratifyit. And sindrie of the principallis of the nobilmen, sic as the erlis of Huntlie, Argile, and the lord Herreis in special, at that time tuik instrumentis, that thay consentit not to the dimissioun, bot in sa far as it stude with my fre will, and gif I wald abide at the samin afterwardis, and not utherwayis; and in cais at ony time thairefter it wer fund, that I was compellit, or did the samin upon just feir, that thay sould be fre of thair consent, as gif the samin had never bene gevin; and all that followit thairupon to be null; albeit my consent was affermit be sindrie there present, with mony solemn aithis of sum lordis, and instrumentis of notaris, declaring the samin, suppois the contrair be of veritie, quilk sall be verifyit be instrumentis taken in thair parliament, or singular battel, as thay pleis.

And attour, this alledgit renunciatioun war bot privatlie maid, and as privatly admittit be ane few number of thame onlie quha put handis to me, and not in ane parliament. And alswa the Prince, thair alledgit King, was crownit be the samin number, and the regent in thair manner admittit; and swa all that followit thairupon can have na place.

And gif my awin subjectis will behave thameselfis humblie, in sic sort, that thay will onlie desyre the Quene's Hienes of Ingland to get thame ane remit at my handis, I will use the Quene my guid sister's advice and counsal in taking ordour with thame for thair offences bygane, and extending of my clemencie towardis thame.

Alwayis ze sall assure, I will never appreive ony of thair proceidingis in thair twa pretendit parliamentis, or sen the first tyme thay put handis on my persoun at the Falside. And gif I wald aggre to ratifie or admit of the samin, it sould wreek me and my faithful subjectis, and I never to cum furth of sic troubillis as sould follow thairupon in sindrie sortis; for in that cais, I wald ratifie, appreive and admit of my awin taking, and putting in prisoun, the overgeving of my crown and auctoritie, the murthour of my husband, and never to cum to my crowne quhil my sone be of xxj zeiris of age, and then to be in his will; and the lordis that tak part with me, to be tratouris, and to be justlie foirfaltit; the discharge of all my geir, jewallis, rentis, and livingis; and alswa to mak thame judges, to sit and accuse me of my life, and divers uther inconvenientis.

Quhen ony uther articlis beis proponit in name of the Quene's Hienes of Ingland, concerning the weill of baith the realmis, peace, amitie and concord to be

enterteinit betwix thame, or concerning the Quene
of Ingland's particular affa ris, ze sall desyre thame
all to be gevin in write togidder, that ze may advise
with me thairupon, and give answer thairto, and speciallie upon sic thingis as has bene proponit to my
lord Herreis, at his last being with the Quene's Majestie
at London.   And ze sall assure, in my name, that I
will condiscend be the advice of the Estaitis of my
realme, unto all that may stand to the honour and
glory of God, maintaining of tranquillitie, peace, amitie, and mutual concord betwix thame twa realmis,
and the commoun gude thairof; provyding that I be
restorit and reponit frelie unto my awin realme, and
to all princelie honour and government of the samin,
in sic wayis, that the lawis thairof be observit and kei-
pit, the libertie thairof maintenit, and our ancient
freindship and amitie with our auld freindis and confederatis, sa far as may stand with our honour, unviolatit.

Bot or ze enter in ressouning heirupon, it sall be
guid to the Quene's Hienes of Ingland to end the contraversie standing betwix me and my subjectis, quhairthrow I may be recognoscit ane fre Princess, and
Quene of my awin realme, having powar to aggre and
contract upon sic thingis as may stand with the weill
of baith our realmis and countries, quhilk mon neces-
sarlie require the consent of the Estaitis of my realme,
quha will mair asilie consent and accord thairto,
knawing me to be thair Princess, but ony contraversie
or repugnance, rather than quhen thay knew ony
matter to stand in questioun and doubt, and re-

pugnance maid be certane disobedient subjectis, and na ordour to be put thairto.

Quhair it was desyrit, that the religioun as it presentlie is in Ingland, sould be establisht and usit in my realme, it is to be answerit be zou, that albeit I have bene instructit and nourishit in that religioun quhilk hath stand lang time within my realme, and bene observit be my predecessouris, callit the auld religioun, zit nevertheless I will use the counsal of my derrest sister, the Quene's Majestie of Ingland, thairanent, be the advice of my Estaitis in parliament, and labour that is in me to cause the samin have place throuch all my realme, as it is proponit, to the glory of God, and uniformity of religioun in time cuming.

Quhair it is desyrit, that thair micht be a mutual band of freindship betwix the realmis of Ingland and Scotland, perpetuallie to remane, ze sall answer, that thair is nathing on zeird that I desyre mair ernestlie than to stand in amitie, love and freindship, with the Quene's Majestie of Ingland, and all the subjectis thairof, and to keip mutual societie, peace and tranquillitie betwix us; because I am hir maist tender sister, and cousigne to hir Majestie, and descendit laitlie of the ancient and principal bluid of hir realme. And gif hir Grace will respect me swa as to place me in sic honouris as proximitie of blude requiris, then will I, be the advice of the Estaitis of my realme, prefer the freindship of hir Hienes, and hir realme, to all uther princes and confederatis. And suppois the

Quene's Hienes of Ingland be not presentlie movit to advance me thairuntill, zit will I leive-nathing undone, be the advice of my Estaitis foirsaidis, that may stand with my honour, to contract with hir Grace, for enterteining of perpetual amitie and freindship betwix us and our twa realmis, in time cuming, and sall, at my arriving within my awin realme, convene ane parliament of the Estaitis for that and uther causis, quhilk I understand to be for the commoun weill of baith our realmis.

As to the committaris of the slauchter of my lait husband, ze sall condiscend, in my name, that the executouris thairof be punisht thairfoir, according to law and ressoun.

And in cais ony thing be proponit concerning my interest to the crowne of Ingland, ze sall declair and assure in my name, that I have greiter confidence in hir Hienes's luif, freindship and kindness, nor in ony uther prince on zeird, and thairfoir hes not done, nor will do ony thing in time cuming, that may offend hir Grace in ony sort, hir Hienes using me as hir maist tender sister and cousigne at this present, and doing that thing which may stand to my honour, in restoring of me to my awin realme, auctoritie and government thairof, and making me to be obeyit, and my unnatural and disobedient subjectis to recognosce thair dewtie, as I doubt not bot hir Grace will do. Thairfoir ze may assure, in my name, that I will not troubill hir Hienes, nor the lauchful successioun of hir body, provyding alwayis that I be nocht prejudgit of that place and titill, quhilk God, proximitie of bluid, and all lawis, has placit me into, efter hir Hienes and hir successioun.

Thir ar the principal heidis and articlis quhilkis I have given unto zou presentlie, as ane breif informatioun in my affairis, quhilkis ze sall use be zour awin wisdomis, judgment and discretioun. And in cais ony difficulties arise heirupon, or ony point thairof, or ony new thing to be proponit, ze sall tak sum time to be advisit with me thairupon, and we may give the more resolute answer thairto, for my honour, and weill of my causis; quhilkis I commit all haill in zour handis, as in my maist faithful counsallouris and commissionaris, quhais counsal I will use, fulfill, set forward, and abyde at, in all the foirsaid causis, as I will answer upon my princelie honour, quhilk sall be to you sufficient warrant. In witness of the quhilkis I have subscrivit thir presentis articlis and instructiounis, with my hand, and hes affixt my signet thairto.

At Bowton, the penult day of september, in the zeir of God **MDLXVIII** zeiris.

MARIE R.

MARIE STUART

A SIR WILLIAM CECIL.

(Original. — State paper office de Londres, Mary Queen of Scots, vol. 2.)

Vive recommandation de Marie Stuart pour que Cecil presse l'expédition de ses affaires. — Charge qu'elle donne à Beatoun de lui faire diverses communications.

De Bolton, le 3 octobre 1568.

Monsieur de Cecil, vue l'occasion de l'arrivée de mes gens à York, escrivant présentement à la Royne madame ma bonne sœur, je vous ay aussi faict ce mot pour vous pryer de tenir la main que les choses ne trainent en longueur et dilation; et au surplus croyez le dit de Beton de ce qu'il vous dira de ma part comme feriez moy mesmes. Et tant je prye Dieu vous avoir, monsieur de Cecil, en sa très saincte et digne garde.

Escript à Bollton, le iij⁰ jour d'octobre 1568.

Votre bien bonne amie,

MARIE R.

Au dos : A MONSIEUR DE CECIL, principal secrétaire de la Royne, Madame ma bonne sœur.

14.

1568. — Le 4 octobre, les conférences s'ouvrent à York : le duc de Norfolk, le comte de Sussex et sir Ralph Sadler y assistent de la part de la reine d'Angleterre comme commissaires; Leslie, évêque de Ross, les lords Livingston, Boyd, Herries et l'abbé de Killwinning, pour Marie Stuart; et du côté des rebelles, Murray, Morton, Lindsey, l'évêque d'Orkney et l'abbé de Dunfermlin; quant à W. Maitland, Robert Melvil, Buchanan et Wood, ils ne se trouvèrent à York que comme conseillers et secrétaires de Murray.

————◆◆◆————

MARIE STUART

A L'ÉVÊQUE DE ROSS.

(Déchiffrement du temps. — State paper office de Londres, Mary Queen of Scots, vol. 2.)

Charge donnée à Knollys de faire des provisions pour Marie Stuart, jusqu'à Noël, dans le château de Bolton. —Détails confidentiels d'une conversation tenue entre Knollys et Marie Stuart. — Défiance de Marie Stuart à son égard. — Insistance de Knollys pour savoir ce que Marie Stuart veut répondre aux accusations portées contre elle, et comment elle se conduirait si l'on parvenait à ménager une conciliation. — Précautions que doit prendre l'évêque de Ross dans la conduite de la négociation dont il est chargé près des commissaires d'Élisabeth. — Regret de Knollys de ne pas être au nombre des commissaires qui font partie de la commission d'York. — Sa jalousie contre le duc de Norfolk, dont il serait possible de tirer parti au profit de Marie Stuart.

De Bolton, le 5 octobre (1568).

Maister Knolis est en termes de faire icy provisions pour moy jusques à Noël, ainsi que je sçay par la dépesche qu'il feit hier. Il m'a dict qu'il avoit antendu du duc de Norfolk, qu'il avoit parlé aux commissionaires d'une part et d'autre, mais que, dissimulans de tous les deux costez, il n'en avoit rien apris. Je m'aperçoy bien que s'il sçavoit quelque chose qui me peust servir il ne m'en advertiroit pas, car il favorise nostre party contraire. Il m'a voulu tirer les vers du nez et sçavoir ma délibération, et pour ce je luy ay respondu le mieux que j'ay peu pour l'en tenir suspens et en doubte.

Sur le propos de ceste assemblée, il m'a demandé s'il advenoit que mes adversaires eussent quelques apparences ou indices comme vraysemblables qu'ilz ont eu occasion de faire ce qu'ilz ont faict, et que leurs actions sont bonnes, que c'est que je vouldroy opposer au contraire? — A quoy j'ay respondu que là où ilz vouldroient plus avant me calomnier et accuser ouvertement devant les députez de la Reine d'Angleterre, comme je sçay que faulcement ilz ont faict soubz main, je leur respondray avec vérité, ainsi que le cas le requerra, et peult-estre chose qu'ilz n'ont encore ouye. — Et si les choses, dict-il, estoient si dextrement conduictes qu'elles ne laissassent de se composer et venir à ung bon accord, comment se déporteroit Vostre Majesté envers eux? — J'auroy, dy-je, tant moins d'occasion de m'asseurer d'eux, après avoir veu ce dernier excès et effort de leur mauvaise volunté, car sentans de plus en plus ung remord en leurs consciences, ilz ne pourroient se fyer en moy, et, de ma part, comment adjousteroy-je jamais foy ny à leur dire ny en leurs promesses? — Et pour conclusion luy ay dict que je ne puis encore résoudre ce que

lors j'auroy à faire, pour estre matière qui mérite meure
délibération, et que jusques à ce qu'en cest endroit
j'auray sceu ce qu'ilz ont à dire, je n'ay sur quoy me
fonder.

Je ne fay doubte que les autres ne soient advertis
de la responce que je luy ay faicte et n'ay aussi voulu
faillir vous en donner advis, affin que par là et par
les autres choses que pouvez descouvrir au lieu où
vous estes, vous cognoissiez de quel artifice ilz se
servent. Il semble que cecy se conforme à la demande
que vous a esté faicte de l'exhibition et production
de voz articles pour voir le but et scope où nous vi-
sons; en quoy, si les médiateurs depputez de la Royne
ma bonne sœur, ou aucun d'eux, vouloient, ce que
je ne veux penser, faire mauvais office, et les com-
municquer à noz adversaires, cela apporteroit beaucoup de traverses et préjudice à vostre négociation.
Et, pour ce, me semble que vous ferez bien de vous en
donner garde, et si en appercevez quelque chose, ou
que n'ayez occasion de quelque soupson, je suis d'advis que, dès le commencement, demandez aus dictz
médiateurs députez la communication des articles des
autres et qu'ilz déclairent si en iceux est comprise
l'entière charge qu'ilz ont de ceux de leur party et
tout ce qu'ilz entendent produire.

De Bowton, ce mècredy au soir 5e d'octobre.

Je viens d'appercevoir que le dict Knolis est marry
de n'avoir esté ung des commissionaires. Et que pour

ceste occasion il est picqué contre le Duc¹. Je vouldroy que cela fust cause de le destourner de la faveur qu'il porte aux autres, et qu'il se rengeast à faire quelque chose pour moy. Si ceste jalousie entre eux se pouvoit par quelque moyen augmenter, il n'y auroit point de perte pour nous.

Au dos : A Monsieur l'ÉVESQUE DE ROSSE.

MARIE STUART

A LA REINE ÉLISABETH.

(Autographe. — Musée britannique à Londres, collection Cottonienne, Caligula, C. I, fol. 195.)

Rapport fait à Marie Stuart, par le duc de Châtellerault, du mécontentement éprouvé par Élisabeth au sujet des déclarations qu'elle a faites à Knollys. — Étonnement de Marie Stuart à ce sujet. — Modération qu'elle a mise dans sa conduite depuis sa venue en Angleterre. — Loi qu'elle s'est faite de ne blesser en rien Élisabeth. — Explications qu'elle a chargé Beatoun de lui donner sur ce point. — Surprise de Marie Stuart de ce que Ricarton a été arrêté. — Instance pour que la liberté lui soit rendue. — Engagement pris par Marie Stuart de ne rien faire qui puisse déplaire à Élisabeth.

De Bolton, le 8 octobre (1568).

Madame ma bonne sœur, j'ay entendu par mon cousin le duc de Châtelrault ² le raport que l'on vous

¹ Le duc de Norfolk, président de la commission nommée pour les conférences d'York.
² Le duc de Châtellerault avait quitté la France et se trouvait alors à Londres, où il s'était rendu pour soutenir la cause de Marie Stuart.

a fayt de moy, de quoy avvés resceu quelque mescontantemant. Madame, je m'assure quant cussiés ouï les propos entre meister Knollis et moy, vous ne l'eussiés pris en mauvayse part comme avvés fayt, et si, je vous jeure que je ne vis un seul étranger, ni ne m'atandoys en rien être espiée. Madame, despuis que je suis en votre pays je desfiray le monde de dire que je vous aye offencée en fayt ni parolle, m'[étant] du tout fiée en vous, de quoy, je m'assure, [je] ne m'en trouverés trompée, et ay vesqu selon vos loyx sans donner aucune ocasion à personne les nesgliger. Je m'en raporteray à mester Knolis mesmes, que, je m'assure, ne prandra sur sa consianse que je disse lors rien pour vous offencer, comme j'ay commandé à Beton vous déclarer plus au long tout le propos qui feult entre nous, et en riant de ma part ; et aussi de me[sme] je vous suplie ne me blasmer pour eulx, [je vous] promets que je ne suis nullem[ent] aux affayres qu'ils ont en ma [faveur et vous prie de] donner crédit au dit Beton comme feriés à moy de tous points, car je lui ay donné charge vous déclarer plusieurs points de ma part.

Au reste j'entends que Ricarton est pris par votre commandement ; je m'en esbaïs, car estant revenu vers moy, pour le moindre mot je le vous eusse tousjours délivré et tous mes serviteurs, car, Dieu merssy, je n'en ay nul coulpable ; mais si l'on usoit pareil rigueur aulx autres, vous auriés plus juste cause de retenir la pluspart de ceulx qui sont à Yorc, pour le fayt de quoy ils acusent aultrui. Je ne foys doubte que voïant qu'il venoit avecques lettres pour mes affayres, que ne me les envoïés et lui aussi [promptemen]t; je respondray et le vous randray quant il vous playra si en rien il est acusé, fors de m'avoir aydé à tirer hors de prison. Or me remétant à mon cousin le Duc, auquel ausi j'écris au long, le mandant et à Beton, je ne vous importunerays de plus longue lettre, sinon vous suplier ne vous persuader rien contre moy, car tant que, selon votre promesse, vous me serés et bonne sœur et amye, je ne feray jamays pour qui que ce soit chose qui vous desplayse. Et sur cela je vous bayse les mayns, priant Dieu vous donner, madame ma bonne sœur, longue et heurheuse vie.

De Boton, ce viii d'octobre.

Votre bien affectionnée bonne sœur et cousine,

MARIE R.

Au dos : A LA ROYNE D'ANGLETERRE,
madame ma bonne sœur et cousine.

1568. — Dans la conférence du 8 octobre, les représentants de la reine d'Écosse accusent, en son nom, Murray et ses complices, d'avoir pris les armes contre elle, de l'avoir détenue prisonnière à Loch Leven, et de l'avoir contrainte par la force et les menaces à siguer l'acte d'abdication.

Le lendemain, Maitland et Buchanan communiquent au duc de Norfolk, au comte de Sussex et à sir Ralph Sadler les prétendues lettres galantes et autres pièces attribuées à Marie Stuart, non pas comme à des commissaires de la reine d'Angleterre, mais simplement à titre de renseignements secrets.

Le 10 octobre, les conférences sont suspendues pour attendre de nouvelles instructions de la reine Élisabeth.

REÇU

DONNÉ PAR MARIE STUART A SIR ROBERT MELVIL.

, *(Original. — Archives du comte de Leven et Melville, à Leven-House.)*

Décharge donnée par Marie Stuart à Robert Melvil des joyaux, habits et chevaux qui lui avaient été confiés par ses ordres, pendant qu'elle était à Loch Leven, et dont il avait été le fidèle gardien.

De Bolton, le 15 octobre 1568.

Marey be the grace of God Quene of Scotilland and Drouriar of France, granttis us till hef ressaved frome our lovit servitour Robert Melvill all owr jovels, clething, horsis that we causit delyvir to hym at our beyng in Lowghlewin, of the quhilk geir forsaid and all other thing we committit unto his charge hes behaiffit hym as ane faythfull servand to our satisfactioun and contentment, and dischergis him of the premisses be this our hand. Wretin at Boutoun, and subscryvit with our hand, this yeir of God Iᵐ vᶜ LXVIIJ yieris, the xv of october.

MARIE R.

1568. — Le 19 octobre, le duc de Norfolk déclare que la reine d'Angleterre demande que deux députés de chacun des partis soient envoyés vers elle, afin de lui donner divers éclaircissements.

INSTRUCTIONS

DONNÉES PAR MARIE STUART A L'ÉVÈQUE DE ROSS,
A LORD HERRIES ET A L'ABBÉ DE KILLWINNING.

(Copie officielle du temps. — Musée britannique à Londres, collection Collonienne,
Titus, C. XII, Queen Mary's register, fol. 167.)

Remerciments que les conseillers de Marie Stuart doivent adresser de sa part à Élisabeth pour les soins que donne cette princesse au rétablissement de la tranquillité en Écosse. — Reconnaissance que Marie Stuart conservera éternellement pour la reine d'Angleterre, à qui elle devra son rétablissement sur le trône. — Injonction aux commissaires de déclarer à Élisabeth que, selon le désir qu'elle en a témoigné, ils viennent s'enquérir de sa volonté. — Réponse aux objections qui pourraient être élevées par Élisabeth pour entraîner de nouveaux délais. — Opposition qu'ils doivent mettre à ce que de nouvelles propositions, qui seraient présentées au nom des rebelles, soient discutées.— Déclaration qu'ils auront à faire que Marie Stuart s'en remet entièrement aux lois de son royaume, si l'on voulait s'occuper de l'illégalité de son mariage avec Bothwell, ou des poursuites contre les meurtriers de Darnley. — Réserve dans laquelle se tiendront les commissaires à l'égard de l'accord arrêté avec la France. — Promesse que Marie Stuart, dans le traité qui sera fait entre elle et l'Angleterre, adhérera à toutes les propositions compatibles avec son honneur. — Confirmation des instructions précédentes relativement à la religion.

De Bolton, le 21 octobre 1568.

ARTICLIS AND INSTRUCTIOUNIS COMMITTIT IN CREDIT TO OUR TRAIST COUSIGNIS AND COUNSALLOURIS JOHN BISHOP OF ROSS, JOHN LORD HERRIES, GAVIN COMMENDATAR OF KILWYNNING, OUR COMMISSIONARIS APPOINTIT BE US TO PASS TOWARDIS OUR DERREST SISTER THE QUENE OF INGLAND.

I. Ze sall give hearty thankis to our said derrest sister, for the greit care and solliciting scho takis upon our affairis being thir times past troublit be certane our disobedient subjectis, tending to put the samin to our quietness, quhairthrow we may enjoy peciabillie our awin realme, and all our subjectis to recognosce and do thair natural and debtful obedience unto us thair Soverane, and, be our derrest sister's gude labour and dress, to be maid, rather nor be be force of armis. Quhairthrow, in swa doing, we acknawledge hir to beir ane tender luif and affectioun towardis us, quhilk we sall be reddie to requit at all tymes, with sic amitie, freindhip, and kindnes, as we may at our powar; not doubting of the continuance of hir guid mind, till final end be put thairto, for our honour, weill, and quietness of our realme, and the subjectis thairof; quhilk ze sall pray hir in our name to expede for our cause, quha is not onlie joinit with hir in proximitie of blude, bot lipning maist in hir guidnes, has abandonit ourself fra all uther princes and freindis, and castin us in hir handis, and hoipis thairthrow for ane guid end and resolutioun in all my affairis.

Item, ze sall declair, zou are cum there be my command, at the desire of the Quene my guid sister, declarit to zou be hir commissionaris at Zork, thay being advertisit to that effect, and thairfoir desyris to knaw hir will and plesour : and gif ony thing beis proponit to zou quhilk alreddie has bene treatit at Zork, concerning my inobedient subjectis, and thair causis, ze sall answer, ze have alreddy proponit and desyrit, be form of complaint in my name, and ressavit answer thairto ; to the quhilk alswa ze have answerit in form of reply. And thairfoir ze sall desyre my guid sister, the Quene, to consider the proceidingis and alledgeance of my subjectis, be the quhilk it may cleirlie appeir unto hir quhat frivole causis thay have alledgit contrair me; in special, that I willinglie dimittit my crowne. And it may be cleirlie understuid, gif thay had had better defences, thay had bene proponit at the first.

Item, in cais my disobedient subjectis will propone ony new thing, quhilk has not bene befoir alledgit be thair answeris, ze sall declair, that ze are not resolute, nor sufficientlie instructit to answer thairto, be ressoun ze are not advertisit, quhairthrow ze micht have conferrit with me thairupon, as ze have done at all times on the rest sen the beginning of this conference. Zit nottheles, gif there be sic heidis as is contenit in zour former instructiounis gevin to zou be me, to be treatit at Zork, ze sall answer thairto in all pointis, as is contenit in the said instructiounis, to the quhilk sufficient informatioun I refer.

Item, in cais ony thing beis proponit concerning the marriage of the erle Bothwell, and unlauchfulnes thairof, ze sall answer that we are content that the lawis be usit for separatioun thairof, sa far as the samin will permit.

Item, anent the punishment of the slauchter of my lait husband, the executouris thairof to be punisht according to law and ressoun.

Item, gif ony thing be spokin anent the band of

France, ze sall advise with us or ze give ony resolute answer thairintill, and propone the inconvenientis may follow thairthrow, sic as the refusal of my dowrie, the breking of the men of armis and guard in France, and the tinsel of the munitiounis in France, in cais we be invadit be sum enemies. Zit nottheles we will leif nathing undone may stand with our honour and weill of our countrie, for contracting with Ingland for the weill of baith our realmis, be the advice of the Estaitis thairof, and thairupon contract and indent, sa far as may stand with ressoun and the commoun weill.

Item, as to the religioun, ze sall do tharintill according as I have gevin zou instructioun in the uther articlis.

Thir are the principal heidis quhilkis we do presentlie remember; and gif ony utheris be proponit that are of weicht and consequence, ze sall adverteis us thairof, that ze may have our resolutioun thairintill. And quhat ze condescend unto, we promit, in the word of a Princess, to abyde thairat, ratifie and appreive the samin, be thir presentis; subscryvit with our hand, at Bowton, the xxi day of october, MDLXVIII.

MARIE R.

LETTRE DE CRÉANCE

DONNÉE PAR MARIE STUART A L'ÉVÊQUE DE ROSS ET A LORD HERRIES.

(Original. — Musée britannique à Londres, collection Cottonienne, Caligula, C. I, fol. 213.)

Confiance avec laquelle Marie Stuart est venue demander protection à Élisabeth contre ses sujets rebelles. — Sa vive reconnaissance de ce que la reine d'Angleterre se dispose à la rétablir sur le trône d'Écosse. — Avis qu'elle a envoyé, suivant son désir, ses conseillers à York pour conférer avec les commissaires nommés par Élisabeth. — Rapport que les conseillers de Marie Stuart ont fait aux commissaires anglais au sujet des offenses qu'elle avait reçues. — Déclaration de Marie Stuart sur la réponse qui leur a été faite. — Sa satisfaction de ce qu'Élisabeth a appelé auprès d'elle quelques-uns des conseillers de Marie Stuart, pour prendre elle-même connaissance des faits. — Confiance de Marie Stuart dans le succès de sa cause, aussitôt qu'Élisabeth l'aura elle-même prise en main. — Charge donnée par Marie Stuart à l'évêque de Ross et à lord Herries de se rendre auprès d'Élisabeth. — Prière que lui adresse Marie Stuart de faire connaître promptement sa décision, qui doit mettre fin aux troubles de l'Écosse.

De Bolton, le 22 octobre 1568.

Richt heich, richt excellent and michtie Princes, our derrest gud sister and cousignes, eftir our maist hertlie commendations. It is veill knawin to zow [that by the] inobedience of certaine our subjectis aganis ws, and we being maist assurit of zour tender

luffe and ayde, was movit to cum in this zour realme
to lament our [griefs] and haif zour support, haifing
gud experience of ye greit care and solicitude taikin
be zow for our honour and caus; quhairthrow ze haif
addettit ws unto [zow]. Desyring God we may acquyt
ye samyn, nocht doubting in him be zour gud help
now to haif the moyen swa to do. We haif (as ze
thocht good) cawsit certane of [our] Counsale repair
at Zork to the lordis zour commissioneris and haifing
declarit unto yame in our behalf ane part of the
wrangis quhilk we haif sustenit, [and] apone yair inventit answer gaif ane trew declaratioun quhilk we
beleif ar cum in zour handis. We understand it is
zour pleasour ane part of thame sall repair to zow,
quhairof we ar richt glaid, assurand our selff it is
now in the handis of ye warld quhair we maist desyrit. And sen ze, gud sister, knawis [our] caus
best, we doubt nocht to ressaif presentlie gud end
thairof, quhairthrow we may be perpetually addettit
unto zow. And for satisfeing zour desyre in our
[cause] gif forder declaration sall neid, we haif send
our trustie counsalouris, the bishop of Ross and my
lord Hereis, to await apone zour pleasour and commandment. And albeit, derrest sister, we be heir weill
treatit zitt in consideratioun of the greit inquyetnes
throw our haill realme be the unnaturale behaviour
and inobedience of our subjectis, we will pray zow
maist effectuusle that we may knaw zour gud pleasour in ending this our long trublis. And swa, richt
heich, richt excellent, and michtie Princes, our derrest

sister and cousignes, we pray God to send zow long and prosperous lyffe.

At Bowtoun, the xxii [day] of october 1568.

Zour richt gud sister and cusignes,

MARIE R.

Au dos : The Q. of Scotts to the Q. MAJESTY, by the bishop of Ross, and the lord Hereys.

MARIE STUART

A LA REINE ÉLISABETH.

(*Autographe. — Musée britannique à Londres, collection Cottonienne, Caligula, C. I, fol. 245.*)

Satisfaction de Marie Stuart en apprenant qu'Élisabeth veut aviser elle-même aux moyens de mettre fin aux troubles de l'Écosse. — Sa confiance dans les bonnes intentions de la reine d'Angleterre à cet égard, et résolution qu'elle a prise de se conformer à ses avis. — Charge qu'elle donne à l'évêque de Ross et à lord Herries, ses deux plus fidèles conseillers, de se rendre près d'Élisabeth.

De Bolton, le 22 octobre (1568).

Madame ma bonne sœur, m'estant venue jeter entre

II. 15

vos bras, comme de ma plus asurée espérance, pour
tant de respect assés souvent par moy ramanteus que
m'assure n'estre nésécère vous en refreschir la mémoyre, ce m'a estay grand plésir d'antandre qu'il vous
a pleu, suivant ma première requeste, vous-mesmes
prandre la poine de mètre la fin de ses trop longs troubles entre moy et mes subjects, laquelle je m'assure
maintenant ne pouvoir ettre que briève et utille à
toute notre pauvre affligée nation et en particulier à
mon honneur, pour le respect et la fiance que j'ay
en vous et envie de vous complayre, comme j'ay fayt
paroître et par l'empeschement d'efect entrepris de
mes fidelles subjects, quant leur puissance estoit bas-
tante pour avoir au moigns résonable apointemant,
et pour avoir layssé de chercher aylieurs secours que
de vous, que je veulx comme ma bonne sœur et unique amye complayre en tout, m'assurant que me
serés aussi favorable que me l'avés tousjours asuré
quant je userois votre bon advis, comme j'ay fayt et
ay intention de fayre, comme par l'esvesque de Rosse
et milord Heris pourrés plus au long entandre, que je
vous ay envoyés pour les deus plus fiables que j'aye,
vous supliant comme à tels leur donner crédit comme
feriés à moy-mesme, ou à part, ou ensamble. L'un
vous le conoissés, et l'autre j'espère vous satisfera
mieulx que le raport que l'on vous en a fayt. Et
pour ce que à eulx deulx ays-je deschargé mon cueur,
et milord Heris sçait tout ce qui s'est passé entre
nous, me remetant sur eulx, je finiray mes humbles
recommandations à votre bonne grâce, priant Dieu

vous donner, Madame, en santay, longue et heureuse vie.

De Boton, ce XXII d'octobre.

Votre très-affectionnée et bonne sœur et cousine.

MARIE R.

Au dos : A la ROYNE D'ANGLETERRE,
Madame ma bonne sœur et cousine.

MARIE STUART

A M. BOCHETEL DE LA FOREST.

(*Original. — Bibliothèque royale de Paris, Ms. Béthune, n° 8668, fol. 8.*)

Avis donné par Marie Stuart à M. de La Forest, ambassadeur du roi de France en Angleterre, que, sur la demande d'Élisabeth, elle a envoyé vers elle l'évêque de Ross, lord Herries et l'abbé de Kilwinning. — Compte qu'ils doivent rendre à l'ambassadeur de ce qui a été fait aux conférences d'York et de ce qui leur sera proposé par la reine d'Angleterre.

De Bolton, le 22 octobre 1568.

Monsieur de La Forest, estant la convention qu'avez entendu encommencée et desjà continuée par plusieurs jours à York, la Royne d'Angleterre, Ma Dame ma bonne sœur, a voulu qu'aucuns de mes commissionnaires ayent passé devers elle, pour (ainsi que je

15.

croy) conduire plus promptement les choses ès fins qu'elle désire. Je luy envoye l'évesque de Rosse, lord Hereis, et Kilvouin pour entendre ce qu'il luy plaira leur dire ; ausquelz j'ay donné charge, et mesmement au dit évesque, de vous déclarer particulièrement ce qu'ilz ont jusques icy négocié en la dicte convention, et pareillement de conférer avec vous sur les choses qui pourront leur estre proposées estant par delà. En quoy je vous prye, pour l'affection et bonne volunté que je sçay que vous me portez, leur dire librement vostre advis. Et sur ce, Monsieur de La Forest, je prye Dieu vous avoir en sa saincte garde.

De Bowton, ce xxijᵉ d'octobre 1568.

Votre bien bonne amyᵉ,

MARIE R.

Au dos : A MONSIEUR DE LA FOREST,
     ambassadeur du Roy, Monsieur mon
     bon frère, en Angleterre.

1568. — Le 24 octobre, les commissaires anglais annoncent à ceux de Marie Stuart, qu'Élisabeth a décidé que les Conférences seraient reprises à Londres devant elle et son Conseil. La reine d'Écosse désigne alors l'évêque de Ross, les lords Boyd et Herries, et l'abbé de Killwinning pour s'y rendre de sa part.

Vers cette époque, le duc de Norfolk, qui, depuis quelque temps, avait conçu des projets d'union avec la reine d'Écosse, s'ouvre là-dessus à Maitland, qui semble approuver ses intentions et promet de les seconder.

Le 14 novembre, M. de La Mothe Fénélon remplace M. Bochetel de La Forest dans l'ambassade de France à Londres.

COMMISSION

DONNÉE PAR MARIE STUART A L'ÉVÊQUE DE ROSS, AUX LORDS BOYD ET HERRIES ET A L'ABBÉ DE KILLWINNING.

(Copie officielle du temps. — Musée britannique à Londres , collection
Cottonienne, Titus, C. XII, Queen Mary's register, fol. 168.)

But des conférences ouvertes à York, qui devait être la pacification de l'Écosse et le rétablissement de Marie Stuart. — Protestation de Marie Stuart qu'elle ne reconnaît pas les commissaires institués par Élisabeth comme juges, et qu'elle ne veut ni porter devant eux aucune accusation contre ses sujets rebelles, ni souffrir qu'aucune accusation soit portée contre elle par ses sujets. — Sa déclaration que, par l'avis de la reine d'Angleterre, elle consent à accorder le pardon aux rebelles, pourvu qu'il n'en résulte aucun préjudice pour sa couronne. — Ordre qu'elle donne de rompre la conférence, si l'on voulait procéder sur d'autres bases.

De Bolton, le 22 novembre 1568.

THE COMMISSION SENT FOR THE QUENE'S MAJESTY OF SCOTLAND.

Marie, by the grace of God , Queen of Scottis , and Dowariar of France, to our traist and well belovit cousigns and counsellaris, John bishop of Ross, Robert lord Boyd, John lord Herreis, and Gavin commendatar of Kilwinning.

Forsameikle as we being troublit be certain our disobedient subjects within our own realme of Scotland, haveing maist suir and traist confidence in our maist derrest sister and tender cousigne the Quene of Ingland, did seek unto hir for support aganis our rebells, wha gladly and willingly acceptit our cause upon her, promising to us to take sic labours, as to pacify our hail troublis, and to make ane gude appointment between us and our subjectis, and reduce them to thair natural obedience, to recognosce us as thair Soverain restoring us to our realme, autoritie and estate; we always extending our clemency towards them by the sight and consideration of our derrest sister : and for this cause there was a meeting of certain noblemen, our commissionaris, at York, with our said derrest sister's commissionaris of Ingland, who did convene with thame : and our disobedient subjectis being requirit of the causis of their disobedience and rebellion, alledgit some ressonis, excusing and colouring their unnatural fact; and because the said conference was appointit only for making of ane pacificatioun betwixt us and our said subjectis, and restorcing of us to our realme, auctority, and government thairof, sua as we may live in honor in the estate quhilk God has called us unto, and they to do thair debtful obedience unto us :

Thairfoir we, being placit be God as heid unto them, tends yet to do the office of a loveing mother to our subjectis; and knawing that we mon remain as heid unto them, and all our subjectis, and thay ar members of one body, it cannot seem fit nor convenient to stand in presence of ane forraign judgment, to accuse them; and much more to be accused by them, they being offendaris; for quhair sic rigorous and extreme dealings happin, na love nor assurit reconciliatioun may be had or attainit thairefter. And as it is not unknown to us, how hurtful and prejudicial it sall be to us, our posteritie and realme, to enter in forraign judgment, or arbitrement, befoir the Quene our good sister, her Counsal or commissionaris, either for our estate, crown, dignity or honor; we will and command you heirfoir, that ye twa, or any one of you, pass to the presence of our said derrest sister, her Counsal and commissionaris, and thair, in our name, for plesour of our derrest sister, to extend our clemency toward our disobedient subjectis, and give them appointment for their offencis committit against us and our realme, be her advice and counsall, quhairthrow they may live in time coming in surty under us their heid, according as God has callit us; providing that in the said appointment we be not hurt in our honor, estate, crown, titles nor authority in any sort, quhilks in no ways we will refer to ony prince on earth. And in cais thay will otherwise proceid, then we will and command you, and every one of you, to dissolve this present diet and negotiatioun, and proceid na farther thereintill, for the causes forsaid. And so to do we give you, or any two or ane of you, our full power. In witness of the quhilks we have subscrivit this presents with our hand, and has affixit our signet hereto.

At Bolton, the 22ᵈ day of november 1568, and of our reign the 26ᵗʰ zeir.

MARIE R.

MARIE STUART

A L'ÉVÊQUE DE ROSS, AUX LORDS BOYD ET HERRIES
ET A L'ABBÉ DE KILLWINNING.

(Copie officielle du temps. — Musée britannique à Londres, collection
Cottonienne, Titus, C. XII, Queen Mary's register, fol. 169.)

Déclaration de Marie Stuart qu'elle s'oppose à ce que Murray soit admis en présence de la reine Élisabeth tant que dureront les conférences, puisque cette princesse refuse d'appeler auprès d'elle Marie Stuart. — Résolution de Marie Stuart de rompre les conférences et de s'expliquer elle-même, en présence d'Élisabeth, sur les accusations portées contre elle. — Désaveu solennel de tout ce qui pourrait être arrêté désormais dans les conférences. — Plainte de Marie Stuart contre la bienveillance et la faveur qu'Élisabeth accorde aux Écossais rebelles. — Mépris que fait la reine d'Angleterre de la confiance que lui a témoignée Marie Stuart, qu'elle retient prisonnière. — Encouragements qu'elle a constamment donnés aux rebelles dans les excès auxquels ils se sont portés envers leur souveraine et les seigneurs fidèles. — Protestation contre la reprise des conférences d'York dans un lieu beaucoup plus éloigné, et où Marie Stuart ne pourra communiquer que très-difficilement avec ses commissaires, alors qu'elles ont été rompues sur la demande des rebelles, qui prévoyaient que la décision serait contraire à leurs vœux. — Ordre donné par Marie Stuart à ses commissaires de se retirer de la conférence où l'on admet le comte de Murray à comparaître en personne, tandis qu'on lui refuse, à elle, le même droit — Motifs qui la forcent de retirer le consentement qu'elle avait donné à ce que les commissaires désignés par Élisabeth fussent autorisés à rendre une décision. — Réparation qui doit être exigée, au nom de Marie Stuart, en présence des ambassadeurs et de la noblesse, à raison des outrages commis par les rebelles, dont elle demande la punition. — Charge expresse donnée à lord Herries d'employer tous les moyens qu'il croira nécessaires pour arriver au but proposé.

De Bolton, le 22 novembre 1568.

Traist cousignis and counsellaris, we greit you weill.
Forsameikle as we have ressavit your letteris, and
understand thairby the answer of the Quene our gud
sister, concerning certain points we have proponit to

hir, be the quhilk we consider, that the mair we travel with hir, the less is scho mindit to support and
favour us; wherefoir knawing that the nobilitie of this
realme are to assemble, and the matter may be proponit in publick, we are resolute, considering the
matter that was spoken and promisit, that during
this conference the erle of Murray, principal of our
rebels, suld not come in the presence of the Quene
our gud sister, mair nor we; but be the contrair, he
being ressavit and welcomet unto hir, and we, an
free princess, not haveing access to answer for our
selves, as he and his complices; thinks therefoir ye
can proceid na farther in this conference; for ther
may be some heids proponit quhairto you can not
answer of your selfis, unless we were there in proper
persoun, to give answer to the calumnies quhilk may
come in question aganis us, swa that partiality ap-
peirs to be usit manifestly. Herefoir ye shall afore
our sister, hir nobility, and the hail ambassadors of
strange countries, desire, in our name, that we may
be licencit to come in proper persoun afore them all,
to answer to that quhilk may or can be proponit and
alledgit against us by the calumnies of our rebels, sen
thay have free access to accuse us; otherwise ye shall
protest, that, for the saids consideratiounis, all quhilk
they can or may do aganis us, shall be null, and of
na prejudice to us hereafter: and seing the matter to
be of sa greit weight, it wuld be guid and honest,
for our security, and the reputation of the Quene our
guid sister, that at the leist ther were as great respect

born unto us, as to our adversaries, wha are our rebellious subjectis, tending to the usurpation of our crown and authority; albeit sen the beginning and progress of this negotiatioun, by evident tokenis it may be found, that our rebels have ever been mayntainit aganis us and our trew subjectis; and of all that has been promisit to us, there has little been keipt, quhairof you may hald our sister in remembrance. Amangis the rest, there are thre pointis to be noted. — 1. We being cumit in hir realme, on assurance of hir amitie promisit to us in all our necessities, quhilk has so well been observit, that as zit we have not seen any demonstratioun shawin to restoir us into our own realme and authority, quhilk, of our own fre will, we came to seek a support thereto, but alsua has ever denyit us hir presence; and, instead of the gude treatment and support we hoped for, we have found us prisoner, ever straiter and straiter kept from liberty, and yet intending to transport us herefra in mair strait keeping, quhair we shall be under the protectioun of our enemies, who seek only our utter destruction. — 2. The maintenance that our rebels has had is too manifest. Contrair that quhilk our gude sister promisit to us by hir letter of the 10th of august 1568. They held ane parliament, where there was an act made, that it should be leisum to dispone on our hail jewels at their plesour, and in another they forfeited ane greit number of our faithful subjectis, as instantly they make execution of the same to all extremity and rigour; howbeit, at our said sister's request, we had dischargit our said subjectis from their armour and hostility, being reddy to have stopit the said parliament, notwithstanding the said rebels desistit not, for ony respect of the promise made anent the present conference, to pursue and reiff our faithful subjectis, invadeing them by all means, molesting vivers and victuals to pass to our castle of Dunbarton, and takeing uther strengths, in warlike manner, to persue their interprisis aganis our said house. Quhilks wrangis will be na langer endurit by our said subjectis, seing the maintenance thairof sa manifest, as appears in ane manner by ane letter by our sister to the earl of Murray the 20th of september, quhairof ye have an copie, like to many utheris spread through all our realme. Finally at York, our said rebels being vanquisht in all that thay alledgit, and seing the matter to be concludit to thair disadvantage, stayed the proceeding thereof farder. And now is it taken further from us, quhair we cannot have the commodity to communicate, and give hasty information to you our commissionaris, of sic doubts as may occur, as we did at the conference at York, quhilk thay perceivit to thair disadvantage.

And now the said erle of Murray being permittit to come in hir presence, quhilk gif the like be not grantit us, as is ressonabill, and zit our sister will condemn us in our absence, not haveing place to answer for ourself, as justice requires ; in consideration of the premissis ye shall brek your conference, and proceid na further therin, but take your leive and cum away. And gif our sister will alledge, that at the beginning we were content our causis should have been conferrit on by commissioners, it is of verity. But sen our rebels, and principals thairof, have free access towards hir, to accuse us in hir presence, and the same denyit unto us, quhairthrow personally we may declair our innocence, and answer to their calumnies, beand haldin as prisoner from hir presence, transportit fra place to place as prisoner, cuming into hir realme of our fre will to seek hir support and natural amitie, we have tane sic resolution, that we will nothing to be further conferrit on, except we be present afore her, as the said rebels. To the rest, gif our gude sister will consider our cause justly, putting partiality aside, that unjustly the said rebels imprisonit us, and reft us of our fortresses, artillery, munitionis, stores, and reft our hail rich jewels from us, require hir, in the presence of all the strange ambassadors, and nobility of her realme, that we may have the said rebels stayit and arrestit, wha are under hir powar; and in sa far as we shall preif against them, that falsely, maliciously, and traterously thay have attemptit against our proper honor, quhairoff we desire reparation.

And ye, my lord Herris, we pray you in all thingis forsaid to employ yourself, and follow our intention with such dexterity as you can very well use; and to add heirto, as ye shall think necessar, following the knawledge quhilk ye have of the premissis and proceedings bypast, quhairin ye travellit in the maist part thairof.   Swa.committing yow to the protectioun of God almighty, etc.

Off Bolton, the 22ᵈ day of november 1568.

Marie R.

1568. — Le 25 novembre, Élisabeth donne audience à Murray; les conférences sont reprises à Westminster, devant le Conseil, et tenues ensuite tant à Westminster qu'à Hampton-Court.

———◦◦———

MARIE STUART

A PHILIPPE II, ROI D'ESPAGNE.

(Copie du temps ¹. — Archives du royaume à Paris, K, 1394; liasse B. 23, p. 108, des archives de Simancas.)

Désespoir de Marie Stuart d'apprendre à la fois la mort de la reine d'Espagne et le soupçon que le roi d'Espagne a conçu qu'elle, Marie Stuart, n'était pas sincèrement attachée à la religion catholique. — Vifs regrets qu'elle donne à la mémoire de la reine. — Appui qu'elle eût trouvé en elle pour se défendre contre cette nouvelle accusation. — Assurance particulière que Marie Stuart avait récemment donnée à la reine d'Espagne de sa ferme volonté de vivre et mourir dans la religion catholique romaine. — Supplication qu'elle adresse au roi d'Espagne de ne pas croire les calomnies que ses ennemis répandent contre elle. — Impossibilité où elle se trouve de remplir ses devoirs religieux. — Mesures prises à cet égard par Élisabeth. — Obligation dans laquelle s'est trouvée Marie Stuart d'assister aux prières récitées par un ministre anglais. — Amende honorable qu'elle propose de faire si elle a failli en cela. — Charge qu'elle a donnée à l'archevêque de Glasgow de justifier sa conduite auprès de l'ambassadeur d'Espagne en France.

De Bolton, le 30 novembre 1568.

Très-haut et très-puissant prince, mon très-cher et bien-aimé bon frère, cousin et notre allié,

Au milieu de mes adversités j'ai reçu deux nouvelles

¹ Cette lettre et la suivante ont été retraduites en français sur des traductions espagnoles du temps. Il est probable que les lettres originales françaises sont restées en Espagne.

à la fois, par lesquelles il paraît que la fortune redouble d'efforts pour en finir tout à fait avec moi. L'une de ces nouvelles est celle de la mort de la Reine, votre épouse, madame ma bonne sœur[1], que Dieu veuille avoir son âme, et l'autre celle qui m'apprend qu'on vous a informé que j'étais inconstante en matière de religion, et que, pour mon malheur, vous doutiez quelquefois que j'en eusse. Ces deux nouvelles me touchent tellement au vif, que bien que l'une puisse laisser quelque espoir de soulagement et de remède, je n'en vois aucun dans l'autre. Je ne sais pas laquelle des deux me tourmente le plus.

J'ai lieu de pleurer, comme je le fais avec vous, la mort d'une aussi bonne et vertueuse princesse, dont, j'en suis certaine, vous supporterez la perte avec beaucoup de peine. Quant à moi en particulier, elle me prive de la meilleure sœur et amie que j'eusse au monde, celle en qui j'avais le plus d'espoir; et quoique cette perte soit irréparable, et qu'il faille s'y résigner et se conformer à la volonté de Dieu, qui a voulu l'appeler à lui et la retirer de cette vie pour la faire jouir d'une autre bien plus heureuse, il ne m'est pas encore possible de vous en parler, ni même d'y penser sans que mon cœur se fonde en larmes et en soupirs, et sans que l'amour que je lui portais ne se présente incessamment à ma mémoire.

J'ai aussi lieu de m'affliger, en mon particulier, et de craindre de perdre ce qu'elle m'avait acquis en

---

[1] Élisabeth de France, fille de Henri II, morte le 3 octobre 1568.

partie auprès de vous, c'est-à-dire, une si bonne opinion que je pouvais être bien sûre de trouver en vous la faveur et la protection dont j'ai besoin dans mes infortunes, comme je suis certaine que si Dieu avait voulu lui conserver la vie jusqu'à présent, elle vous aurait répondu de moi, et assuré que les rapports qui vous avaient été faits étaient, comme ils le sont effectivement, tout à fait faux. Il n'y a pas longtemps que je lui ai écrit, et je me rappelle qu'entre autres choses j'avais touché ce point sur la résolution où j'étais de continuer de vivre et mourir dans la religion catholique romaine, quel que fût le mauvais traitement qu'on me fît subir ici par ce motif ; et encore je ne me doutais en aucune manière qu'on cherchât à me calomnier auprès de vous, quoique j'eusse une longue expérience de la méchanceté des rebelles et de quelques autres personnes de ce pays-ci, qui les souffrent parce qu'ils sont tous de la même secte ; mais je n'aurais jamais pu penser que la calomnie eût autant d'attraits pour des personnes professant la religion catholique, qui sont celles qui, à ce que je crois, l'ont déversée contre moi. Je dois vous dire maintenant que, quel qu'ait été l'individu qui se soit rendu l'instrument d'un aussi mauvais service, je vous supplie de ne le point croire, attendu qu'il ne peut qu'être mal informé ; et s'il vous plaisait de me faire assez d'honneur pour faire prendre des renseignements par des individus dignes de votre confiance, près des personnes qui sont ici avec moi, et qui peuvent mieux répondre et parler sur la matière

que qui que ce soit, je suis assurée qu'elles certifie-
ront tout le contraire, parce qu'elles ne m'ont jamais
entendu dire un mot, ni vu faire la moindre chose,
qui pussent leur donner une idée aussi sinistre
de moi.

Si je n'exerce pas ma religion, on ne doit pas croire
pour cela que je balance entre les deux. D'ailleurs,
depuis mon arrivée dans ce royaume, j'ai demandé
qu'on me permît au moins de pouvoir l'exercer,
comme on l'accorde à l'ambassadeur d'un prince
étranger ; mais on m'a répondu que j'étais parente
de la Reine, et que je ne l'obtiendrais jamais. On a
introduit ensuite chez moi un ministre anglais qui
récite simplement quelques prières en langue vul-
gaire ; ce que je n'ai pas pu empêcher, parce que
j'étais et que je suis encore privée de la liberté et
étroitement entourée de gardes. Mais si l'on trouvait
que j'eusse failli en prenant part à ces prières, auxquelles j'assistais parce qu'on ne me permettait aucun
autre exercice de ma religion, je suis prête à faire telle
amende honorable qu'on croira nécessaire, pour que
tous les princes catholiques du monde soient con-
vaincus que je suis une fille obéissante, soumise et
dévouée de la sainte Église catholique romaine,
dans la foi de laquelle je veux vivre et mourir, sans
que j'eusse jamais eu d'autre volonté que celle-ci,
volonté qu'avec l'aide de Dieu je ne changerai jamais
en aucune manière. Mais comme un simple mot sur
ce point devrait vous suffire, je ne vous importu-
nerai pas d'un plus long discours ; je vous supplie

seulement de vouloir bien écouter favorablement les choses que j'ai chargé l'archevêque de Glasgow, mon ambassadeur en France, de dire à votre résident près la dite cour, afin qu'il vous en fasse l'exposé de ma part.

La présente n'étant à autres fins, je termine en présentant mes très-humbles et très-affectueuses recommandations à Votre Grâce, et en suppliant le Créateur de vous accorder une bonne et longue vie.

Du château de Bolton en Angleterre, le dernier jour du mois de novembre mil cinq cent soixante-huit.

Votre bien bonne sœur,

MARIE.

Au dos : Copia de carta de la Reyna de Escosia a su M^a., de Boarton, al ultimo de novembre 1568. — Reci.^da en vj de hebr. 1569.

MARIE STUART

A DON FRANCÈS D'ALAVA.

(Copie du temps. — Archives du royaume, à Paris, K. 1391 ; liasse B. 23, p. 108, des archives de Simancas.)

Protestation de Marie Stuart contre les faux rapports faits à son préjudice au roi d'Espagne. — Témoignage que l'archevêque de Glasgow peut rendre de l'attachement de Marie Stuart à la religion catholique romaine. — Prière adressée à l'ambassadeur d'Espagne d'en rendre lui-même témoignage au roi. — Ferme volonté de Marie Stuart de vivre et de mourir dans la vraie religion. — Nouveaux regrets qu'elle exprime au sujet de la mort de la reine d'Espagne.

Le 30 novembre (1568).

J'ai été extrêmement étonnée en apprenant le rapport que l'archevêque de Glasgow m'a dit avoir été fait contre moi au Roi catholique, mon seigneur et bon frère. C'est par ce motif que je n'ai pas voulu manquer d'écrire immédiatement à Sa Majesté, pour la supplier de ne point vouloir y ajouter foi, attendu que c'est une calomnie et une imposture provenant des trames et des malicieuses machinations de mes sujets rebelles, et de quelques autres personnes qui les favorisent, ainsi que j'ai chargé le dit archevêque de Glasgow de vous le faire connaître de ma part d'une manière plus particulière, afin que vous portiez tout à la connaissance du Roi ; vous priant de ne point me refuser vos bons offices à ce sujet, et d'agir dans cette circonstance en ma faveur comme vous l'avez tou-

jours fait. Vous pouvez être assuré que S. M. n'hési-
tera pas à reconnaître que vous avez été à même d'être
instruit de la vérité bien mieux que ceux qui ont osé
avancer que j'étais très-inconstante en matière de religion, tandis que jamais je n'ai eu d'autre volonté que
celle de persévérer, vivre et mourir dans le giron de la
sainte Église catholique romaine.

Dans ce même instant j'ai reçu la triste nouvelle de
la mort de la Reine catholique, Madame ma bonne
sœur, que Dieu veuille bien avoir en sa sainte
gloire. Cette mauvaise nouvelle a doublé ma douleur
et ma peine, parce que j'ai perdu en elle la meilleure sœur et amie que j'eusse au monde. J'avais en
elle la plus grande confiance, et je ne fais aucun
doute qu'elle ne se fût élevée pour moi contre de
pareilles faussetés, et n'eût assuré le Roi, son seigneur, de ma constance. Mais puisque la volonté de
Dieu a été de m'envoyer une affliction sur une autre,
il ne me reste qu'à me consoler, en le suppliant de
m'accorder la patience dont j'ai besoin, et, puisque ma
cause est juste, de daigner m'être en aide et venir à
mon secours. La présente n'étant à autre fin, etc.

Du 30 novembre.

Au dos : Copia de carta de la Reyna d'Escocia
A DON FRANCES DE ALAVA, descifrada y tra-
duizida de frances, de 30 de novie. 1568.

1568. — Depuis l'ouverture des conférences, l'évêque de Ross
avait demandé à plusieurs reprises que la reine d'Écosse pût venir

à Londres se justifier elle-même en présence de la noblesse du pays et des ambassadeurs de France et d'Espagne; mais Élisabeth et ses ministres ne voulurent jamais y consentir.

En cet état des choses, le 6 décembre, les commissaires de Marie Stuart protestent en son nom contre tout ce qui s'est fait, et déclarent les conférences terminées : Cecil n'admet point cette protestation.

Le 8 décembre, Murray produit officiellement devant les commissaires anglais les lettres galantes et autres pièces attribuées à Marie Stuart, et l'accuse d'avoir pris part au complot tramé par Bothwell contre Darnley.

MARIE STUART

A L'ABBÉ D'ARBROATH ET AUTRES SEIGNEURS DE SON PARTI.

(Copie du temps. — Musée britannique à Londres, collection Cottonienne, Caligula , C. I, fol. 259.)

Résultat des conférences d'York. — Confusion des rebelles dans leurs accusations. — Appui qu'ils ont trouvé dans quelques-uns des ministres d'Élisabeth. — Perfidie de la reine d'Angleterre, qui, au lieu d'exécuter les promesses qu'elle a faites à Marie Stuart, s'entend sous main avec les rebelles. — Accord secret par lequel les rebelles écossais se sont engagés à livrer le jeune prince d'Écosse à Élisabeth, qui consent à le déclarer son héritier dans le cas où elle mourrait sans enfants. — Promesse qui a été faite de remettre aux Anglais les châteaux d'Édimbourg et de Stirling, et d'attaquer le château de Dumbarton pour le leur livrer également. — Engagement contracté par Élisabeth de soutenir Murray et de le faire déclarer héritier du trône d'Écosse dans le cas où le prince d'Écosse mourrait sans enfants. — Vœu secret d'Élisabeth pour la ruine entière de l'Écosse. — Ligue formée entre Murray et le comte de Hertford. — Projet de mariage du comte de Hertford avec l'une des filles de Cecil. — Appui mutuel que doivent se donner Murray et le comte de Hertford pour parvenir à s'assurer les deux couronnes qu'ils convoitent. — Sollicitations qui ont été faites auprès de Marie Stuart afin d'obtenir son abdication. — Nomination de nouveaux commissaires, au nombre desquels se trouve Cecil. — Refus d'admettre Marie Stuart aux nouvelles conférences. — Rupture de ces conférences. — Protestations que doivent faire les commissaires de Marie Stuart en se retirant. — Leur prochain retour en Écosse. — Charge donnée à l'abbé d'Arbroath de communiquer ces nouvelles aux Écossais fidèles. — Avis qui en a été transmis directement par Marie Stuart aux comtes d'Argyll et de Huntly. — Précautions à prendre pour empêcher le retour des commissaires des rebelles. — Assentiment que donne Marie Stuart à toutes les mesures qui seront prises. — Efforts qui doivent être tentés pour arrêter, pendant l'hiver, les projets des rebelles. — Ferme assurance que des secours arriveront en Écosse au printemps.

Sans date (décembre 1568).

As to the estate of my affaires I doubt but zi haist understand that at the convention in Yorke my rebells was confoundit in all that they could alleadge for their insurrection and ymprisoninge of my personne, persawinge the querhill thay not sa mekle whes be moyene of some of the Q. of Inglands mynisters that amengest her promesis she bes lettin thame haife presence and afor thair comminge she promist to understand and trye thair haill contents of thair conspiracie her selfe to the effecte the same sould be endit with some happie outgaite of my honor and contentment, and thairfore desiert that some of my commissioners sould passe towardes her with dilligence. But the proceedingis sence hes shawin it was not the butt she shott at. For my matters hes byn prolongit in delaies and in the men tyme that my rebells practizit secreitly with her and her mynisters. Soe are they accordit and agreit that my sonne sould be delyverit in her handes to be norishit in this country as sho thinkes guid, and declarit him to be abill to succeid effter her deathe in case sho haiffe noe succession of her awin bodie, and for the mair securitie

the castells of Edinburt and Starlinge sould be in In-
glishe meins handes to be kept in the said Q. of In-
glandes name.   *Item* with moyence and concurrence
of the earle of Murray the castell of Dunbartane sell
be seidgit and taken out of zour handes giffe thay may,
and in like wise randerit to the Q. of Ingland in her
kepinge.   Providinge zour promesis to be kepit sho
hes promeist to helpe and supporte the earle of Murray and to mainteine him in the usurpeinge of my
authoritie, and cause him to be declarit to succeede
to the crowne of Scotland efter the death of my
sonne in case he die without succession of his bodie.
And the earle of Murray sell acknowledge to hauld
the realme of Scotland in manner of foe of the Q. of
Ingland.   And this is all the equitie of my cause and
proceedingis : For the quhille cause I truste the said
Q. of Ingland myndes haill for the ruyn and destruction of my haill realme.   Howbeit her promeis was
uderwise as I lokid for.   But God and guid Scottes
harttis of my subjectis remedie the same, zit this is
not all.   Their is an uder leigue maid betixte the
earle of Murray and the earle of Hartford quho sould
[marrie] one of the secretary Ceicills daughters quha
dressis all their draughtes by quhilk leigue the said
earle of Murray and Hartfuird sould meit and fortefie
quhilk ane other in the succession that onny one proceeding of awin side : that is to saie, the earle of Murray for my realme by ressone of his legittimacion and
the earle of Hartfuird one the uder side for Ingland,
because of umquhill Dame Katherin on quhome he

begat twa bairins. Soe thay are boyt efter my upu....
to my sonnis deithe; he beinge oins out of my subjectis handes, quhat can I hope for bot an lamentable
trageddie? Theis thingis are concludit amangist the
cheife of my rebells with the auntient and naturall
ennemeis of my realme : and thoir restid nothinge
nowe but to establishe and assure the said earle of
Murray in his usurpeinge against my authoritie. Ana
to begin the same thay wald haife persuadit me be
craft to haife liberally dymitted and renouncit my
crowne, and to cause me to condiscend to seike an
unhappie thinge and unlefull desyn, thar has bein
usit all crafte that was possible boyt with boastinge
and fairr wordes and mony guid promises to me.
But zit thay seing that I was resolvit to do no thing
herin to their proffit, the Q. of Ingland namit new
commissioners with thame, quhilk was alle ready sho
put in nomber of the quhilk the said Cecill with others
of his faction : and not permytted me passe thair and
declair my awin ressonis yat thay would haif presen-
tid in the said conference, quihilk broken for contraing
that the Q. of Ingland has maid of her promesis, quhilk was not to permytt the earle of Murray to come
in her presence before the said conference was endit :
and moreover that noe thinge sould be done prejudi-
ciall to my honorable estate and right that I may haif
to this countrey. Efter this my commissioners lefte
the said conference with solempne protestations that
all quhilk was done ther untill to my prejudition in ony
sort fell null and of noe effecte : and thair uppon are

deliberat to come awaie as soone as is possible, quhairof l thought guid to advertise zow to the effecte ze
may understande the veritie of the matter to enforme
our freindes and faithfull subjectis, like as I haife
written to my lord Argyle and Huntly to haist thame
to zour releife doeinge all the hinder and evill that
ze may to the same rebells and thair assistantis to
stoppe thair retorninge home giffe it be possible : For
they wilbe reddy before you giffe ze not haist sua ze
be convenit all in one convention not fearinge that
I sall discharge zour proceedingis as I did of before:
and this ze sell shaw and cause publicke proclemyng
by opyn proclamation.   The foresaid conspiracie and
tressone quhilk ye said rebells hes conspyrit against
me, myne authoritie and my sonne, and the common
weill of the realme of Scotland intendinge to putt the
same to execution giffe they be not stoppit in tyme.
Therfore I pray zow with dilligence to stoppe thame
this wynter all that ze may and I doubt not but in
springe tyme of the zeir we sell haife sufficient helpe
by our freindes.

Au dos : The coppie of the Q. of Scott's letter to
THE ABBOTTE OF ARBROATH and the reste of her faction,
copied out of the originall signed with the Q. of Scott's
hand, out of the lord Burghly study.

MARIE STUART

A UN SEIGNEUR ÉCOSSAIS DE SON PARTI.

*(Copie du temps. — Collection du marquis de Salisbury à Hatfield-House,
Cecil papers.)*

Confusion qui est résultée pour les rebelles des conférences d'York. — Sollicitations qu'ils ont faites auprès d'Élisabeth. — Déclaration de la reine d'Angleterre qu'elle voulait entendre elle-même la continuation des conférences ; ses ordres pour que des commissaires lui fussent envoyés. — Concert établi entre les
rebelles, Élisabeth et ses ministres. — Conditions de l'accord secret qui aurait
été arrêté entre eux. — Engagements pris de remettre le fils de Marie Stuart
entre les mains d'Élisabeth, de le déclarer héritier de la couronne d'Angleterre,
et de livrer aux Anglais les châteaux d'Édimbourg, de Stirling et de
Dumbarton. — Promesse d'Élisabeth de maintenir le comte de Murray dans son
usurpation et de le faire déclarer héritier du trône d'Écosse si le fils de Marie
Stuart décédait sans enfants. — Secrète intelligence entre Murray et le comte
de Hertford. — Appui que le comte de Hertford espère trouver dans le mariage
qu'il doit contracter avec l'une des filles de Cecil. — Ligue formée entre Murray
et le comte de Hertford pour faire valoir les droits qu'ils prétendent, l'un à la suc
cession d'Angleterre, et l'autre à la couronne d'Écosse. — Craintes que ces projets doivent faire concevoir pour la vie du jeune prince d'Écosse. — Sollicitations faites auprès de Marie Stuart afin d'obtenir son abdication à la couronne
et son consentement à ce que Murray soit déclaré régent du royaume. — Nouveaux commissaires nommés par Élisabeth pour se venger de son refus. —
Voyage que Murray a pu faire à Londres, contrairement à ce qui avait été promis. — Protestation solennelle des commissaires de Marie Stuart qui se sont
retirés des conférences. — Communication que le comte de Huntly doit faire de
tous ces détails aux partisans de Marie Stuart. — Convocation qu'il doit adresser à tous ses amis. — Ordre semblable déjà donné au comte d'Argyll. — Nécessité d'une prompte réunion en armes pour prévenir les projets des rebelles.
— Protestation de Marie Stuart qu'elle ne s'opposera en aucune manière à l'accomplissement des projets de ses sujets fidèles. — Espoir qu'elle sera bientôt
secourue par d'autres alliés. — Son désir qu'un parlement soit convoqué.

Sans date (décembre 1568).

As to the estait of my effaires, I doubt not but ye
haife understand, yat at ye convention in York my

rebellis were confoundit in all yat yei culd allege for
colouring of yair insurrection, and my imprisounment. Persaving the quilk, yai did sa mekill by
mowing of sum of ye Queen of Ingland's ministeris,
yat, agains her promeis, sche has lettin yem haif hir
presence; and to color yair cuming towards hir, said,
sche wald hirself understand ye continewatioun of yis
conference, to the effect ye same suld be ye mair
promptlie endit with sum happy outgayt to my honour and contentment; and yairfore desired, that
sum of my commissionaris suld pass towards hir incontinent. Bat ye procedyngs sensyne hes schawin
it wes not the buit sche schot at; for my mater hes
bene plongit in delayis, in the mene tyme yat my
rebellis practised secreitlye wyth hir and hir ministeris. Sua yai haif convenit and accordit, yat my
sone suld be delyveryt in hir handis, to be nurisched
in yis countray as sche sall think gud.

Item, declaring him to be as abill to succeid eftir
hir death, in cais sche haif na successioun of hir body;
for hir suerty the castellis of Edynburg, Striveling
sall be in Inglishmenis keping on the said Quene of
Inglands moyens.

Item, with hir moyens, and ye concurrence of the
erle of Murray, ye castell of Dunbertan sallbe asseigeit
and tane ouf ye handis, gif yei may, and be lyikwyse
randrit to the said Quene of Inglands behuif and keping. Providing yir premisses be keippit, sche hes
promiseit to support and mainteine ye erle of Murray
in ye usurpation of my authoritie, and cause him to

be declarit legitime to succeid unto ye crown of Scotland efter ye deceis of my sone, in caise he die but bairnis gotten of his bodye : and in yis caisse the erle of Murray sall acknowledge to hald ye realme of Scotland in few of the Quene of Ingland. Yis all the equitie of my causse, ye connoissance of ye quhilk I traistit in ye sayd Quein of Ingland, hes bene renuncit, and miserable sauld for ye ruyne of my realme, except yat God, and gud Scottis harte of my faythful subjectis, remeid not ye same. Zit yis is not all, yair is ane uyir leige and intelligence betwix ye erle of Murray and ye erle of Hartford, quha sald marie ane of secretaris Sicilis dochteris, quha does all yir drawts. Be ye quhilk lippining, ye sayd erle of Murray and Hartfurd suld meit and fortefie ilk ane uyir in ye succession yat ilk ane of yame pretends on his awin syde; yat is to say, the erle of Murray on yè syid of my realm, be reasoun of ye said legitimation; and ye erle of Hartfurd on ye syid of Ingland, because of unquhill Dame Katheryn, on quhom he begat twa barnis : sua yai will be bayth bent to my sonnes death; quha being out of my subjectis handis, quhat can I haip for but lamentable tragedie? Yir thingis ar concludit amongs ye cheif of my rebellis and ye ancient and natural ennemyes of my realm; and yair rests nathing now, bot ye moyens to establish and assuir ye said erle of Murray in his usurpation. To begin the same, yai wuld haif perswadit me, be craift, to haif liberally dimittit my croun, and consentit to ye regentrie of the said erle of Murray; and to haif causit

me condiscend to sik any unhappy thing, yair hes
bene wsit all craft and boisting yat hes bene possible,
with fair promisis. But seing I was resolvit to do
nathing yairin to yair profeit, ye Quene of Ingland
namit new commissionaris with yem yat wes already
deput, in nomber of ye quhilk ye said tratour, and
wyeris of his faction ; and not permitting me to pass
yair to declair my awn reasonis, yat yai wuld haif
pretermittit in ye said conference. Quhilk being brokin, for inlaik yt ye Quein of Ingland has maid of hir
promeis, quilk was ; not to permit the earl of Murray
to cum in hir presence, afair ye said conferens wer
endit ; and mairovir, yair suld be nathing done to the
prejudeice of my honor, estait and ryt, yat I may haif
in yis countrye efter hir ; my said commissionaris left
ye said conferens ye sixt of yis moneth, with solempnit
protestationis, yat all quhilk wer done yairin to ye
prejudice of me in ony sort, sall be null, and of none
effect nor valor, and yaron ar deliberat to cum away
as soon as is possible : quhairof I thot gud to adverteis you, to the effect ye may understand ye veritie
of ye same mater, and inform our freindis of ye samyn.
I pray you to assemble our freindis my subjectis, lyik
as I haif writen to my lord of Argile and Huntlie to
haiste to zour releif ; doing all ye hinder and evill
yat ye may to ye said rebellis, and stop yair retor-
ning hame, gif it be possible ; for thai will be readie
befoir yaw, gif ye mak not haist. Swa ye being altogidder assemblit in convention, not fearing yat I sall
stop or discharge zour proceidings, as I did ye last

tyme, ye sall declair and schaw publickly, be oppin proclamation, ye aforsaid conspiracie and treasone, quhilk ye said rebellis hes conspirit agains ye weill of the realme of Scotland, intending to put ye samyn in execution, to the destruction yairof, gif yay be not stoppit in dew time; and yairfore ye, with my haill faythful subjectis, and all trew Scottis hartis, will do diligence to stop ye performance of thair intentiounis. This undertendit, I am maist assurit yat at ye spring of the ye yeir ye *** sufficient releif of wther freindis.

Proclame and hald ane parliament, gif ye may.

Au dos de la main de Cecil : A copy of a letter of the Quene of Scotts, which was intercepted and sent to the erle of Murray, about the 18th of january, 1568 — (1569).

MARIE STUART

AU COMTE DE MARR.

(Original avec post-scriptum autographe. — State paper office de Londres, Mary Queen of Scots, vol. 2.)

Vives craintes de Marie Stuart pour son fils. — Résolution qui a été prise de le retirer des mains du comte de Marr pour le conduire en Angleterre, et de mettre une garnison anglaise dans le château de Stirling. — Confiance que Marie Stuart a placée dans le comte de Marr, en lui remettant le château de Stirling et son fils. — Supplications de Marie Stuart pour que le comte de Marr n'abandonne point le Prince d'Écosse. — Précautions qu'il doit prendre afin de n'être pas surpris. — Certitude de l'avis qu'elle lui transmet. — Appel qu'elle fait à son honneur — Misérable condition de vassalité à laquelle se trouvera réduite l'Écosse si Élisabeth parvenait à exécuter son projet. — Certitude que le comte de Marr se rappellera la promesse qu'il a faite de ne jamais délivrer à personne le Prince d'Écosse sans le consentement formel de Marie Stuart.

De Bolton, le 17 décembre 1568.

Monsieur de Mar, l'amour naturelle que je porte à mon enfant et à la conservation de ce qu'il a pleu à Dieu de commettre soubz ma charge, me faict vous escrire ceste lettre pour vous donner advis de choses que je ne fay doubte vous sont cachées, ou pour le moins desguisées par ceux desquels vous vous fiez le plus : mon filz doibt estre mys hors de voz mains et envoyé en ce pays, et la garde du chasteau de Sterling commise à une garnison d'estrangers. Vous sçavez que je vous ay baillé l'un et l'autre pour la fiance que j'ay eus en vous et à tous ceux qui vous appartiennent, et combien qu'à la persuasion d'aucuns vous avez depuis quelque temps laissé les premiers accès de la bonne volonté qu'aviez envers moy, si est-ce que je n'estime poinct que ne vous reste encore quelque sentyment et souvenance de celle que par effetz j'ay monstré vous porter, et que, si en mon endroict vous ne voulez le recognoistre, à tout le moins ce sera en celluy de mon filz, duquel je vous prye avoir le soing que vostre honneur et l'affection que devez à vostre patrie vous obligent. Pourvoyez de bonne heure à la seureté de la place, et prenez garde que mon filz ne vous soit desrobbé et que vous ne soyez circonvenu, car ce que je vous escry est certain et véritable et est ainsi accordé, et n'est plus question que de l'exécution. Je croy que n'avez parent dont la cupidité et ambition de régner vous sceust induire à consentir la ruyne et désolation de vostre pays et de le voir misérablement rendre vassal et esclave d'un autre, comme il sera, si Dieu par sa bonté et miséricorde ne rompt les malheureux desseings de ceux qui font telles menées et pratiques, pensant par telz moyens s'aggrandir et faire leurs particulières affaires. Et pour ce que je m'assure qu'avec votre prudence et bon jugement ceste simple ouverture vous suffira pour vous tenir sur vos gardes et vous esclaircir encore davantage de la vérité du faict, je mettray fin à la présente, pryant Dieu vous donner, monsieur de Mar, ce que plus désirez.

Du château de Bolton, ce xvij^e jour de décembre 1568.

Votre bien bonne amye,

MARIE R.

P. S. Autographe : Souvenez vous que quant je vous baillay mon fils, comme mon plus cher joïau, vous me prosmistes le guarder et ne le délivrer sans mon consentement, comme despuis avez aussi fayt par vos lettres.

1568. — La reine d'Écosse, instruite des calomnies répandues contre elle par les agents de Murray et par Murray lui-même, envoie, le 19 décembre, à ses commissaires une protestation contre ces accusations mensongères et en même temps contre son abdication.

MARIE STUART

A L'ÉVÊQUE DE ROSS, A LORD HERRIES ET A L'ABBÉ
DE KILLWINNING.

(Copie officielle du temps. — Musée britannique à Londres, collection
Cottonienne, Titus, C. XII, Queen Mary's register, fol. 140.)

Démenti formel de Marie Stuart contre l'accusation portée par Murray qu'elle aurait eu connaissance du projet qui aurait été conçu par Bothwell de mettre à
mort Darnley, calomnie inventée par quelques-uns de ceux-là mêmes qui ont
été les exécuteurs du complot. — Protestations contre les mensonges répandus
tant à raison de ce qu'elle aurait refusé de poursuivre les assassins qu'au sujet de son mariage avec Bothwell. — Violente indignation de Marie Stuart
contre cette calomnie nouvelle, qui l'accuse d'avoir projeté la mort de son propre fils. — Témoignage donné par John Maitland, prieur de Coldingham, que
la révolte était ourdie de longue main. — Prétextes que les rebelles ont invo-
qués pour pallier l'insurrection; leur prétendu désir d'arracher Marie Stuart
des mains de Bothwell, de venger la mort de Darnley et de protéger le prince
d'Écosse qu'ils savaient être cependant en parfaite sûreté entre les mains du
comte de Marr. — Projet qu'ils avaient dès lors de s'emparer de Marie Stuart
et d'usurper son autorité. — Infamie de leur conduite envers Marie Stuart et
son fils. — Danger auquel ils ont exposé son fils, même avant sa naissance.
par leurs violences envers sa mère, alors qu'elle le portait en son sein. — Réponse qui doit être faite à cette allégation que Marie Stuart a abdiqué la couronne et que les États d'Écosse, en acceptant l'abdication, ont conféré la régence au comte de Murray. — Nouvelle protestation de Marie Stuart contre
l'abdication qui lui a été arrachée par violence et contre la légalité du prétendu
parlement qui a conféré la régence à Murray. — Instances qui doivent être
faites auprès d'Élisabeth pour qu'elle exécute la promesse donnée de rétablir
Marie Stuart sur le trône d'Écosse.

De Bolton, le 19 décembre 1568.

ANSWER TO THE EIK THAT WAS PRESENTIT BE THE
ERLE OF MURRAY AND HIS ADHERENTIS.

Forsamekill as the erle of Murray and his adherentis,
our rebellious subjectis, have eikit unto thair preten-

dit excusis, producit be thame for cullouring of thair
horribill crymes and offences committit aganis us,
thair Soverane ladie and maistres, in siclyke wordis :
« that as the erle of Bothwell has bene the principal
» executor of the murthour committit in the persoun
» of umquhile Hary Stewart our husband, swa we
» knew, counsallit, devysit, perswadit and comman-
» dit the said murthour ; » thay have falselie, trai-
tourouslie, and meschantlie lyed ; imputing unto us
maliciouslie the cryme quhairof thameselfis ar au-
thouris, inventeris, doaris, and sum of thame proper
executeris.

And quhair thay alledge : « that we impeschit and
» stoppit inquisitioun and due punishment to be maid
» on the said murthour ; » it is ane uther calumnie, to
the quhilk, having sa sufficientlie answerit be the
replie producit at Zork, quhairin thay were stricken
down, as likewayis in that quhilk thay reherse of our
marriage with the erle of Bothwell, thinkis not necessarie thairanent to mak thame farther answer, bot
refer the samin, gif thay think guid to consider that it
was answerit to thame in baith thir twa poyntis in the
said reply.

And as to that quhair thay alledge : « that we
» sould have bene the occasioun to cause our sone
» follow his father haistelie ; » thay cover thameselfis
thairanent with a weit sack : and that calumnie sould
suffice for pruif and inquisitioun of all the rest ; for
the natural love of a mother towardis hir bairn con-
foundis thame ; and the greit thought that we have

ever had of our said sone shawis how shamefully thay ar bauld to set forth, not onlie that in quhilk, conform to the malice and impietie of thair heartis, thay judge utheris be thair awin proper affectioun, bot of that 'quhairof in thair conscience thay knaw the contrair; like as the wordis of John Maitland the priour of Coldinghame, quha being in France, a littill befoir our imprisouning, buir witness in sindrie thingis, howe thay wer deliberat to mak insurrectioun, and that he had letteris of thair suir purpois; eiking thairto, that howbeit thay had no just occasioun to mak the samin, at leist there was thre apparant pre-textis to draw the pepill to thair side.

The first, be making thame to understand it was to deliver us fra amang the handis of the erle Bothwell, quha ravisht us.

· The secund, to revenge our said husband's deith.

And the thrid, to preserve and defend our sone; quhom thay knew we had put suirlie in the erle of Marr's handis.

All the saidis thingis thay said wer aganis the erle of Bothwell, and for the weill, rest and suirtie of me and my sone, as thay maid the commoun pepill believe be thair publict proclamatiounis; bot thair actiounis sensyne hes declarit the contrair, and Johne Maitland spake as weill informit. For to the veritie, this wes bot feinzeit and false semblance that thay did to get the erle Bothwell, for in fact thay desirit onlie bot to obtene our persoun, and usurp our auctoritie, as was sufficientlic declarit be the said reply.

17.

And albeit thay belief zit to dissembill the pernitious
and cruel will that thay have, als weill towart the bairn
as the mother, thair is na man of guid judgement,
discovering the thingis bypast, but he may easily persave thair hypocrisie, how thay wald fortefie thameselfis in our sone's name, till that thair tyrannie wer
better establisht, even efter, as thay have shawin, soon
efter our guid bountie and trust we had in thame;
thay wald have slane the mother and the bairn baith,
quhen he wes in our wamb, and did him wrang or
he wes born.   Quhilk act schawis manifestlie (by the
crymes quhairof thay ar culpabill, baith befoir God and
man) that thay ar falselie set aganis our innocence.

Finallie, quhair thay say : « that the Estaitis of our
» realme, finding us unworthie to reign, decernit our
» dimissioun of our crown to our sone, and esta-
» blishing of the regiment of our realme in the per-
» soun of the erle of Murray; » it sall be answerit
thairto, that the dimissioun quhilk thay causit us
subscryve, was subscryvit perforce; quhairon the said
erle of Murray has foundit his regencie, declaris sufficientlie, thay procedit not thairin be way of parliament, bot be violence, and sall convict thameselfis;
that be the said reply it was schawin thame thair pretendit assemblie of Estaitis was illegittime, aganis the
lawis and statutis of the realme, and ancient observa-
tioun thairof, to the quhilk the best and greitest part
of the nobilitie was aganis, and opposit the samin.

And hereon conclude, as ze did in zour reply, re-
quirand support fra the Quene of Ingland, our guid

sister, conform to the promissis of freindship betwix
hir and us; protesting to add to this answer as time,
place and neid sall require.   And swa committis zou
to the protectioun of God almichtie.

Off Bowton, the nyntein day of december, 1568.

Zour gude maistres,

MARIE R.

Au dos : To our rycht trustie cousingis,
counsallouris and commissionaris, THE
BISHOP OF ROSS, LORD HEREIS, AND ABBOT
OF KILWYNNING.

1568. — Le 24 décembre, les commissaires de Marie Stuart re-
paraissent devant le Conseil d'Élisabeth , produisent les dernières
instructions de leur souveraine et accusent Murray et Morton
d'avoir participé à l'assassinat de Darnley.

MARIE STUART

A L'ÉVÊQUE DE ROSS, A LORD HERRIES ET A L'ABBÉ DE KILLWINNING.

(Copie officielle du temps. — Musée britannique à Londres, collection Cottonienne, Titus, C. XII, Queen Mary's register, fol. 148.)

Approbation donnée par Marie Stuart à la conduite tenue par ses commissaires, en ce qu'ils ont accusé Murray et ses complices d'avoir eux-mêmes commis les crimes qu'ils osaient lui imputer. — Accusation formelle qu'elle porte contre eux de s'être rendus coupables de trahison et de conspiration, et contre quelques-uns d'entre eux d'avoir été les propres exécuteurs de l'attentat commis sur Darnley. — Copie qui doit être réclamée de l'accusation portée contre elle, pour servir de témoignage aux princes chrétiens et au monde entier de leur trahison, de leur turpitude et de leurs calomnies. — Instances pour que William Douglas, qui a été arrêté en Angleterre sur leur sollicitation, soit immédiatement rendu à la liberté. — Demande afin que l'un des domestiques du laird de Loch Leven, Jacques Dryisdaill, qui s'est répandu en menaces contre Douglas et contre Marie Stuart, soit arrêté.

De Bolton, le 2 janvier 1568-69.

THE WRITING PRESENTIT BE THE COMMISSIONARIS FOR THE QUENIS MAJESTIE OF SCOTLAND, SENT BE HIR GRACE UNTO THAME.

Right traist cousingis and counsallouris, we greit zou well. We understand the bravadis that the erle of Murray and his complices have maid, feeling thameselfis simplie tuitchit be sum of zou; to have been culpabill of that quhilk falselie thay pretendit to impute unto us; and alswa the answer quhilk ze have

maid to our guid sister the Quene, conform to our lettres ; of the quhilk thay have pleinzeit.

Quhairin not onlie we appreive zour proceidingis,
bot alswa prayis zou to continew in our name. For
sithens it hath pleisit God to deliver us from thair
powar and cruel handis, we have bene informit, and
understandis anouch daylie, be letteris and reportis,
to mak our guid sister knaw : « that thay are tratouris,
» first inventaris, conspiratouris, and sum of thame
» executouris of the murthour of the King, our hus-
» band ; with uther crimes little less horribill and
» execrabill than the said murthour ; » quhairof I am
deliberat to gif zou sic instructiounis schortlie that
may mak the samin mair manifest, as occasioun
servis.

And seing thay have set forwart the raige of thair
accusatiounis aganis us, and the samin producit, red
and publisht befoir hir and the nobilitie of hir realme,
ze sall require our said guid sister that copies be
gevin zou thairof, to the effect that thay may be answerit particularlie ; that scho and all the warld may
knaw thay ar na less unshamefast, and false liaris,
and that be thair sa manifest unlauchful actiounis,
scho and all uther christian princes may esteme thame
tratouris.

Als we understand that William Douglas was tint,
incontinent efter he had gottin his passport of the
Quene our guid sister, quhilk could not have bene
bot be the moyane of these rebellis, quha beiris deidlie
haitrent to all these that has done and dois thair

dewtie towardis us ; quhilk we pray zou schaw to the
Quene, our guid sister, beseikand hir, in our name,
that scho suffer him not to be treatit in that manner
in hir realme, so neir hir court, being under hir protectioun, quha set us to libertie, and saiffit, our lyfe,
doing the act of ane venterous and faithful subject to
his Soverane and natural princes, and thairfoir is
tane away be thame, quha, as it will be spoken, ar
mair favourit than justice requiris.

James Dryisdaill, ane of the laird of Lochlevin's
servandis, being evill content of the guid service
quhilk the said William did unto us, said, in presence of sum of our servandis, that gif ever he met
with him, he sould put his handis in his hart-bluid,
quhatever might follow thairupon, and as to us, he
sould give us to the hart with ane quhinger : quhair-
foir ze sall solist our guid sister, that the said Dryisdaill be maid fast, in consideratioun of the premisses.
He knawis what is becum of the said William.   Swa
committis zou to the protectioun of almychtie God.

Off Bowton, the secund day of Januar, 1568.

Zour guid maistres,

Marie R.

Au dos : To our richt traist cousingis,
counsallouris and commissionaris, the
bishop of Ross, lord Herys, and abbot
of Kilwynning.

MARIE STUART

AU COMTE DE HUNTLY.

(*Original. — Musée britannique à Londres, collection Cottonienne, Caligula, C. I, fol. 280.*)

Rapport fait par lord Boyd à Marie Stuart des calomnies répandues contre elle par les rebelles. — Assurance qu'elle donne de prouver bientôt au monde entier la fausseté de leurs accusations. — Lettre envoyée au comte de Huntly pour qu'il y appose sa signature ainsi que le comte d'Argyll. — Avis qu'elle a été écrite sur la déclaration de lord Boyd. — Confiance de Marie Stuart que le comte de Huntly ne refusera pas de lui donner ce nouveau témoignage de son dévouement. — Nécessité où se trouvent tous les sujets fidèles de se réunir pour déjouer les projets des rebelles. — Annonce du prochain envoi de la réponse faite par Élisabeth à la demande des commissaires de Marie Stuart. — Désir de Marie Stuart que le prévôt d'Elgin soit conservé dans sa charge.

De Bolton, le 5 janvier 1568-69.

Right traist cousigne and counsallour, we greit zou weill. . We have ressavit zour letter be the beirar heirof, daitit the v. of this last moneth, and has considerit the same. Notwithstanding that we have written to zou laitlie anent the estait of our effairis, sa amplie as we war informit thairof, zit this present is to schaw zou, that my lord Boyd, our traist cousigne and counsallour, wha arrivit heir from the court the xxvii of the said moneth, has declarit to us, how our rebellis has done the worst thay could to have dishonourit us, quhilk, thankis to God, lyis not in thair powar, bot be thair expectatioun has found thameselfis disappointit of that thay luikit for.

Thay procure now to seik appoyntment; bot albeit we be not of sic nature as thais that forgevis never, not-the-les we sall cause thame acknawledge thair fulishnes, and the said Quene, our guid sister, and hir Counsal, knaw thair fals inventiounis and offences practisit aganis us, to cullour thair traisoun and wickit usurpatioun; swa that it sall be manifest to all the warld quhat men thay ar, to our honour, and contentment of our faythful subjectis. For, praysit be God, our freindis incressis, and thairis decressis daylie.

Ze sall ressave ane letter be this beirar, to be subscryvit be zou, and our cousigne the erle of Argyle, quhilk is maid be my lord Boyd's adwyse, conform to the declaratioun ze maid to our traist counsallour the bishop of Ross, he knawing zour deliberatioun and will thairintill. And albeit we knaw thair is na neid to use ony perswasioun towart zou, quhairthrow ze may be drawin to that quhairintill ze can have nathing bot reputatioun and honour; and seing it is for our just defence, calumniate be the unfaithfulness and tressoun of our rebellis, zit we thought guid to wryte unto zou this present, praying zou to schaw, that the virtue quhilk is in zou, and equitie of our cause, may not endure our adversaris, and zours, to use sic bragging, quhilk, be the faythful report of our commissionaris, and utheris, that ar in the court of Ingland, ze may understand thay mak aganis us and zou twa, amangis the rest of our faythful subjectis. As to our part, we ar resolute not to spair thame in setting the veritie to thair leyis, and hopis, with the grace of God, and equitie of our cause, that all quhilk thay have alledgit aganis us sall find the samin to thair awin shame and confusioun. We refer to zour discretiounis to eik and pair the said letter as ze sall think best, and extend it in sic form as ze sall think maist necessare, praying zou to send us the samin agane subscrivit and seillit the soonest ze may, to the effect it may be producit, togidder with the rest of the accusatiounis quhilk we intend to give in aganis our tratouris.

Ze sall alswa ressave ane copie of the Quene our sister's answer to our commissionaris supplicatioun, quhilk ze may consider. Mairattour, we have understand that ze ar in propos to change the provost of Elgin, quhilk we wish and pray zou not to do, bot to retene him quha is in the samin office alreddy, sa lang as he remainis constant and faythful to us, swa that thair be na uther put in place, as ze will do us plesour, and report our thankis thairanent. Referring the rest to the beirar, quhom ze will credit, committis zou to the protectioun of almychtie God.

Off Bowton, the 5th of januar, 1568.

Zour rycht guid cousign and assurit frind,

MARIE R.

INSTRUCTIONS

DONNÉES PAR MARIE STUART AU DUC DE CHATELLERAULT [1],
ET AUX COMTES DE HUNTLY ET D'ARGYLL.

*(Copies du temps. — Musée britannique à Londres , collection Cottonienne,
Caligula , C. II , fol. 95, et C. III , fol. 235.)*

Défense faite par Marie Stuart à ses commissaires et à son lieutenant en Écosse
de disposer, sans son autorisation spéciale, des bénéfices excédant mille marcs
de revenu annuel; de statuer sur les tutelles ou mariages d'aucun de ses sujets dont la fortune excéderait cinq cents marcs de revenu; d'ordonner aucune
exécution de comtes, lords, barons ou autres personnages de la haute noblesse.
— Autorisation qui leur est accordée de faire, en cas d'unanimité, des remises de peine, excepté pour les crimes contre la personne de la reine. — Défense de délivrer ou échanger aucun prisonnier sans une autorisation spéciale.
— Défense de procéder individuellement dans certaines affaires qui sont énu-
mérées. — Ordres qui doivent être donnés pour le transport des marchandises
hors du royaume et le passage des personnes. — Composition du haut Conseil,
dont les lieutenants doivent prendre l'avis. — Indemnité qui devra être accordée au fils de lord Boyd, appelé à remplacer son père dans le Conseil. — Disposition analogue en faveur de lord et de lady Livingston, attachés au service
de Marie Stuart en Angleterre.—Mesures qui doivent être prises pour faire assurer à l'évêque de Ross, également retenu en Angleterre à cause de son service,
le payement des revenus qu'il a en Écosse. — Autorisation donnée par Marie
Stuart à son lieutenant et à ses commissaires d'accorder des remises de peine,
sauf à douze personnes dénommées dans un bill particulier. — Déclaration faite
par le duc de Châtellerault et les commissaires de se conformer au mandat
qu'ils ont reçu de Marie Stuart. — Protestation contre toute mesure qui pourrait être arrêtée par l'un d'eux contrairement aux dispositions que renferme
leur commission.

[1] Le duc de Châtellerault se préparait alors à quitter Londres pour retourner en Écosse.

(De Bolton, le 6 janvier (1568-69.)

THE RESTRICTIOUNS AND INSTRUCTIOUNS BE THE QUHILKIS
THE QUENIS MA: OF SCOTLANNDIS WILL AND MYND IS
THAT HIR HIENES GENERALL COMMISSIOUN OF LIEUTE-
NANTCY GEVIN AT BOTOUNE IN INGLAND, YE SIXT DAY
OF JANUAR THE ZEIR OF GOD ANE THOWSAND FYVE
HUNDRETH THRESCOIR AND ACHTE ZERIS, AND OF HIR
MA: REIGNE YE TWENTY SEVINT ZEIR, TO HIR G.
DARREST COUSINGNIS JAMES DUIC OF CHATTELLERAULT
AND GEORGE ERLE OF HUNTLY, ETC., AND ARCHIBALD
ERLLE OF ARGYLLE, BE LIMITTATE AND RESTRICTIT
AS EFTIR FOLLOWIS, NOTWITHSTANDING YE GENERALITE
AND AMPLITUDE THAIROF.

In the first, it is the Quenis Ma: will and mynd
and command that Hir H. saidis lieutenentis dispone
ner give na benefice wythin ye realme of Scotland
exceding the valour of ane thowsand merkis Scottis,
be zeire, wythowte Hir Ma: speciall avise and command.

Secundly, that thay dispone na warde nor mariage of ony of Hir Ma: subjectis yat sall happin to
vaic, excedit fyve hundreth merkis Scottis be zeire,
wythout Hir G. speciall avise and command.

Thirdly, that be way of justice they use na exequu-
tioune on the lyvis of oyer erle, lord, barroune or
ony oyer of grett bluid within ye realme of Scotland
wythoute Hir Ma: speciall consent and command.

Ferdly, that thay give and graunt remissiounis be all ther avisis conjunctly for all caussis, except for putting of handis in Hir Ma: awin personne [and that be tuelf personis only quhen Hir H. hes gevin yaim in bill].

Fyftly, that thay latt pas nor change na prisonaris (gif ony sall happin be tane) yat be grett men, or yat hes grevously offendit Hir Ma: without hir awin speciall consent and command.

Sextly, that thay dispone on na benefitis, wardis, mariagis, releiffis, nonentressis, escheittis, officis, [beneficis,] coinze na mony, nor use na kyndis of dispositioune, severaly, bot conjunctly be all thair thre avisis.

Sevintly, that thay and ilk ane of thame cause oppin proclamationes to be maid throuowte the haill realme of Scotlande declaring yat na merchandis traffic nor travell in France or Flanderis withowte ane speciall pasport and attestatioune of ane of ye saidis lieutenentis schawing sic merchandis to be Hir Ma: trew subjectis. For gif ony traffickis otherwyis, [wythoute ye said attestatioun] thair bodyis, guiddis and merchandeis wilbe stayit and arrestit. Willing ferder Hir Ma: yat nane obtein na gett pasport yat is not knawin to be Hir G. faythfull subjectis, and yat Hir Ma: saidis lieutenentis conjunctly and severally give and grant the saidis pasportis and attestatiounis gratis and frely, registering ye namis of all thame that gettis pasportis to be sein eftirwart and considerit be Hir Ma:

Achtly, it is Hir Ma: will and command that Hir Hie-

nes saidis lieutenentis use thair commissioune off lieutenentcy forsaid be ye avise and counsell of the reverend fatheris in God Johne archiebisschop of Sanct-
Androis, Johne bisshop of Ross,.... erle of Crafurde,
Gilbert erle of Casilis, Hew erle of Eglintoune ,
Johne commendatore of Arbrothe, Gawane commendatore of Killwyninge , Johne lord Fleming , George
lord Setoune, Robert lord Boyd, Lawrence lord Oly-
phant, Johne lord Hereis,..... lord Ogilwy, Johne
Gordoune of Lochinvar kny¹, James Coburne of Stirling kny¹, and in absence of Robert lord Boyde, Thomas maistre of Boyde his sone to supply his place.
The quhilkis personis Hir Ma: hes appointit for Hir H.
Counsell , willing and ordonning yat Hir G. saidis
lieutenentis proceid on na grett and wechty affairis
wythowte thair avise, or att ye leist of ye gretest part
of yame, except necessite require.   Quhairin ye avise
of samony of ye saidis counsalouris as commodiously
may be had for ye tyme salbe sufficient.   And becaus
the forsaid maister of Boyde suppleing at Her Ma: will
and command ye place of his father in Hir H. Counsell, as said is, hes not to susteyn his chargis to await
yerupone, be ressone yat my lord his said father remanis at grett expensis awating on Hir Ma: service in
Ingland ; thairfor Hir Ma: will and commandis yat
sum moyen may be providit be Hir H. saidis lieutenentis quhairbe he may serve quhill sum casualite
vaic yat may be gevin to him of ye first, to serve
upone.

Nyntly, becaus Willeame lord Levinstoun and my

lady his wiffe remanis also in Ingland for Hir Ma: service, Hir Henes will and ordanis yat quhowsone ony casualite sall happin ewis and commodiouse to him, he be respectit.

Tently, becaus Hir Ma: hes willit hir weilbelovit conselour ye bisschop of Ross to remane with Hir H. in Ingland, Hir G. commandis hir saidis lieutenentis conjuntly and severaly to imploy yer authorite and commissione in causing his servandis be reddely answerit and obeyit of ye haill fructis of his leving, within ye realme of Scotland.

Finaly Hir Ma: ordanis ye forsaidis remissiouns to be given to all personis, excepting tuelf quhom Hir H. hes gevin, in bill, to Hir G. saidis lieutenentis.

Subscrivit ye forsaidis, with Hir Ma: awn hand, day, yere, and place above wrytin.

Déclaration du Duc de Chatellerault, du Comte de Huntly et du Comte d'Argyll.

We Jamis duic of Chattellerault etc., George erle of Huntly etc., and Archibald erle of Argyle, etc., bindis and oblesis ws, and faythfully promesis to the Quenis Ma: our soverane, that notwythstanding the amplitude and generalite of Hir Henes commissioune of lieutenentcy grantit to ws, of ye dait above wrytin; zitt we sall in na maner of wyse use the said commissioun bot conform to Hir Henes restrictiouns and instructiouns above wrytin; consenting and willing that gif we or ony ane of ws use our said commissioune ony oyerwise yan conforme to ye said articlis, yan in yat cace, quhatsoevir we do ye samin salbe of na force nor effect, nor tak na strenthe or robour of law, bott remane null in the selff. In witnes and for confirmatioune of ye quhilk thing, we have subscrivit this our obligatioune and promeis wyth our awin handis.

1569. — Le 7 janvier, l'évêque de Ross, lord Herries et l'abbé de Killwinning, admis en la présence de la reine Élisabeth et de son Conseil, accusent de nouveau Murray et ses adhérents du meurtre de Darnley, et insistent, au nom de Marie Stuart, pour avoir communication et copie des lettres et autres pièces que ses ennemis lui attribuaient.

Le lendemain, Élisabeth leur fit répondre qu'elle réfléchirait sur cette demande, et promit de faire connaître dans un bref délai ce qu'elle aurait décidé. En attendant, Cecil et ses collègues tâchaient de négocier un arrangement entre Murray et les représentants de la reine d'Écosse; ils avaient proposé pour base l'abdication de cette princesse en faveur de son fils. Marie Stuart, instruite de cette ouverture par ses commissaires, y répondit par une protestation.

DÉCLARATION DE MARIE STUART

PRÉSENTÉE PAR SES COMMISSAIRES AUX CONFÉRENCES.

(Original. — State paper office de Londres, Mary Queen of Scots, vol. 3.)

Déclaration de Marie Stuart qu'elle ne consentira jamais à se démettre de la couronne. — Motifs qui ne lui permettent pas de s'arrêter à une pareille détermination. — Acquiescement qu'elle donnerait par là aux accusations portées contre elle. — Danger auquel elle serait exposée de tomber sous la juridiction de la reine d'Angleterre, si elle renonçait à la couronne. — Danger plus grand encore qu'elle aurait à courir si elle se trouvait en Angleterre comme personne privée à la mort d'Élisabeth. — Crainte qu'elle aurait pour sa vie, si son fils venait à mourir après qu'elle se serait démise de la couronne en sa faveur. — Abandon où elle se trouverait de la part de tous ses alliés après un tel acte. — Reproches que ses sujets fidèles seraient en droit de lui adresser. — Dissensions qui seraient suscitées en Écosse par la jalousie des Anglais.

Le 9 janvier 1568-69.

Quant à la démission de ma couronne, comme m'avés escripte, je vous prie de me plus empescher, car je suis résolu et déliberé plustost mourir que de [la] fair; et la dernière parole que je feray en ma vie sera d'une Royne d'Escosse, pour les raisons que s'ensuyt et autres choses plus grandz me movans.

En premier lieu, estant les commissionères d'une part et d'autre assemblez en ce pay sur les différences d'entre moy et aucuns de mes subjectz, chascun tient l'œill à ceste heure ouvert sur l'issu de ceste convention pour assoyr jugement selon icelle, ou du droict ou du tort des parties; et s'il advient que après estre venue en ce foyaume demander secours et avoir faict plainte d'estre injustement expulsée de mon royaume, je vienne céder à mes adversaires tout ce qu'ilz me sçauroyent demander, que dira la commune, sinon que j'ay esté mon juge, et que moy mesme me suis condamnée; dequoy s'ensuyvray que tous les bruictz que l'on a faict courir de moy seront tenuz pour véritables et certains, et que je seray en horreur spétielment aux peuples de tout cest isle.

Et combien qu'il sera remonstré à la noblesse, laquelle assiste d'aucuns de mes subjectz plus qu'ilz ne font à moy, que j'ay voulu fair telle démission en faveur de mon filz qui n'est en âge de pouvoir gouverner, tant s'en fault que cela leur face penser que je suis innocente de ce que me est imposée, qu'ilz l'interpréteront tout au contraire et diront que c'est par craincte d'estre accusée publiquement, et que me sentant coulpable et avoir mauvaise cause j'ayme mieux payer que playder, et par ce moyen ne souffrire condemnation.

Item si je m'estoy desmise, et que, à la persuasion de mes adversaires ou autrement, la Royne d'Angleterre voulust me soubzmestre à quelques loix ou jurisdiction de tell juge que bonne luy sembleroit, elle auroit couleur de le fair, d'autant que je ne seroy plus que personne privée, et par ainsi je me seroy de moy mesme jectée en ung grand et émynent péril pour en éviter ung moindre; davantage s'il advenoit (que Dieu ne veule) que, durant mon sejour en ce royaume, la Royne d'Angleterre, ma bonne sœur, venist à décéder sans enfans, [ceux] qui contendroient à ceste couronne pourroyent avoir moyen, veu le peu de respect qui me

seroit portée, se saisir de ma personne, et, soubz le
prétexte susdict, exécuter ce que peult estre ma dicte
bonne seur ne vouldroict avoir pensé.

Item s'il advenoit que mon filz venist à mourir devant que d'estre en âge pour gouverner et avoir succession, ma couronne tomberoit en une autre main
et ne fauldroit que moy, ny autre venant de moy s'at-
tendist y rentrer; et, oultre ce que je me trouveroy
ainsi misérablement destituée, je seroy en perpétuell
craint de ma vie, car celluy qui se seroit establly ne
cesseroit jamais qu'il ne se fust asseuré par ma mort,
et qu'il n'en eust faict autant de ceux que après moy
il sentiroit y avoir plus de droict que luy; estant advenu tant de choses semblables que les exemples me
servent d'argumens suffisans pour n'en attendre pas
moins. Par le moyen de telle démission je perdroy
tout support et faveur dedans et dehors, car je n'e fay
doubte que l'antienne alliance de France ne se confir-
mast avecq celluy qui régneroit, et moy, estant personne privée et peult estre soubz la puissance de
ceux que l'on ne vouldroict aisément courousser, il y
auroit dañger que je receusse de l'outrage beaucoup
devant que l'on feist semblant de s'en esmovoir. Et
quant à mes subjects qui me portent affection, voyans
que je les auroy abandonnez, ilz trouveroient refuge
ailleurs, et ne fauldroit jamais que je pensasse les re-
gaigner. Si on allègue qu'il y a de leur interest particulier, je le veux bien, et d'autant plus je suis asseurée
qu'ilz ne se séparreront poinct d'avec moy; et si je les
laisse, quelque autre les prendra, j'entend leur don-

nera secours et support, et ne fault attendre qu'il y eust en mon royaume tranquilité, ains deux factions qui par aventure y seroyent nourryes par aucuns de ce pays pour quelque particulières desseigns; et combien que les choses se feissent d'une part et d'autre au nom de mon filz, si est-ce que ce seroit tousjours à contraires fins, et qu'il n'auroit jamais l'entière obéissance, dequoy s'ensuiveroit la division et peult estre l'entière ruyne de mon royaume.

· Ces périlz sont évidens; parquoy je suis délibéré que je ne précipite légièrement ce que Dieu m'a donné, et que je me résolve de mourir Royne, que femme privée.

Au dos, de la main de Cecil : « 1568, —
» 9 janua. die Domini.—French wrytyng
» delyvered by yᵉ Scott. Q. Ambassad. »

1569. — Élisabeth, voyant la fermeté et la dignité avec laquelle son infortunée cousine repoussait toutes les charges élevées contre elle, et craignant probablement que les pièces produites par Murray ne pussent supporter un examen sérieux, ordonna, le 11 janvier, à Cecil, de déclarer en son nom aux commissaires des deux partis, que comme, de part et d'autre, il n'y avait rien eu de prouvé, on mettrait fin aux conférences.

Le 12 janvier, la reine d'Angleterre accorde une audience à Murray, qui demande et obtient la permission de retourner à Édimbourg.

Le 13 janvier, l'évêque de Ross proteste contre la validité des actes que l'on pourrait faire signer à Marie Stuart tant qu'elle ne jouirait pas de sa liberté, et réitère l'assurance que sa souveraine ne consentira jamais à résigner sa couronne, comme Élisabeth le lui avait fait proposer à plusieurs reprises.

A cette époque, Murray, sachant que les partisans de Marie-Stuart se rassemblaient sur les frontières de l'Angleterre, et se disposaient à lui intercepter le passage, se rapprocha du duc de Norfolk, en feignant de désirer beaucoup lui-même le mariage du duc avec la reine d'Écosse, et, par ce moyen, il obtint de Marie Stuart un ordre pour ne pas être inquiété à son retour.

MARIE STUART

AU COMTE DE CASSILIS.

(*Original.* — *State paper office de Londres, Mary Queen of Scots, vol.* 3.)

Remercîments de Marie Stuart pour l'appui que le comte de Cassilis prête au comte d'Argyll. — Espoir de Marie Stuart qu'elle pourra prochainement le récompenser de ses sacrifices. — Précautions que doit prendre le comte de Cassilis dans sa correspondance avec Marie Stuart. — Assurance que les rebelles ne recevront pas d'Angleterre les secours qu'ils se promettent, et, qu'au contraire, de puissants secours arriveront aux Écossais restés fidèles dès les premiers jours du printemps. — Prière afin que le comte de Cassilis ménage sa vie. — Désir de Marie Stuart qu'il soit fait seulement quelque démonstration contre les rebelles.

De Bolton, le 17 janvier 1568-69.

Richt traist cousigne and counsalour we greit zow weill. We haif ressavit zour letter frome Glasgw the 9 of januar instant, quhairby we understand zour concurrence with the erle of Ergyle our lieutenent, thanking zow hertly thairof, prayis zow to contenew in assisting him in all thingis that maye redound to the proffitt and weill of our affaires; quhilk, *God* willing, albeit our absens be presentlie tedious and irksum unto zow, ze sall haif our presens schortlie in sic maner that we salbe habill to recompence zour greit expenssis and travell ze bestow in our service, to zour honour and contentment. Praying zow lyk-wayes that quhatsumevir thing ze se of ouris in chiffre that ze wryt nocht same to ws agane sa plainlie, for danger that may fall ws thairon, as ze ar wyse aneuch to considder ye same, being in the estait we ar in. Our rebellis, for quhat offeris thai can mak, will nocht get the support fra this cuntrey that thai pre-tend; and of our part we will assure zow that or the moneth of marche, we hoip to gett sic sufficient so-cours of freindis to impesche the malheureux inten-tioun of our rebellis and caus thame knaw thair dewitie, to our honour. Swa committis zow to the protectioun of God almychtie.

Off Bowtoun, the 17 of januer 1568.

Zour gudd cusignes,

MARIE R.

Post Scriptum : We praye zow that ze hazard nocht zour awin persoun ourfar; but seing that ze ar assem-blit, that ze do sum act aganis the rebellis.

Au dos : To our richt traist cousigne and counsalour THE ERLE OF CASSILLIS etc.

1569. — Le 20 janvier, Élisabeth, soupçonnant en partie les projets du duc de Norfolk, et se défiant de lord Scrope, beau-frère du duc, ordonne de transférer la reine d'Écosse de Bolton à Tutbury, dans le comté de Stafford, et la confie au comte de Shrewsbury.

Ce fut aussi vers ce temps que Philippe II écrivit à Marie Stuart pour lui proposer d'épouser don Juan d'Autriche. Elle répondit que, dans sa position, tant qu'elle se trouverait entre les mains d'Élisabeth, elle ne pouvait pas prendre d'engagement, et qu'avant tout elle avait besoin de secours pour être rétablie sur le trône d'Écosse.

Bientôt après, Marie Stuart, instruite qu'un parti puissant se formait dans le nord de l'Angleterre pour la délivrer et pour rétablir la religion catholique, envoya John Hamilton vers le duc d'Albe afin de lui demander des hommes et de l'argent, offrant de passer en Flandre dès qu'elle pourrait effectuer son évasion. Le duc d'Albe répondit qu'il serait prêt à débarquer vingt mille hommes en Angleterre, et à les mettre aux ordres de Marie Stuart, s'il pouvait compter sur le concours de quelques-uns des seigneurs du pays, et à condition que la reine d'Écosse s'engagerait à ne point contracter de mariage sans le consentement de Philippe II, et de plus à remettre le prince d'Écosse entre ses mains [1].

En attendant Marie Stuart continuait à réclamer de la reine Élisabeth l'appui qu'elle lui avait fait espérer, et à se plaindre vivement des mauvais traitements dont elle était victime.

[1] Voyez Correspondance de Fénélon, tome II, p. 214 et suivantes.

MARIE STUART

A LA REINE ÉLISABETH.

*(Autographe. — Musée britannique à Londres, collection Cottonienne,
Caligula, C. I, fol. 284.)*

Protestations de Marie Stuart au sujet des faux rapports que l'on fait sans cesse contre elle à Élisabeth — Confiance qu'elle a placée dans la reine d'Angleterre en venant se mettre entre ses mains. — Rigueurs qu'on lui fait subir — Justes plaintes que Marie Stuart est en droit de faire entendre contre la conduite qu'Élisabeth tient à son égard. — Protection dont elle a favorisé les rebelles dans les conférences. — Refus qu'elle a fait à Marie Stuart de lui accorder les moyens de se défendre. — Autorisation qu'elle a donnée aux rebelles de se retirer comme justifiés. — Violence exercée contre Marie Stuart, que l'on veut transférer de force dans une autre résidence. — Protestation contre toutes les précautions dont elle est l'objet. — Sa déclaration qu'elle ne consentira à se rendre volontairement aux désirs d'Élisabeth, qui veut lui faire quitter Bolton, que sur l'assurance d'avoir sa protection. — Sa conviction que, placée sous la toute-puissance d'Élisabeth, elle ne peut avoir de recours qu'en elle et en Dieu. — Résignation à laquelle elle se résout.

De Bolton, le 22 janvier 1568-69.

Madame ma bonne sœur, je ne sçay quèle occasion je puis avvoir donné à auquns de cète compagnie, ou au moyngs de votre royaulme, pour vous avvoir voullu persuader (comme par votre lettre il samble) chose si esloignée de ma pancée : de quoy mes desportemants ont jusques à présant fayt assés de foy. Madame, je suis venue vers vous en mon trouble pour secours et suport, selon l'asurance que j'avois de me pouvoir promètre de vous tout ayde en ma nescésitay ; et pour ce ays-je layssay de rescherscher touts autres aydes d'amis, parents et ansiens alliés, pour seulle-

ment m'atandre à votre promise faveur. Je n'ay atemp-
tay, ni en fayt ni en parolle, chose au contrayre, et ne
me sçauroit-on acuser vers vous. Toutefoys, à mon
indisible regret, je vois mes actions autremant et faulsemant commantées : ce que j'espère, Dieu, et le temps
père de vérité, vous déclarera autremant, vous faysant
conoître ma sincer intention vers vous ; mays cepandant je suis traytée si rigoureusemant que je ne puis
comprendre dont prosède votre si extrême indignation
que cela desmontre qu'avés conseue contre moy pour
rescompance de la fiance que j'ai eue sur tous aultres
princes en vous [montrant] le désir d'aquérir votre
bonne grâce. Je ne puis sinon lamanter en ce ma
m[auvaise] fortune, voïant qu'il vous a pleu non seullemant me refeuser votre présance, m'en faysant déclarer indigne par votre noblesse, ayns me soufrir
d[eschirer] par mes rebelles, sans les faire respondre
à ce que je leur avoys mis sus, ne me permétant avoir
les copies de leur faulses accusations ni lieu pou[r les]
acuser ; ayns leur avvés donné permission se retirer
avèques un decret, com[me] les absolvants et fortifiant
en leur usurpée prétandue resgence, ava[nt] m'ayant
donné le blasme et couvertemant condamnée sans
m'ouir, retenant mes ministres d'une part, me faysant
transporter par force sans m[e faire] antandre la résolution en mes affayres, ni à quelle fin je dois entrer
en u[n autre] pays, ni quant j'en sortiray, ni comme
je i seray et à quèle fin retenue.... m'estant tout suport et requestes refeusées. Toutes ces choses et autres
petites rudesses : comme de ne me permetre rescevoir

nouvelles de mes parens en France ni de mes serviteurs pour mes particulières nescésités, m'estant le
mesme de nouveau interdit d'Escosse, et voire refeusé
de donner comission à un des miens, ni de vous envoïer mes lettres par les leur, me rendent si troublée
et, à dire vray, si creintive et irrésolue que je ne sçay
à quoy me ransger ni ne puis me résouldre d'obéir à
une charge si subite de partir sans entendre nouvelles
de mes commissionères : non que se lieu ou un aultre
me soyt en rien plus agréable que où il vous playra,
quant vous m'aurés fayt entendre votre bonne voulontay vers moy, et à quelles conditions. Et pour ce,
Madame, je vous suplie pancer que ce n'est pour vous
offenser, mays un naturel soign que je doys à moy et
aux miens de désirer de sçavoir la fin d'avvant que
de me disposer si lesgièrement : j'entends de mon bon
gré, car je suis entre vos meyns et pouvés maugré
moy commander au moyndre des vôtres fayre sacri-
fise de moy, que je ne feray aultre chose qu'appeler
à Dieu et à vous ; car d'autre appui je n'en ay auqun, et ne suis, Dieu merssi, si outrecuidée de croyre
que vos subjets s'empeschent des affayres d'une pauvre
délayssée princesse étrangère, qui, après Dieu, chersche votre ayde seul. Et si mes adversères vous donnent autre chose à entendre, ils sont faulx, et vous
abusée en cela ; car je vous honore comme ma sœur
aynée, et nonobstant toutes ces choses (qui me sont
grièves) si desubs ramantue, je seray toujours preste
de requérir, comme de mon aynée sœur, votre faveur,
laysant tout aultre. Et Dieu veuille que l'aceptiés et

me trétiés comme je désire mériter en votre endroyct.
Quant cela adviendra, je seray contente, si non, Dieu
me doynt passianse et à vous sa grâce! Et je me
recommanderay en cest endroyct humblement à la
vôtre, priant Dieu vous donner, Madame, en santay,
longue et heureuse vie.

De Boton, ce xxɪɪ de janvier 1569.

Votre bien affectionnée bonne sœur et cousine,

MARIE R.

Au dos : A LA ROYNE D'ANGLETERRE, Madame
ma bonne sœur et cousine.

MARIE STUART

A SIR FRANCIS KNOLLYS.

(Minute. — Musée britannique à Londres, collection Cottonienne; Caligula, B. IX, fol. 380 et 443.)

Protestation de Marie Stuart contre sa translation dans une nouvelle résidence.
— Déclaration qu'elle veut se soumettre aux volontés d'Élisabeth, mais qu'elle
doit attendre la réponse de ses commissaires, auxquels Élisabeth a dû nécessai-
rement parler de ses intentions — Son désir de lui adresser, s'il est besoin,
un messager particulier afin de connaître sa volonté à cet égard. — Assurance
de Marie Stuart qu'elle ne prétend pas se refuser à ce qu'on demande d'elle.
— Puissantes considérations qui ne permettent pas à Knollys d'exécuter immédiatement l'ordre qu'il a reçu.

De Bolton, le 25 janvier 1569.

Pour autant que la Royne, nostre bonne sœur et
cousine, nous a mandé, par sa lettre escrite à Hamton-

court le xxᵉ de ce moys, que sa volonté est que nous soyons transportée de ce lieu en ung autre plus commode, nous ne voulons en faire refus ou difficulté : ains désirons en cecy, come en autres choses, luy satisfaire. Mais nous ayant esté déclaré par vous, sondict vicechamberlain, que vous avez commandement nous faire présentement sortir, nous vous respondons que nostre dicte bone sœur ne nous a préfixé ou limité aucun jour et que n'estimons poinct que son intention soit que usiez de telle extrémité envers nous qu'y devyons estre ce jourduy contrainte. A quoy néantmoins nous condescendrions volontiers n'estoit que noz comissionaires estans auprès de nostredicte bone sœur, il nous semble q'elle n'a prise telle résolution sans leur en dire qelque chose, et qu'il est bien raisonnable que nous attendions jusques à ce que nous ayons de leurs novelles. Ou bien si voulez nous permettre envoyer devers nostredicte bone sœur, que nous puissions entendre son plaisir et volunté, car devant nostre partement de ce dict lieu nous aurions besoing aucun conseil de nosdicts comissionaires pour voir à qelques nécessités pour nous et nos serviteurs et mesmement pour les urgens affaires de nostre royaume. Par ainsi, nous vous pryons prendre ceste nostre responce en bonne part et ne l'interpréter à refuz que veullions faire d'abandonner ce lieu, qui ne nous est non plus que ung autre : mais, pour les considérations susdictes, nous ne povons de nostre gré partir si tost que vous désirez, joinct à ce que l'incommodité du temps et l'indisposition de nostre personne, à quoy avez commandement d'avoir esgard, nous en empeschent. Nous n'avons attendu (comme vous sçavez) vous dire ces choses à l'extrémité, ains vous en avons adverty dès le comencement que nous avez signifié vostre délibération, et icelles réitérées plusieurs foys tant par nostre parole mesmes que par ceux des nostres que furent aux conférences avec vous.

Bowton, le xxvme jour de janvier 1569.

Au dos : La responce faicte par la Royne à MAISTER KNOLIS sur le transportement de Sa Majesté de Bowton.

1569. — Le 26 janvier, Marie Stuart quitte Bolton pour se rendre à Tutbury.

Le 27 janvier, elle s'arrêta à Ripon, où Robert Melvil vint la trouver, de la part de Murray, pour l'assurer de son repentir et du vif désir qu'il éprouvait de coopérer au mariage qui se négociait entre elle et le duc de Norfolk.

MARIE STUART

A LA REINE ÉLISABETH.

(*Copie du temps. — Musée britannique à Londres, collection Harleienne, nᵒ 4643, fol. 30.*)

Nouvelle protestation de Marie Stuart contre la violence dont elle a été l'objet. — Douleur qu'elle éprouve d'avoir été forcée de s'éloigner encore plus de son pays, avant d'avoir pu mettre ordre à ses affaires. — Regret que lui cause la nouvelle du mécontentement manifesté par Élisabeth contre elle et ses commissaires. — Assurance donnée par Marie Stuart qu'elle n'a même pas vu les proclamations qui ont irrité Élisabeth. — Ordre qu'elle a seulement transmis de faire des proclamations contre les projets de Murray et de ses complices. — Avertissement qu'elle a fait donner au comte de Marr qu'elle comptait sur sa promesse qu'il ne livrerait jamais son fils sans son consentement. — Nécessité où elle s'est trouvée de rappeler cette promesse. — Blâme qu'elle seule devrait encourir si en cela une faute a été commise. — Espoir qu'il sera permis à ses commissaires de se retirer librement, et qu'autorisation sera donnée à quelques-uns d'entre eux de demeurer auprès de Marie Stuart, pour l'aider de leurs conseils. — Ignorance complète où se trouve Marie Stuart au sujet des lettres qui sont l'objet des reproches d'Élisabeth. — Déclaration qu'elle n'a élevé d'autre plainte que contre la violence dont elle est victime. — Charge qu'elle a donnée à l'évêque de Ross et aux autres commissaires de porter ses doléances auprès d'Élisabeth. — Détails qu'elle transmet sur ce point à Cecil.

De Ripon, le 27 janvier (1569).

Madame ma bonne sœur, estant contrainte partir du lieu où j'ay résiday jusque à présent, sans avoir peu obtenir délay pour mettre ordre aux affaires de mon pays, lequel j'esloygne par force et à mon grand regret, comme je vous désirois fayre entendre, avecques les respects qui me mouvoient de fayre, à mon

regret, refus de suivre si promptement, à laquelle
toutefoy je n'entendois contrevenir, sinon obtenir
d'avoir loisyr de mettre ordre à mes affayres, comme
j'écris à mes commissionaires vous faire plus au long
entendre de ma part, pour redoubler ce mien enuie
et beaucoup d'aultres, j'ay en ce lieu entendue le
malcontentement qu'il vous a pleu prendre contre
moy et mes dits commissionaires. Quant aux proclamations : je vous jure ma foy auquns d'eux n'en ont
rien entendu, ni moy mesme n'en vis jamais le con-
tenue. [Je] leur écrivis que j'avois entendue que Mora
et ses complices avoyent [fait] telles offres, et qu'il en
fisse proclamations pour en advertir le peuple qu'il ne
s'i consentissent, et écrivissent à M. de Mar, lui raman-
tevant la promesse qu'il m'avoit faict de ne bailler
jamais mon fils sans mon consentement. Cest avertissement me vient d'Escosse avecque un double de lettre
qu'ils disent vous aviez écrit à mes rebelles avant
leur venue en ce païs. Madame, je n'ay pensay oncques
vous offenser, mais me seroit mal que mon enfant fût
délivré, sans mon consentement, par ceulx à qui il
apartient si peu d'en disposer. Madame, considérez,
je suis mère, et d'un seul enfant, j'espère que vous
me pardonnerais veu que je n'ay pansay aucunement
blasmer personne que mes rebelles d'offrir telles
choses. Par ainsi qu'il vous plaira ne donner le tort
à mes comissionères de ce qu'ils sont innocents, leur
permettant se retirer comme les autres, avecques votre
bon plésir et permetre un ou deulx de demeurer près
de moy pour me suporter à mes affaires, car autre-

mant je ne puis entendre à aucune chose d'accord ni autrement.

Quant aux autres lettres, je n'en ay nulle connois- sance, et u écrivis jamais de si vaines phantésies quant je les eusse soupsonnées; parquoy si vous playst en- quérir, vous n'i trouverez rien ni de mon comman- dement, ni de ma meyn, ni lettres. Du reste de mes doléances et dur traitemant, en m'enmenant par force, M. de Ross et les autres vous en feront ample raport, et aussi j'écris à mester Cecille touchant ces lettres plus au long pour ne vous importuner de trop longue lettre; sinon, après vous avoir présenté mes humbles recommandations à votre bonne grâce, je priray Dieu vous donner, Madame ma bonne sœur, en santé, lon- gue et heureuse vie.

De Ripon, ce 27 janvier.

Votre affectionnée bonne sœur et cousine,

MARIE R.

1569. — Le 28 janvier, la reine d'Écosse continue son voyage et s'arrête à Pontefract.

MARIE STUART

A SIR WILLIAM CECIL.

(Original. — Musée britannique à Londres , collection Cottonienne , Caligula , C. I, fol. 290.)

Franchise avec laquelle Marie Stuart veut s'expliquer sur les proclamations et les lettres venues d'Écosse, qu'Élisabeth a considérées comme une offense. — Rapports faits à Marie Stuart des forfanteries de Murray, qui se vantait ouvertement d'avoir l'appui de l'Angleterre, et d'être assuré de conserver le gouvernement de l'Écosse, sous la condition de livrer à Élisabeth le jeune prince d'Écosse et les forteresses. — Mépris que Marie Stuart a témoigné pour de tels propos. — Mauvais effet produit par son silence auprès de ses sujets fidèles qui commençaient à la croire coupable de négligence et d'abandon de leurs intérêts. — Nécessité où elle s'est trouvée de faire une démonstration. — Protestation qu'elle n'a jamais eu, en cela, la moindre pensée d'attaquer l'honneur, soit de la reine d'Angleterre, soit de quelqu'un de ses ministres. — Assurance que les lettres dont les copies ont été envoyées d'Écosse n'ont pas été écrites par elle. — Regret qu'elle éprouve de ce que les proclamations auraient renfermé, sans son aveu, quelque chose d'offensant pour Élisabeth. — Sa confiance que Cecil n'en continuera pas moins de lui témoigner la même bienveillance. — Déclaration solennelle de Marie Stuart qu'aucun de ses commissaires ni aucun des seigneurs écossais qui sont en Angleterre ne lui a donné l'avis qui a motivé les proclamations.

De Pontefract , le 28 janvier 1569.

Monsieur de Cecil , ayant entendu que mes adversaires vous ont porté quelques coppies de mes lettres et des proclamations publyées dernièrement par mes subjects, lesquelles la Royne, madame ma bonne sœur, et aucuns de vous en particulier avez trouvé mauvais, j'ay bien voulu vous faire la présente pour vous déclarer ce qui est du mien, estimant que ma dite bonne

sœur, ny pas ung de vous, ne vous en sentirez
offensez.

La vérité est que les explorations et négociations
du comte de Murray [et de ceux] qui durant ceste conférence estoient avec luy, pour s'esjouyr, avec leurs
compagnons qui estoient en leurs maisons, du succès
des affaires de leur capitaine et de ses associés, et pour
augmenter mes rebelles et leur rébellion et desloyauté,
et par mesme moyen faire perdre courage à mes bons
et obéissants subjects et les séparer de la dévotion
qu'ils me portent, semant divers bruits en mon
royaume, entre autres que plainement j'avoy perdu
ma cause et qu'ils ne se fussent hazardés de m'accuser sans capitula[tion] et estre assurez que par après
je n'auroy moyens d'en prendre réussite, et que tant
s'en faudroit que j'eusse secours de ma dite bonne
sœur, que le comte de Murray seroit favorisé et estably
mieux que jamais en mon patrimoine, délivrant mon
fils et les forteresses : cecy me fut rapporté par plusieurs de mes bons subjects, à quoy du commencement je ne m'arrestay non plus que à beaucoup de
mensonges que malicieusement ils mettent en avant
à tout propos et en font leur proffit; mais voyant fina-
lement que, par les advis que j'eu d'aucuns de mon
Conseil en Escosse et de la noblesse qui tient mon
party, ils interprètent le peu de compte que j'en fai-
soyt à une nonchalance qui leur sembloit que j'eusse
d'eux et de mes propres affaires, je fus contraint
mettre en considération ces choses, les conférant
avec l'estrange et barbare cruauté de mes rebelles,

qui, en récompense de tant de bienfaicts qu'ils avoient reçuz de moy, pourchassent ouvertement me ravir la couronne, la vie et l'honneur; leur accès auprès de la Royne, ma bonne sœur, où ils m'accusent faulcement, et le refus qui, avec mon grand crèvecueur, m'estoit faict de sa présence, laquelle je désiroy plus que chose du monde, pour y déclarer mon innocence; en ceste perplexité et tourment où je n'avoy reconfort sinon en Dieu et en la constance et fidélité de mes bons subjects, je ne sceu moins faire qu'une démonstration d'allouer une partye de ces advertissemens pour satisfaire à ceux de qui je les avois reçuz, et par leur advis et conseil confirmer le reste de mes obéissants subjects en la volunté et dévotion qu'ils avoient encore de me demeurer entier. Mais je vous puis bien asseurer que quelque chose qui vous ayt esté monstré, mon intention n'a jamais esté de toucher en sorte quelconque l'honneur de madame ma bonne sœur, laquelle, après Dieu, j'estime la deffense et protection de ma vie, de mon estat et de mon honneur, ni d'aucun de ses bons serviteurs et ministres, de la bonne volonté desquels envers moy je ne fay doubte, pour le respect de ma dite bonne sœur et que je luy suis si proche de sang : leur loyauté et le devoir d'un grave et honorable Conseil [respondant] à icelle.

Je croy que ceux qui vous ont baillés les dites coppies en pourront faire autant des originaux, par le moyen desquelles vous en serez plus certain. Quant à une qui m'a esté monstrée, je ne vous diray poinct qu'il y a esté adjousté, mais que du tout je n'ay point

escript telle lettre : les myennes estoient simplement
addressantes à quelques ungs de la noblesse de mon
royaume, tendant seulement à entretenir mes bons
subjects en obéissance. Comme les proclamations ont
esté amplifiées? je ne sçay, et vous asseure que je
n'en viz jamais la forme. Et que s'il y a chose qui
offence autre que mes rebelles, j'en suis très marrye
et me déplayst grandement. Et pour ce, je vous prye
que cecy ne soit cause de diminuer la bonne volonté
que j'ay tousjours estimés que vous me portez, et
croire que ce a esté sans advis et conseils d'aucun des
myens qui sont en ce pays, ains en la sorte que je
viens de dire.

J'ay entendu que les commissionaires qui sont devers la Royne, madame ma bonne sœur, ont estés
chargés de m'avoir donné telles informations, et je
vous asseure sur ma foy et sur mon honneur que
c'est à tort, et que aucun d'eux ny pas ung de leur
compagnie ne m'a escript ny faict dire chose quel
conque. Qui est l'endroict où je prye Dieu vous avoir,
monsieur de Cecil, en sa sainte et digne garde.

Escript à Panfray, le xxviij^e de janvier 1569.

Vostre bien bonne amye,

MARIE R.

Au dos : A MONSIEUR DE CECIL, premier
segrétayre de la Royne, madame ma
bonne sœur.

1569. — Le 30 janvier, Marie Stuart arriva à Rotherham, où elle fut obligée de laisser une de ses dames, lady Livingston, qui était tombée malade en route.

MARIE STUART

A L'ARCHEVÊQUE DE SAINT-ANDRÉ.

(Copie du temps. — Musée britannique à Londres, collection de Lansdowne, n° 1236, fol. 31.)

Remercîments de Marie Stuart pour les témoignages de fidélité et de dévouement que lui a donnés l'archevêque de Saint-André. — Regret qu'elle éprouve de ne pas pouvoir expliquer clairement ses intentions à raison du danger auquel ses lettres sont exposées en route. — Surveillance que l'archevêque doit exercer lui-même sur Murray. — Espoir que Murray ne poussera pas les choses à la dernière extrémité. — Conduite que l'archevêque aura à tenir dans le cas où Murray dépasserait toutes les bornes. — Menaces qu'il doit faire, séduction qu'il doit tenter. — Prochain départ du laird de Gartly, qui sera chargé d'instructions nouvelles. — Ferme assurance que, quoi qu'il arrive, aucune menace ne sera mise à exécution. — Confiance que doivent conserver les sujets fidèles, alors même que Marie Stuart serait transférée à Tutbury, malgré ses protestations. — Importance des communications qui seront faites à cet égard par le laird de Gartly. — Départ du duc de Châtellerault qui se rend en Écosse.

De Rotherham, le 30 janvier 1568-69.

Reverent fader and richt traist cousigne and counsalour we greit zou weill. We haif ressavit zour letteris zisterewin dait the xx of this instant, quhairby we haif understand zour deligence and gud will to the setting fordwart of our affaires and authoritie, quhairof we ar maist rejoysit, and prayis zow that ze contenew in zoure gud proceidingis. For wechty considerations, as taking of our letteris commownly be the waye we can nocht wryt to zow our mynd presentlie, bot that ze hald zour selffis all togidder in reddynes and behald the erle of Murrayes doingis, quha as I hoip will nocht use extremitic sa haistely. And gif he dois, then spair na thing nether for feir nor fair offeris.. For gif he begyn, tak na injury. We sall send the lard of Gartly, our lovit servitour, to zow within twa dayis with uther particulareteis to quhome ze sall credeit. Always ze sall nocht neid to be effrayit at ony boist bot as is above writtin, thoill nor begyn na thing, albeit we be transported to Tuteberry and habill for a tyme maye not wryt to our faithfull subjectis as we wald do, ze sall tak na feir thairof; ze salbe resolvit of all doubtis be Gartly to zour contentment. Our cousigne the duc of Chastellerault hes alreddy gottin his leif fra the court and is on his woyage to come to zow schortlie. Swa committis zow to the protectioun of God almychtie.

Off Rotrem, the penult of januare 1568.

Zour richt gud cusignes,

Marie R.

Au dos : To ane reverend fader our traist
cousine and consalr. ye ARCHBISCHOP OF
ST-ANDROSS.

1569. — Le 1ᵉʳ février, la reine d'Écosse se trouva tellement indisposée, pendant son trajet de Rotherham à Chesterfield, où elle devait passer la nuit, qu'elle ne put atteindre cet endroit, et fut obligée de s'arrêter en route, dans une maison appartenant à M. Folvans.

Le 3 février, elle arrive enfin au château de Tutbury.

Le 7 février, l'évêque de Ross et lord Herries reviennent de Londres, et présentent à Marie Stuart le registre officiel [1] qui avait été tenu pendant les conférences d'York, de Westminster et de Hampton-Court, et qui renfermait la transcription des actes les plus importants produits au nom de la reine d'Écosse dans ces diverses conférences. Marie Stuart, après avoir fait examiner le registre, donne, le 9 février, un warrant d'approbation à ses commissaires.

WARRANT

DONNÉ PAR MARIE STUART A SES COMMISSAIRES.

(Copie officielle du temps. — Musée britannique à Londres, collection Cottonienne, Titus, C. XII, Queen Mary register, fol. 157.)

Remerciments adressés à l'évêque de Ross et à lord Herries par Marie Stuart lors de leur arrivée au château de Tutbury. — Témoignage de satisfaction pour le zèle et la loyauté avec lesquels l'évêque de Ross, lord Livingston, lord Boyd, lord Herries, l'abbé de Kilwinning, John Gordon de Lochinvar et James Cockburn de Stirling se sont acquittés de leur mission pendant les conférences tenues à York et ailleurs.

De Tutbury, le 9 février 1568-69.

QUEEN MARIE'S ALLOWANCE AND APPROBATION OF THE
PROCEEDINGS OF HER COMMISSIONERS.

Marie, be the grace of God, Quene of Scotland and Dowarier of France : forsamekill as we appointit our

---

[1] Ce registre se trouve maintenant au Musée britannique à Londres, collection Cottonienne, Titus, C. XII, fol. 111.

traist cousignis, counsalouris and freindis, John bishop of Ross, William lord Levingstoun, Robert lord Boyd, John lord Herreis, Gawin commendatar of Kilwynning, John Gordon of Lochinvar, and James Cockburn of Skirling, knichtis, our commissionaris, to treat for us and for our affairis, with our derrest sister the Quene of Ingland, or hir commissionaris, at the city of Zork, or in ony uther place within the realme of Ingland quhair it pleisit hir to appoint; we having perusit thair proceidingis, and understanding thair faithful mind, and trew service thairintill, dois very weill allow thairof: quhilk we mak notifyit be thir presentis, gevin under our signet, and subscryvit with our hand at Tutberry the 9th day of february, the zeir of God 1568 zeirris, and of our regne the 27th zeir.

MARIE R.

MARIE STUART

A LA REINE ÉLISABETH.

(Copie du temps. — Bibliothèque impériale de Saint-Pétersbourg ,
manuscrit n° 870.)

Remerciments de Marie Stuart à raison du bon accueil fait par Élisabeth à l'évêque de Ross et à lord Herries. — Sa reconnaissance des bons traitements
qu'elle a reçus de Knollys et de lord Scrope, conformément aux ordres d'É-
lisabeth, pendant tout le temps de son séjour à Bolton. — Son regret d'avoir
été forcée de quitter cette résidence. — Plaintes au sujet du refus qui lui est
fait par le comte de Shrewsbury et par Knollys de communiquer avec l'Écosse,
et de l'ordre qu'ils ont donné à ses commissaires de partir sans délai. — Remontrances qu'elle a prié Knollys de transmettre à Élisabeth de sa part. —
Envoi qu'elle fait du porteur pour solliciter une prompte réponse, tant à ce
sujet que sur le mémoire adressé par elle à Leicester et à Cecil. — Défaut
de pouvoir des commissaires pour répondre, comme l'aurait désiré Élisabeth,
sur les spécialités. — Résolution prise par Marie Stuart de renvoyer l'un d'eux
en Écosse pour solliciter du Conseil et de la noblesse les pouvoirs nécessaires.
— Nouvelle déclaration de Marie Stuart qu'elle ne consentira jamais à se démettre de la couronne. — Protestation que, pour obtenir la faveur d'Élisabeth,
elle est prête à faire tous les sacrifices qui seront compatibles avec la conservation de son honneur. — Avis qui vient d'être donné à Marie Stuart de l'arrestation du duc de Châtellerault à York. — Assurance qu'il n'a pu commettre
aucune offense contre Élisabeth.— Prière afin qu'il lui soit permis de partir.—
Plainte de Marie Stuart de ce qu'elle se trouve dans un logis non habitable et
froid.

De Tutbury, le 10 février 1569.

Madame ma bonne seur, j'ay entendu, par l'évesque
de Rosse et mylord Heris, la bonne affection dont
avez procédé avec eulx en toutes mes affères, chose
non moins confortable qu'espéré de vostre bon naturel. Espéciallement, ayant seu par eulx que c'estoit
vostre bon playsir que je fusse trettée avec les hon-
norables respectz et gracieulx entretennement què j'ay

receuz, despuis que j'arrivay à Boton, de maister Knolis et mylor Scrop, desquelz je ne puis moins fère que vous tesmoigner la dilligence et grande affection d'accomplir voz commandemens, et l'occasion que j'ay de me louer de leurs honestes déportemens vers moy jusques à mon transportement, la façon duquel je ne puys sceller m'avoir semblé dure; de quoy, ne désirant vous enuyer, je me tairay pour vous dire qu'il vous pleut, au dict Bouton, m'accorder non seulement ung certain nombre de serviteurs desquelz, à vostre playsir, je me contante pour présentement me servir, mais aussi quelques aultres qui pourroient, avec passeport du gardien et commission de ceulx qu'avez miz en charge avec moy, aller et venir d'Escoce vers moy ou en Escoce ou vers vous, quant j'auray quelque chose à vous remonstrer. Lesquelles licences, par vous de nouveau permises à mes dicts commissionaires en ma faveur, j'ay faict entendre à M. le conte de Cherosbery et maister Knolis, qui disent n'avoir telle commission de vous, ains m'ont reffuzé de vouz envoyer aulcun jusques à ce que je leur ay monstré vostre lettre, faisant mention de quelque résolution requise sur les points proposés par mes commissaires, ausquelz ilz ont commandé de despartir sans délay, sellon leurs passeportz, avec déclaration qu'ilz n'auront nul accez dorsenavant à moy sans vostre exprès commandement.

Sur quoy j'ay pryé maister Knolis vous fère remonstrance et des austres petites nécessitez, ensemble avec la déclaration de ma bonne volonté vers vous, avec lequel j'ay envoyé ce pourteur pour me rapporter vostre bon playsir quant aurez veu et entendu les choses requizes par moy au mémoire adressé à M. le comte de Lecester et maister Cecile, vous suppliant que par luy vostre bon playsir soit, sur tous ces poinctz entendus de moy, commander à M. le comte de Cherusbery ce qu'il vous plaira qu'il en fasse. Et, pour ce que maister Knolis m'a promiz de vous fère veoir mon mémoire et requeste adressée à voz dicts deux conseillers, je ne vous importuneray par la présente de mes particularitez, me rapportant au mémoire et rapport de maister Knolis.

Quant à ce qu'il vous plaist toucher en vostre lettre, que trouvés estrange que mes commissaires ne sont condescenduz sur les spéciallitez : après avoir entendu leurs raysons, j'ay advizé avec eulx que celluy qui retourneroit en Escoce proposera aulx aultres de mon Conseil et noblesse donner commission suffizante pour, sans scrupulle, conférer les spécialitez que nous penserons vous estre plus agréables, et à mon honneur et préservation de mon estat, en quoy eulx ny moy ne pouvons entrer sans leur consentement de nouveau pour les choses advenues despuys qui mectent doubte en la force de mes actions, estant dettenue, comme ilz pourroient alléguer ; et asseurés-vous que je désireroys bien sçavoir vostre bon playsir pour me y advancer.

Bien vous supplié-je d'une chose, qui est de ne permectre plus qu'il soit miz en avant de si déshonestes et désavantageuses ouvertures pour moy que celles à quoy

l'évesque de Rosse a esté conseillé prester l'oreille;
car, comme j'ay prié le dict maister Knolis vous tesmoigner, j'ay faict vœu à Dieu solemnel de jamais ne
me démettre de la place où Dieu m'a appellée, tant
que pourray sentir mes forces bastantes pour ce fays,
comme, je le remercye, je les sens augmenter avecques
l'envie de m'en acquitter mieulx que jamais, et avecques plus de suffizance par le temps et expérience
acquise, vous suppliant, en toute aultre chose que ne
inportera mon honneur et estat, estimer qu'après Dieu
je désire singulièrement vous playre, et si j'osois vous
ramentevoir combien je suis approchée de vous et
preste de m'aller offrir à plus particullières conditions
que je ne puys, en l'estat où je suis, je diroys que
c'est tout mon désir.

Cependant, avec l'advis de mon Conseil, je mettray
peyne, en ayant responce, de vous fère les offices à
moy possibles pour obtenir vostre faveur, laquelle je
proteste volontairement ne mettre jamais en hazard
de perdre, si je la puys acquérir. Quant à toutes
aultres choses qui me touchent, je m'en remectray au
mémoire, pour ne vous importuner, seulement vous
diray-je que, quant aux responces que désirés, je seray preste, quant il vous plairra m'admettre en vostre
présence, de vous en résouldre et fère paroistre la
faulceté de leurs calumnies et mon innocence, laquelle
Dieu manifestera, comme mon espoir est en luy. Ce
pendant auquel je prie vous donner, Madame, en longue santé, bonne et heureuse vie.

De Tutebery, ce xe de febvrier 1569.

Je viens d'entendre, Madame, que mon cousin le duc
de Châtellerault, nonobstant vostre passeport, est ar-
resté à York. Je m'asseure qu'il n'a commis nulle offence, qui me fera vous supplier de concidérer sa
nécessité et le long temps qu'il a demeuré, oultre son
passeport, à vostre commandement, et commander
qu'il luy soit permiz passer oultre. Il vous plaira
excuser si j'escriptz si mal, car le logis non habitable
et froid me cause quelque rhume et dolleur de teste.

Vostre affectionnée bonne sœur et cousine,

MARIE.

⊷⊶

MARIE STUART

A LA REINE CATHERINE DE MÉDICIS.

(Autographe. — Bibliothèque impériale de Saint-Pétersbourg, Ms. n° 870)

Reconnaissance de Marie Stuart pour la bienveillance que lui a témoignée Catherine de Médicis. — Vive recommandation en faveur de George Douglas. —
Assurance qu'il servira le roi avec fidélité. — Charge donnée par Marie Stuart
à Henry Ker, l'un de ses secrétaires, qu'elle envoie vers Catherine de Médicis,
de lui rendre compte de l'état de ses affaires. — Vœux de Marie Stuart pour
le succès des affaires de France.

De Tutbury, le 13 février 1569.

Madame, s'en retournant Henri Kir, l'un de mes
secrétayres, par lequel j'ay resceu les lettres qu'il vous
a pleu m'escrire et entendu l'honneur que me faytes

d'avoir soign non seullement de moy mays de toutes mes affayres, je n'ay voullu fayllir, selon mon devvoihr, vous en randre très humble remersiamants et de l'honneur qu'il vous a pleu fayre, à ma requeste, à George Douglas mon fidelle serviteur, lequel je vous recommande encore, me prométant qu'en se qu'il pourra, il servira le Roy, et vous aussi, fidellement. Quant à mes nouvelles, je ne vous puis rien écrire du lieu où je suis, sinon que je prie Dieu que vos affayres ayent bon et heureux succès, remètant le surplus au porteur, un de mes serviteurs, après vous avvoir présantay mes très humbles recommandations à votre bonne grâce, priant Dieu vous donner, Madame, en santay, longue et heureuse vie.

De Tutberi, ce xiii de fevbrier.

Votre très humble et très obéissante fille,

MARIE.

Au dos : A LA ROYNE DE FRANCE, madame ma belle mère.

1569. — Le 13 mars, bataille de Jarnac, dans laquelle périt le Prince de Condé.

MARIE STUART

A SIR WILLIAM CECIL.

(Autographe. — State paper office de Londres, Mary Queen of Scots, vol. 3.)

Vives plaintes de Marie Stuart contre les entreprises des rebelles en Écosse. — Proclamation qu'ils ont faite. — Avis qui lui a été donné par lord Herries de ces entreprises. — Envoi du porteur vers Élisabeth pour lui faire entendre ses doléances. — Sa crainte que ses réclamations continuelles ne deviennent importunes à la reine d'Angleterre. — Prière qu'elle adresse à Cecil d'appuyer, comme l'équité le requiert, ses justes demandes. — Protestation nouvelle au sujet des faux rapports que l'on ne cesse de faire contre elle à Élisabeth et à ses ministres.

De Tutbury, le 13 mars (1569).

Mester Cesill, ayant resceu une copie d'une proclamation faite par mes rebelles et despuis une lettre de milord Heris m'advertisant de choses auxquelles je ne puis donner foy pour être tant contrayres à l'expectation des promesses qui m'ont estay faytes au contrayre, je ne me suis peu abstenir d'en écrire librement à la Royne, madame ma bonne sœur, pour être choses qui en consiance et honneur me touschent si vivemant que plus longuement ne puis-je dissimuler ma compleinte, laquelle j'ay chargé ce porteur vous communiquer, vous priant l'ouir favorablemant et lui donner crédit de ce qu'il vous dira de ma part, et si, pour mon malheur, la Royne tient mes lettres ou pour importunes ou peu agréables, comme par si devant il est advenu, plus tost lui ramantevoir que la cause me meult et la justice de mon droit, que non la rudesse et liberté d'escriture de ma plusme, faysant ce bon office là pour moy, non pour aultre respect que de l'eŝquitay que j'aye la résolue responce de la Royne où je désire et espère trouver confort ou pour le moings résolution. Et pour ce qu'aux faulx raports que l'on a fait de moy, tant en choses particulières que génerailes, j'espère le temps, père de véritay, et mon inoscense amèneront remède, je ne veulx entrer plus avvant en propos, si non vous prier, comme je dis à votre serviteur à Boton, de me guarder une oreille et m'user sans partialitay, et j'espere mon inoscence et sincères desportemants mériteront mieulx, si de près elles sont considérés et de vous et tous les bons serviteurs de la Royne, ma bonne sœur. Et m'estant recommandée à votre bonne grâce, je priray Dieu vous donner, monsieur Cesille, longue et heurheuse vie.

De Tutberri, ce xiij de mars.

Vostre bien bonne amye,

MARIE R.

Au dos : A MESTER CECIL, segréterre prinsipal de la Royne, madame ma bonne sœur.

MARIE STUART

A LA REINE ÉLISABETH.

(Copie. — Archives du royaume à Paris, carton des Rois, K. n° 95.)

Vives instances de Marie Stuart pour qu'Élisabeth consente à faire droit à ses justes plaintes. — Charge qu'elle donne à Borthwick de lui représenter la copie d'une proclamation publiée par les rebelles. — Remontrances contre l'allégation qu'elle renferme qu'une sentence aurait été rendue par Élisabeth sur l'accusation portée par les rebelles. — Déclaration que Marie Stuart sollicite d'Élisabeth sur ce point. — Plaintes contre la conduite que l'on tient sur la frontière d'Angleterre à l'égard de ses serviteurs. — Accueil fait aux rebelles, secours d'argent qui leur sont donnés, secours d'hommes qu'ils espèrent. Abandon dans lequel est laissée Marie Stuart. — Nécessité où elle se trouvera bientôt de rechercher, à défaut du secours d'Angleterre, l'appui de ses autres alliés. — Confiance qu'elle avait mise dans les promesses d'Élisabeth. — Défense qu'elle a faite, sur la foi de ces promesses, à ses sujets fidèles, de continuer leurs entreprises. — Protestation qu'elle veut s'abandonner tout entière à la protection d'Élisabeth. — Levée de troupes faite par les rebelles. — Obligation où elle est de requérir la reine d'Angleterre de lui donner secours. — Demande d'une réponse formelle à cet égard. — Déclaration que, sur son refus, elle sera dans la nécessité de s'adresser ailleurs. — Désir de Marie Stuart de connaître également la résolution d'Élisabeth sur ce que l'évêque de Ross et lord Boyd auront à faire. — Vive insistance pour qu'il soit donné prompte réponse. — Excuse de Marie Stuart sur ce que l'état de ses affaires ne lui permet de souffrir aucun délai.

De Tutbury, le 14 mars 1569.

Madame ma bonne sœur, l'honneur et naturelle amytié que je vous porte faisant son office me faict craindre et fouyr de vous importuner, ou sembler me deffier aulcunement de votre bon naturel, par mes plainctes qui vous ont esté quelquefoys désagréables, et, d'autre part, ma conscience et naturelle pityé de sang espandu de mes obéyssantz subjectz me meust vous remonstrer ce en quoy je me sens obligée. Par quoy je vous prieray, premièrement, de considérer le juste soing que je doibz avoir de mon peuple, qui doibt précéder toutz humains ou particuliers respectz; secondement, le temps que constamment j'ay passé en pacience soubs l'espoir de votre faveur, et, sans le prendre de moy comme offence ou reproche, lire mes doléances, et sur icelles me mander votre résolution pour laquelle entendre j'envoye Borthuic, présent pourteur, devers vous, avec le double de quelques poinctz contenuz en une proclamation faicte par mes rebelles, où ilz font mencion d'une sentence par vous donnée sur les choses disputées et par eulx faulcement alléguées dernièrement en votre présence et de votre Conseil. Lesquelz poinctz je vous supplie considérer pour m'en faire entendre votre volonté par ce pourteur, ne pouvant la nécessité de la cause si importante souffrir plus long délay, sans entendre votre résolùtion tant en cella qu'en ce qui suyt, pour remédier aulx partiaulx déportemens de voz ministres des frontières, lesquelz ont, à Carlisle, prins mes serviteurs, osté et ouvert leurs lettres et puys envoyées en court, bien loin de ce qui m'a esté promiz et escript, que n'entendiez que j'eusse moins de liberté que par cy devant, mais trop plus esloigné du racueil faict à mes rebelles, avec lesquelz je ne pensay jamais estre esgalle. Car ilz ont esté bien receuz en vostre présence, avec liberté d'aller et venir, et continuellement

20.

envoyer supportz d'argent, et, comme ilz disent, ainsi
qu'il vous plairra voir par ceste autre lettre, asseurez
de support d'hommes à leur besoing. Par ainsy, ilz
sont meintenuz pour m'avoir vollu faulcement accuser
et tacher d'infamye, et moy, qui me suis venue jetter
entre voz braz, comme de ma plus asseurée amye,
reffuzant le support de ceulx lesquelz, offancés de ce,
je seray contraincte, à mon regret, de rechercher, si
sellon mon espérance et désir n'y remédiez par prompt
secours, ay esté esloignée de mon pays, retenue, votre
présence requise pour ma justification dényée, et enfin
toutz moyens coupez et retrenchez d'ouyr des miens
ou leur faire entendre ma valonté.

Je ne pense avoir mérité telz trettemens pour m'estre
fyée en vous, et vous avoir compleu, deffendant à mes
subjectz rien n'entreprendre, quant ainsy me l'avez
conseillé, et ne recherchant à vostre requeste et promise amytié aultre que vous, non seulement désirant
vous complaire, mais obéyr, comme fille à sa mère.
Et, de fresche mémoire, au retour des traystres, sans
l'advertissement de l'évesque de Rosse et de maister
Knollis, qui me persuadèrent que ne pouviez trouver
bon que mon party commenceast, je les eusse bien
salués à l'entrée des frontières, sans leur donner si
bonne commodité de lever soldatz pour ruyner mon
povre peuple. Bref, j'ay, jusques icy, deppendu de
vous seule, et désire faire encores, s'il vous playt accepter ma bonne volunté, la récompensant par vostre
amyable confort et prompt secours, pour obvier à la
tirannye de ces rebelles subjectz. Pour la crainte des-

quelz contre mes fidelles subjectz, et contre mon honneur et estat, je seray contraincte vous requérir secours, ou d'en chercher où Dieu me conseillera; sellon vostre responce, que je veulx espérer bonne, je me desporteray.

J'ay aussi chargé ce pourteur de sçavoir vostre résolution sur ce que l'évesque de Rosse et lord Boyd auront à faire, ne l'ayant encores peu sçavoir, ny aultres certaines particularitez, desquelles je vous supplie le croyre, et ne prendre en mauvaise part si, en chose si importante, je vous presse plus que peult estre (veu que je suys entre voz mains) il ne vous semble à propos; mais je ne puys plus longuement différer ni supporter pareil trettement, sans ruyne de mon estat et offence de ma conscience : car, comme naturellement je vous suys addonnée, vostre peu amyable trettement m'en pourroit retirer, ce que, je vous supplie, ne me contraignez faire, me layssant une opinion aultre que je n'ay jusques icy vollu confirmer d'une parente si proche, et de qui je désire tant la bonne grâce; à laquelle présentant mes affectionnée recommendations, je prieray Dieu vous donner, Madame ma bonne sœur, en santé, longue et heureuse vie.

De Tutebery, ce xiiie de mars 1569.

MARIE STUART

A M. DE LA MOTHE FÉNÉLON.

*(Copie du temps. — Bibliothèque impériale de Saint-Pétersbourg,
manuscrit n° 952.)*

Mission donnée par Marie Stuart à Borthwick auprès d'Élisabeth. — Avis qu'elle
a transmis en Écosse les bonnes nouvelles de France, qui lui ont été communiquées par La Mothe Fénélon. — Son vif désir d'être tenue au courant de tout
ce qui surviendra en France. — Rigueur dont on use à son égard; surveillance
à laquelle elle est soumise. — Son désir d'avoir un chiffre avec l'ambassadeur.
— Prière à M. de La Mothe de faire passer à l'archevêque de Glasgow le paquet qu'elle lui adresse.

De Tutbury, le 15 mars 1569.

Monsieur de La Mothe, je renvoye Borthuik, présent
pourteur, devers la Royne d'Angleterre, madame ma
bonne sœur, pour les occasions qu'il vous dira et que
vous vérez par ce double de mes lettres, ce qui me gardera faire la présente plus longue que pour vous prier
continuer les bons offices que vous faictes pour moy
à l'endroict d'icelle, aynsi que vous cognoistriés les
choses le requérir. Au reste, je ne veulx oublyer vous
dire que, au changes des mauvaises nouvelles que,
dernièrement, ung peu devant le retour de ce dict
pourteur, m'avoient esté dictes de France, j'ay rendu
les bonnes que m'avés escriptes par luy, du xxiiie de
l'aultre moys, à ceux qui avoient eu lettres de la cour
d'Angleterre bien diverses et esloignées du bon succès

que, grâces à Dieu, se peult espérer des affaires du Roy, monsieur mon bon frère.

Il ne fault, monsieur de La Mothe, que je vous dye le contantement que, pour plusieurs respects, je reçoy, quant je puys entandre ce qui se passe par delà, de quoy je suis toutjours en doubte jusques à ce que je reçoy quelques lettres de vous, car, encores que je n'adjouxte foy à toutz les bruictz et allarmes que l'on me donne, si ne sçauroys-je me garder cependant d'en estre en peyne.

Je suis estroictement gardée, comme vous dira ce dict pourteur, et sont arrestés ou visités tous messagiers que l'on estime avoir lettres pour moy ou de moy. Touteffois, si j'avoys chiffre avec vous, je ne lairroy d'en mettre quelques unes à l'adventure et vous escripre, sellon les occasions, comme de vostre part j'estime que vous ferez. J'escriptz à l'archevesque de Glasgo, mon ambassadeur, auquel je vous prye faire tenir le pacquet, que ce dict pourteur vous baillera, par la première commodité. Et atant, monsieur de La Mothe, je prie Dieu vous donner ce que plus desirés.

Escript à Tutbery, le xvᵉ de mars 1569.

Vostre bien bonne amye,

MARIE R.

MARIE STUART

A LA REINE ÉLISABETH.

(Autographe. — Musée britannique à Londres , collection Cottonienne, Caligula , C. I, fol 304.)

Satisfaction de Marie Stuart de la déclaration qui lui a été faite par Élisabeth au sujet de la proclamation des rebelles. — Assurance donnée par Marie Stuart qu'elle n'a reçu d'autres nouvelles d'Écosse que celles qu'elle a communiquées à Élisabeth concernant la proclamation de lord Herries. — Sa surprise des détails qui lui ont été transmis, au sujet de lord Herries, par le comte de Shrewsbury. — Protestation que si lord Herries a fait ce qui lui est reproché, il y a été poussé par le désespoir où il est de voir sa reine retenue en Angleterre. — Plaintes à raison de la conduite tenue par les Anglais sur la frontière. — Sollicitations pressantes pour qu'Élisabeth veuille bien prendre enfin une résolution sur les affaires de Marie Stuart. — Insistance afin qu'Élisabeth remplisse sa promesse de rétablir Marie Stuart, et la dispense par là de solliciter un autre appui

De Tutbury, le 8 avril (1569) [1].

Madame, d'aultant que les faulces alégations de mes rebelles en votre court, mentionnées en leurs proclamations, m'ont donné de mescontantement, bien que je n'y adjouxtasse aulcune foy, comme à ceulx que j'ay trop esprouvez, d'aultant plus m'a aporté de playsir votre amyable déclaration au contraire, par vostre honneste et favorable lettre, à laquelle je n'ay vollu différer respondre plus longuement, tant je désire vous fère paroistre ma naturelle inclination de sercher votre bonne grâce sur toutes choses, aussi

[1] En 1569, Pâques tomba au 10 avril.

souhaytant d'entendre votre favorable résolution en
toutes mes afferes, desquelz il vous a pleu me donner
advis; de quoy affectionément je vous remercye, et,
pour vous informer à la vérité de mon jugement là-
dessus, je ne sçauroys; car je vous prometz ma foy,
que je n'ay ouy ung seul mot d'Escoce despuis mon
arrivée icy, que ce que je vous envoyay de la proclamation de mylor Herriz, lequel je ne croy s'estre tant
oblyé qu'il appert par les articles que le comte de
Cherusbery m'a monstrez par votre commandement.
Toutesfoys leur ayant esté mandé, je désire bien sçavoir la vérité et en fère telle diligence que la chose mérite, si le messagier n'est empesché, ce que je crains,
encores que M. de Cherusbery m'a asseuré de son
passaige. La première certitude que j'en auray, je
vous prometz aussitost vous en donner adviz par
l'évesque de Rosse ou aultre mien fidelle. Cependant
je vous puis dire que, si les choses sont ainsy passées,
le désespoir qu'ilz ont de me voir retenue, et toutz
moyens ostez d'entendre de moy, en aura esté cause;
ce que je vous suplie considérer, bien que vous ne
l'ayez commandé, si est-ce que voz ministres sur les
frontières l'ont exécuté à dommaige; en considération
de quoy et de la bonne volonté que j'ay de me dédyer,
en tant que mon estat et mon honneur le permétront,
à vostre dévotion, je vous prie vouloir prendre une
bonne résolution sur ce que, par ce porteur, dernièrement je vous escrivy touchant ma longue et instante
requeste, quoy que se face en Escoce, de me remectre
en mon estat par votre support et faveur, qu'après

Dieu seulement, je soye obligée à vous par sang naturel, amytié et bénéfice ; et, m'atandant que serez incliné à cella, moy, ou qui il vous plairra des miens, serons prestz de vous aller satisfère. Autrement, sellon ma dernière lettre, qu'il vous playse n'imputer à faulte de bon naturel si, ne pouvant estre secourue de ma plus proche, je accepte ung plus loingtain et moins agréable secours ; et de cecy je vous suplie me fère responce par ce porteur, ce que le temps et occasion requièrent que j'en soys résolue, et ayant desjà par votre amyable lettre confirmé une certaine espérance d'obtenir ceste mienne affectionnée première requeste, je ne vous en feray plus longue instance, sinon de vous remercyer de voz favorables responces en toutes autres choses. Et après vous avoir priée de donner crédict au porteur de ce qu'il vous requerra de ma part, je vous présenteray mes bien affectionnées recommendations à votre bonne grâce, priant Dieu qu'il vous doinct, Madame ma bonne sœur, en santé, bonne et longue vie.

De Tutberi, ce vendredi Saint.

Votre bien affectionnée bonne sœur et cousine,

MARIE R.

Au dos : A LA ROYNE D'ANGLETERRE, madame ma bonne sœur et cousine.

MARIE STUART

A SIR WILLIAM CECIL.

(Autographe. — Musée britannique à Londres, collection Cottonienne,
Caligula, C. I, fol. 306.)

Remerciments de Marie Stuart à raison des lettres qui lui ont été écrites par Élisabeth et des nouvelles qu'elle lui a données d'Écosse. — Instances pour que
Cecil sollicite la reine d'Angleterre de prendre une résolution définitive sur les
affaires de Marie Stuart. — Recommandation en faveur du porteur.

De Tutbury, le 8 avril (1569).

Mester Cecile, ce m'a estay grand plésir de resevoir
de si amiables lettres de la Royne, madame ma bonne
sœur, et d'estre par elle advertie des nouvelles de mon
pays. Si es-se que les occasions me pressent tant,
mesmemant si tels bruits, lesquels je ne puis auqunement croire, estoyent vrays, que ne voullant importuner la Royne il fault que je vous donne ceste poyne
de vous fayre la solisiter d'une résolution, sans plus
délayer, de ce qu'il lui playra, ou m'octroyer de ma
requeste si souvent réitérée, et dernièremant par ce
porteur, auquel je vous prie donner favorable audiance et adresser avèques votre bon advis pour le
moigns inportuner ma bonne sœur et avvoir briève
résolution ; sur quoy ayant instruit ce porteur et de
mes resquêtes, je le vous recommanderay, vous mer-
ciant du bon usage qu'il a reçeu de vous toutes les
foys qu'il s'i est adressé, et me remétant sur lui pour

ne vous enuier, je priray Dieu qu'il vous doint, mester Cecile, longue et heurheuse vie.

De Tutberi, ce vendredi saint.

Votre bien bonne amye,

Marie R.

Au dos : A Mester Cecile , premier segrétayre de la Royne ma bonne sœur.

MARIE STUART

A M. DE LA MOTHE FÉNÉLON.

(Copie du temps. — Bibliothèque impériale de Saint-Pétersbourg , manuscrit n° 952.)

Remerciments de Marie Stuart à raison des bonnes nouvelles qui lui sont données par M. de La Mothe Fénélon, concernant la convalescence de Catherine de Médicis et la victoire de Jarnac. — Vœux qu'elle fait pour le succès des armes du roi contre les rebelles de France. — Exprès qu'elle a envoyé en Écosse pour porter la nouvelle de la victoire. — Espoir de Marie Stuart de voir rétablir ses affaires en Écosse, si les déclarations faites par Élisabeth à l'ambassadeur, et qu'elle lui a renouvelées par ses lettres , étaient sincères. — Sa confiance dans les remontrances que l'ambassadeur pourra faire à ce sujet, en invoquant la bienveillance que le roi de France a toujours témoignée à Marie Stuart. — Avertissement qu'elle ne pourra répondre aux lettres du cardinal de Lorraine qu'après avoir reçu des nouvelles d'Écosse.

De Tutbury, le 9 avril 1569.

Monsieur de La Mothe, je ne sçauray vous remercyer des bonnes nouvelles que j'ay entendu par votre moien

de la convalescence de la Royne, madame ma bonne
mére, et de l'heureuse victoire,[1] que le Roy, monsieur
mon bon frère, a eu contre ses rebelles et ennemyes,
laquelle je prie Dieu estre suivie d'ung si heureux et
prospère succès en touts ses autres affaires, que de
plus en plus le dit seigneur et tous ceux qui luy veulent bien ayent occasion d'en louer Dieu et luy en
rendre grâces. J'en ay faict part à mes bons subjects,
comme de celle que je m'assure ne leur apportera
peu de consolation, par homme que j'ay envoyé en
diligence pour les en advertir et entendre comme les
choses sont passées entre eux et mes rebelles; de
quoy j'espère avoir bientost responce, si le passaige ne
luy est refusé sur la frontière par les ministres de la
Royne, madame ma bonne sœur, ainsi que despuis ma
venue en ce lieu il a esté jusques à maintenant à tous
ceux qui ont desiré venir devvers moy. Il semble par
les bons propos que m'escripvez qu'elle vous a tenuz,
que ces rudesses et indignitées qui ont esté faictz à
mes fidelles subjects et à moy par l'ampêchement
qu'ilz ont eu de m'advertir des affaires de mon royaume
ont esté sans son sçus et commandement; et par les
honnestes lettres qu'il luy a plu dernièrement m'escripre par Bortvick, elle montre ne trouver bon ce
que, par les articles qu'elle m'a envoyées, mes rebelles
luy ont donnés advis avoir esté négocié entre eux et
le duc de Chastellerault et autres qui m'estoient demeurés entiers et obéissants. Ce qui me faict penser,

[1] La victoire de Jarnac, remportée le 13 mars par le duc d'Anjou contre
les protestants commandés par le prince de Condé.

(combien que les choses fussent ainsi passées, ce que
je ne puis encore croyre) qu'il ne seroit malaisé les
réduyre en meilleure termes; car si mes rebelles se
voyent privez du support qu'ilz en attandent, et que
publiquement ils se vantent qu'ilz en ont et se assurent avoir tant qu'ilz en auront besoing, je ne fay
doubte qu'ilz ne viennent à raison. Ce que, M. de
La Mothe, je remetz à votre discrétion et prudence de
luy remonstrer selon l'occasion et l'intention et bonne
volunté que vous sçavés qu'il plaist au Roy, monsieur
mon bon frère, et à la Royne, madame ma bonne
sœur, avoyr envers moy et mes affayres, à quoy de
vous mesmes vous êtes desjà si enclin et bien adonné
donné que je m'en sens grandement tenue et obligée
à vous.

Au demeurant, il n'y a rien en la lettre de monsieur le Cardinal de Lorrayne mon oncle, que j'ay
trouvée enclose en votre pacquet, qui requière
prompte responce, et pour ce que, sur l'incertitude de
ce que mes rebelles disent de leur appoinctement, je
crains le mètre en peine, peult estre sans propos,
je ne luy escris point à ceste heure, me remétant
après que j'en auray entendu la vérité que j'estime
sera en brief. Qui est l'endroit où je prie Dieu
vous donner, M. de La Mothe, ce que plus et mieulx
désirez.

De Tutbery, ce ix d'avril 1569.

MARIE STUART

A M. DE LA MOTHE FÉNÉLON.

(*Copie.* — *Archives du royaume, à Paris, Carton des Rois, K. n° 95.*)

Changement que la victoire de Jarnac a apporté dans les rapports entre Élisabeth et Marie Stuart. — Faux bruit, répandu en Angleterre pour donner le change, que cette nouvelle est controuvée. — Peu de confiance de Marie Stuart dans les promesses de la reine d'Angleterre.—Déclaration faite par Élisabeth au duc de Châtellerault qu'il n'aura son appui qu'autant qu'il se rangera du parti de Murray et qu'il reconnaîtra le jeune prince d'Écosse pour roi. — Crainte de Marie Stuart que cette menace n'ait eu pour effet d'empêcher le duc de Châtellerault de remplir son devoir dans la charge de lieutenant-général du royaume qu'elle lui a conférée. — Espoir que fonde Marie Stuart sur le secours de ses amis.

Sans date (avril 1569).

Chiffre. — Monsieur de La Mothe, despuis la nouvelle de ceste victoire la Royne d'Angleterre a changé de stille de m'escripre, comme vous verrez par le double de sa lettre, et pour me fère croire que ceste mutation ne vient de là, l'on me veult persuader qu'elle et son Conseil tiennent ceste nouvelle pour faulce et controuvée, et, au contraire, que le Roy a du pire, et que c'est la cause qu'il faict tenir les passaiges fermez, ne voulant que l'on saiche la deffaicte et perte qu'il a receue, avec d'autres mauvaises apparances ; à quoy j'adjouxte aultant de foy que je doibz fère aulx belles parolles que l'on me donne, après que j'ay sceu que

la Royne d'Angleterre dict au duc de Chastellerault,
à son partement d'auprès d'elle, qu'elle aprouvoit
toutes les actions du comte de Mora et ses associez,
et que le dict duc estant en Escoce, sil ne recognoissoit le Roy, il ne s'atendit jamais d'avoir ayde, support ou faveur par son moyen, ains qu'elle luy nuyroit en tout ce qu'il luy seroit possible ; de quoy le
bon homme estoit à demy hors de sens. Et si, d'a-
vanture, il s'est, despuis, condescendu contre son devoir, ayant esté pratiqué et gaigné, ou par craincte
de veoir luy et ses enfans ruinez, je vous laysse juger
d'où en procède la cause ; car, avec l'authorité que je
luy ay baillée, il a plus des trois quartz de mon
royaulme et les plus grandz avec luy, et est suffizant
pour en chasser le comte de Mora et toutz ses adhérans et complices. Ce que, monsieur de La Mothe, je
n'ay vollu vous celler, affin que vous cognoissiez
comment je suis esté traictée par l'intelligence de mes
traistres avec la Royne d'Angleterre, et le besoing que
j'ay de l'ayde et faveur de mes amys.

1569. — En avril, Marie Stuart est tranférée à Wingfield, dans le
comté de Derby (où elle resta environ cinq mois).

MARIE STUART

A M. DE LA MOTHE FÉNÉLON.

(Copie du temps. — Bibliothèque impériale de Saint-Pétersbourg , manuscrit n° 952.)

Nouvelles d'Écosse. — Nécessité où se sont trouvés le duc de Châtellerault et les autres seigneurs du parti de Marie Stuart de reconnaître son fils pour roi et de se ranger sous l'autorité de Murray, qui était assisté ouvertement par lord Hunsdon, gouverneur de Berwick.— Emprisonnement du duc de Châtellerault et de lord Herries , par les ordres de Murray , pour les forcer à signer divers articles qu'il veut leur imposer. — Sollicitations qu'ils ont adressées à Marie Stuart afin d'être secourus. — Leur protestation contre toutes les déclarations qui pourraient leur être arrachées pendant qu'ils sont détenus prisonniers. — Espoir de Marie Stuart que Charles IX parviendra bientôt à apaiser les troubles de France, et qu'il voudra bien ensuite s'occuper de pacifier l'Écosse. — Nécessité pressante de secourir sans le moindre retard le château de Dumbarton. — Avis donné à cet égard par lord Fleming. — Détails que l'évêque de Ross doit communiquer à l'ambassadeur.

De Wingfield, le 18 avril 1569.

Monsieur de La Mothe, par lettres, que j'ay receu d'Escoce depuis le partement de l'évesque de Rosse, j'ay entendu comme les choses y sont passées, c'est que le duc de Châtellerault, et les aultres qui estoient encores en mon obéyssance, se trouvans destituez de tout secours et pressez par mes rebelles, qui avoient eu loysir de se préparer devant qu'il luy fût permiz partir de ce pays , davantaige qui estoient fortiffiez d'argent de ce costé pour lever et entretenir soldatz, et, en oultre, assistez ouvertement de gens de pied et

de cheval, angloix, par milor Husdon gouverneur de
Barvich, ilz ont esté contrainctz se renger à ce que
la Royne d'Angleterre dict au duc de Châtellerault à
son partement, que, s'il ne recognoissoit l'authorité
de mon filz, ainsy que je vous ay escript ces jour
passez, il ne s'atendit d'avoir support ou faveur d'elle,
mais au contraire qu'elle luy nuyroit où elle pourroit. Soubz ceste condition, le dict duc et lord Herys
ont fyé leurs personnes au comte de Mora, lequel les
ayant en sa puyssance, les a faictz mettre prisonniers
au chateau d'Édembourg, où ilz sont meintennant,
pour les forcer, ainsy qu'ilz disent, de consentir à
quelques articles qu'il leur propose, oultre leur dicte
soubzmission. Ilz se plaignent, me suppliant employer
mes amys, avec protestation que ce qu'ilz ont faict
estoit pour se réserver à me pouvoir encores fère service, et pour n'estre du tout ruynez, voyant la Royne
d'Angleterre bandée avec mes rebelles; et que, si pour
saulver leurs vies et sortir de prison, ilz se condes-
cendent, d'avanture, à autre chose, ilz me supplient
estimer (quelque seureté que preignent mes dictz rebelles) que ceste ne durra plus long tems qu'ils pourront avoir secours; ce que je vous prie fère entendre
au Roy, monsieur mon beau frère, et à la Royne, madame ma bonne mère, ensemble la négociation que
vous entendrez de l'évesque de Rosse. Je leur escriptz
présentement et me remectz sur vous, m'asseurant
que ferez, en cecy comme en aultres choses, office de
bon amy.

J'espère que Dieu permettra qu'en brief le dict seigneur aura rengé toutz ses rebelles, et, qu'estans ses afferes réduictes, il aura pityé des miennes, et y mettra la main ; mais cependant le chateau de Donbertan, qui estoit ce qui m'estoit obéyssant de mon royaulme, et l'espérance du recouvrement d'icelluy, est en telle nécessité de munitions de grosse artillerye et de vivres, que, s'il n'est secouru entre cy et le commancement de juing, milor Flamy, qui l'a en garde, sera contrainct le rendre et s'en aller avec les aultres, ainsy qu'il m'a mandé pour dernier adviz, n'ayant moyen tenir plus longuement. Je vous prie, monsieur de La Mothe, le remonstrer affin qu'il y soit pourveu, s'il est possible. L'évesque de Rosse vous informera plus particullièrement de toutes choses, qui sera cause que je ne feray ceste plus longue que pour prier Dieu vous donner, monsieur de La Mothe, ce que plus désirez.

Escrypt à Winklefield, le 18 avril 1569.

Votre bien bonne amye,

MARIE R.

MARIE STUART

A SIR WILLIAM CECIL.

(Original. — State paper office de Londres, Mary Queen of Scots, vol. 3.)

Causes bien connues qui ont engagé Marie Stuart à se confier à Élisabeth et à réclamer son appui. — Espoir qu'elle a mis dans les secours qui lui étaient promis et qui l'a détournée de réclamer l'aide de ses autres alliés. — Sollicitations que ses commissaires ont faites pendant onze mois. — Mission donnée à l'évêque de Ross, auprès d'Élisabeth, dans l'espoir d'une prochaine conclusion. — Prière adressée par Marie Stuart à Cecil, pour qu'il veuille bien appuyer ses justes demandes et engager la reine d'Angleterre à la rétablir dans son royaume. — Assurance qu'elle fera tout ce qui sera en son pouvoir pour satisfaire à tout ce que pourra exiger Élisabeth, les droits de sa couronne et son honneur réservés.

De Wingfield, le 23 avril 1569.

Richt traist freind, we greit zow weill. It is not unknawin to zow the occasioun moving ws to cum in this realme, quhilk was to desyre support of the Quene our gud sister, apoun the assurance of amytie and freindschip throw the proximitie of bloode and loving kyndnes interteneit betuix ws of befoir. And becaus of the gud hoip quhilk we hade and hes thairintill we haif differred to seik the aide of ony uthir princes our freindis and confederatis, staying ourself only upoun the gud hoip of hir loving freindschip, quhairintill we haif travelled thir ellevin monethis bygane be our commissioneris; and now trusting to haif a gud and fynale resolutioun thairof hes send this beirar our trusty faythfull counsalour and commissioner the bischop of Ross toward hir. And becaus we doubt not but in thir and all uthiris hir wechty affaires zour counsale wilbe requyred, we praye zow that ze will gif zour adwyse and counsale to the Quene zour souverane to ayde and support ws, whairby we may be restored to our awin realme and authoritie. And what lyis in our powar to do to the contentment of the Quene our gud sister (our crown and honour being reserved) we shalbe willing to accomplishe the same, as our said counsalour will informe zow mair amply. To whom we praye zow gif credeit as to our selfe. And thus committis zow to God.

Frome Wynkfeild, the 23 day of aprile 1569.

Zour very good frinde,

MARIE R.

Au dos : To our traist freind SIR WILLIAME CECEILL, principall secretaire of England.

MARIE STUART

A LA REINE ÉLISABETH.

(*Copie.* — *Archives du royaume à Paris, Cartons des Rois, K. n° 95.*)

Mission confiée par Marie Stuart à l'évêque de Ross auprès d'Élisabeth. — Préjudice que cause à l'état de ses affaires en Écosse le délai apporté par la reine d'Angleterre dans la résolution qu'elle a promis de prendre. — Vives instances pour qu'une solution soit enfin donnée.

De Wingfield, le 24 avril 1569.

Madame ma bonne seur, voyant que le terme est passé, de huit ou dix jours, que j'atandois le retour de Sandy Bog, l'ung de mes serviteurs, qu'incontinent après la réception de vos favorables lettres, apportées par Borthvic, je dépeschay, je n'ay vollu différer vous envoyer notre conseiller, l'évesque de Rosse, présent pourteur, pour vous supplier que je ne soys plus remise sur ce que mes rebelles feront, ny pour aultre occasion dilayée; car je crains que desjà ma longue demeure, et rudesse de voz frontières, et estroicte garde où je suis, ayent par tropt esbranlé la constance d'aulcuns mes obéyssans subjectz, pour se veoir privez de ma présence et intelligence de mon intention et volonté, combien que je ne me puisse persuader qu'ilz facent ung si faulx et si lasche tour que celluy qu'il vous a pleu m'advertir avoir entendu de mes rebelles.

Comme que ce soyt, je n'ay affère qu'à vous,

j'implore de tant plustôt votre support et ayde que
ma demeure, et paciente attante de votre bon playsir,
m'a causé ce dommaige. Je m'asseure qu'au besoing
vous me ferés paroistre votre naturelle amytié, de
quoy je vous suplie, considérant le commung pro-
verbe que : *bis dat qui tempestive dat.* Je vous ay
serché avant toutz autres princes ; je désire pareillement, qu'avant tout autre, m'obligiez à vous,
comme plus au long j'ay donné charge au dict évesque vous fère sur ce instante requeste et déclara-
cion de la sincère et naïfve affection que j'ay de vous
devenir obligée par favorable et briefve expédition,
comme de sang et naturel je la suys, vous suppliant
le croire de tout ce qu'il vous dira de ma part, comme
feriez moy mesmes, et luy donner prompte résolution,
pour ce que l'estat de mes affères, comme bien le
pouvez considérer, et le long temps que je suis icy
retenue à regrect, et la sayson propre à fère voyage le
requièrent ; affin que du tout je m'attande à votre support, ou me résolve, avecques votre bonne grâce, d'en
aller sercher aillieurs. Sur quoy, pour ne fère tort à
la suffizance de M. de Rosse, je prieray Dieu, après
vous avoir présenté mes très humbles recommenda-
cions, qu'il vous doinct, etc.

MARIE STUART

A SIR WILLIAM CECIL.

(Autographe. — State paper office de Londres , Mary Queen of Scots, vol. 3.)

Pleine confiance de Marie Stuart dans l'évêque de Ross. — Prière adressée par
Marie Stuart à Cecil pour qu'il lui fasse bon accueil et le dirige de ses conseils
dans sa négociation auprès d'Élisabeth.

De Wingfield, le 24 avril (1569).

Mester Cesille, la fiance que j'ay en l'évesque de
Rosse, présant porteur, me guardera de vous fayre
autre discours, sinon vous prier lui donner audiance
et crédit à celui qu'il vous fera de ma part et votre
bon conseill à ce qu'il puisse se desporter en sa négociation avecques la Royne, madame ma bonne sœur,
au contentement d'iselle et à l'advancement de mes
instantes requestes, auxquelles je vous prie m'oblis-
ger tant que de moiéner briéve et résolue responce.
Sur ce propos , sans vous importuner de plus long
discours, je priray Dieu vous donner, mester Cesille,
bonne et heurheuse vie.

De Winkefield, ce xxiiij d'avril.

Votre bien bonne amye,

MARIE R.

Au dos : A MESTER CESILLE, premier
segrétayre de la Royne, madame ma
bonne sœur.

MARIE STUART

A LA REINE ÉLISABETH.

(Copie. — Archives du royaume à Paris, Cartons des Rois, K. nº 95.)

Plaintes de Marie Stuart contre les mesures qui ont été prises pour l'empêcher d'avoir des nouvelles d'Écosse. — Sa résolution d'envoyer à Élisabeth l'évêque de Ross, qu'elle avait retenu jusqu'alors, dans l'espoir d'obtenir des nouvelles. — Vive instance pour qu'Élisabeth consente enfin à se prononcer, soit en prenant l'engagement de rétablir Marie Stuart, soit en lui permettant de chercher des secours auprès de ses autres alliés.

De Wingfield, le 25 avril 1569.

Madame ma bonne sœur, aussitost que j'ay receu voz lettres par Borthvic, je dépeschay ung mien serviteur, nommé Alexandre Bog en Escoce, lequel j'ay attandu jusques au xxᵉ jour, au bout duquel terme, n'en ayant aulcune nouvelle, et estant informée que mylor Husdon a assisté et fortiffié mes rebelles, en personne, accompaigné des bandes de Barvich, à l'exécution de l'usurpée administration de Mora et ses complices, et que ung serviteur du duc de Châtellerault, qui jà avoit eu sa commission, fut renvoyé arrester, après l'advertissement de Mora, et ses lettres prinses, qui, je croy, estoient pour moy, toutesfois je n'en puys rien sçavoir, qui me faict croyre que je suys en dangier n'avoir nulles nouvelles d'Escoce, s'il ne vous playt y mettre autre ordre. Par quoy je

n'ay vollu plus longuement différer la dépesche de
mon conseiller l'évesque de Rosse, présent pourteur,
pour vous supplier que, sans plus vous attandre aulx
bons ou mauvais déportemens de mes subjectz, vous
me donniez résolue responce, [et que], suyvant ma
longue et instante requeste, vous me remettiez en
mon estat ou bien me permettiez aller sercher ailleurs
secours des autres princes, mes amys et alliez; car
il y a près d'ung an que j'attandz votre résolution,
durant lequel temps mes rebelles se sont fortiffiez de
beaulcoup. Par quoy plus longuement ne puys-je, de
mon gré, recepvoir aulcun délay, sans me résouldre
à quelque party, comme plus au long l'évesque de
Rosse vous fera entendre de ma part; auquel vous
suppliant de donner crédict comme à moy mesmes,
je vous présenteray mes affectionnées recommenda-
cions à votre bonne grâce, priant Dieu qu'il vous
doinct, etc.

MARIE STUART

A LA REINE ÉLISABETH.

(*Imprimée.* — S. Jebb, *De vita serenissimæ principis Mariæ Scotorum reginæ, etc.* 1725, *Londini, in-fol., tome II, p. 260.*)

Plaintes de Marie Stuart de ce que lord Hunsdon a refusé de laisser passer Sandy Bog, son envoyé, jusqu'à ce qu'il eût obtenu un passeport de Murray. — Plaintes à raison de l'enlèvement des lettres dont Sandy Bog était porteur, lesquelles ont été envoyées directement à Élisabeth. — Charge donnée par Marie Stuart à l'évêque de Ross de rendre compte à la reine d'Angleterre des nouvelles qui lui ont été communiquées par le duc de Châtellerault, l'archevêque de Saint-André et lord Herries.

De Wingfield, le 26 avril 1569.

Madame, nonobstant qu'il vous a pleu me mander par milord Scherusbery, et par mon serviteur Borthvik, que mes serviteurs auroient la mesme liberté d'aller et venir qu'à Bolton, si est-ce que monsieur de Housden n'a laissé passer Sandé Bog, ayant lettres du dit comte, selon vostre commandement, pour son passeport, mais l'a retenu cinq jours jusques à ce qu'il eust lettres de Mourray pour ce faire, disant qu'il avoit ce commandement de vous de ne laisser aucun passer sans passeport dudit Mourray. Je vous supplie, Madame, que vos officiers ne me frustrent point de la liberté que me donnez; car j'aymerois mieux qu'il ne m'en fust point octroyé, que ne me servir de rien. Quant aux nouvelles d'Escoce, Sandé Bog a esté des-

troussé de ses lettres, que milord Housden vous a envoyées par un autre, après luy avoir desjà donner passeport. C'est pourquoy vous en pourrez estre trop
mieux advertie, sinon de ce que le duc et son frère
l'évesque¹ et Hareis m'ont mandé : de quoy je n'ay
voulu faillir d'advertir en diligence l'évesque de
Rosse, pour vous faire entendre, selon ma promesse,
tout ce que je sçay, vous suppliant considérer les
complaintes que là dessus il vous fera de ma part,
pour m'en donner briefve résolution, afin que plus
long délay ne me cause plus semblable inconvéniens.
Et me remettant sur mondit conseiller, je ne vous
feray plus longue lettre, sinon pour vous présenter
mes humbles recommendations à vostre bonne grâce,
priant Dieu qu'il vous donne, Madame ma bonne sœur,
longue et heureuse vie.

De Windefeild, ce 26 d'avril 1569. Escrit en haste.

Votre très affectionnée sœur, etc.

MARIE R.

¹ John Hamilton, archevêque de Saint-André, fils naturel de Jacques, Iᵉʳ
du nom, comte d'Arran, et par conséquent frère naturel du duc de Châtellerault.

MARIE STUART

A LA REINE ÉLISABETH.

(*Copie.* — *Archives du royaume à Paris, Cartons des Rois, K. n° 95.*)

Plaintes de Marie Stuart contre les nouvelles entreprises de Murray. — Nécessité où elle se trouve d'exiger une réponse prompte et décisive sur la mission donnée à l'évêque de Ross. — Sa déclaration qu'un nouveau délai ne pourrait être considéré par elle que comme un refus de la secourir. — Instantes sollicitations pour qu'Élisabeth veuille bien faire à son égard office de bonne sœur.

De Wingfield, le 28 avril 1569.

Madame ma bonne seur, ayant, despuys le partement de Sandy Bog, receu lettres de quelques ungs de mes obéyssans subjectz par ung mien gentilhomme, et entre aultres du duc de Châtellerault, se plaignans d'estre retenuz prisonniers et menassez, s'ilz ne s'accordent à tout ce qu'il plairra à Mora et ses complices, il m'a semblé vous en debvoir avertir pour ce que leurs ennemys disoient qu'ilz avoient jà tout librement consenty à leurs usurpations, et aussi me souvenant qu'en votre dernière lettre me mandiez qu'aviez miz ordre que Mora ne procèderoit point par armes; encores j'ay bien vollu vous asseurer qu'il n'en a rien gardé, et puysqu'il tient ainsy mes subjectz, et des principaulx, les voulans forcer d'advouher et approuver leurs perverses actions contre moy, il n'est plus temps de différer; par quoy, je vous supplye, sans m'amuser davantaige, me donner briefve responce, par l'évesque de Rosse, ou que me voulez remettre présentement, sellon ma requeste, en mon pays, ou que du tout me reffuziez; car de moyen, entre ces deux, ou délay, ne se peut-il plus longuement recepvoir.

[L'estat] de mes affères me contrainct à vous parler ainsy librement et de vous presser, de rechef, de m'en donner briefve résolution; car quelque aultre responce ou délay, que je reçoipve de vous, excepté l'accord de ma tant importune requeste, je ne la sçaurois prendre qu'à reffuz, qui seroit cause qu'à mon regrect j'accepterois aulcun autre ayde, qu'il plairroit à Dieu m'envoyer. Je n'ay voullu faillir vous fère cest advertissement pleynement, affin que ne peussiez m'en sçavoir mauvais gré, ou prendre à offence ce qui pourra s'en ensuyvre, vous asseurant que je ne feray jamais chose pour vous offancer ou desplaire, si aultrement je puys sauver mon estat et délivrer mes opressez subjectz de l'oppression des rebelles. Je vous supplie, Madame, lyez moy à vous par amytié et bons offices, et non plus par estroicte garde de celle qui ne désire que, obtenant le fruict de mon labeur, icy, vous rendre toute l'amytié et debvoir, que seur peult fère à son aynée et chère seur, comme j'ay instruict mon conseiller, l'évesque de Rosse, pour vous fère entendre, plus au long, de ma part, sur le quel me remettant, je finiray, priant Dieu vous donner, etc.

MARIE STUART

AU COMTE D'ARGYLL.

(Original. — General Register House, à Édimbourg.)

Regret de Marie Stuart de ce que quelques-uns de ses fidèles sujets, trompés par de perfides conseils, se sont trouvés compromis avec les rebelles. — Espoir de Marie Stuart de voir s'améliorer l'état de ses affaires, par suite des conférences qui ont été ouvertes. — Remercîments adressés au comte d'Argyll pour sa fidélité. — Prière que lui fait Marie Stuart de ne consentir à aucun traité, et de ne se prêter à aucun arrangement avec les rebelles. — Recommandation qu'elle lui adresse de se tenir toujours éloigné d'eux. — Assistance qu'il doit donner à lord Fleming en lui envoyant, pour le château de Dumbarton, tout ce qu'il pourra trouver de vivres. — Reconnaissance qu'elle montrera de ce service. — Promesse d'un prompt secours. — Satisfaction particulière de Marie Stuart sur ce que le comte d'Argyll a échappé au piége qui lui était tendu. — Recommandation qu'elle lui fait de ne pas entrer en conférence avec les rebelles sans ses ordres positifs. — Propos tenus sur le duc de Châtellerault. — Instance pour que le comte d'Argyll se tienne dans l'isolement et attende que Marie Stuart l'instruise de ce qu'il doit faire.

De Wingfield, le 28 avril 1569.

Richt traist cousigne and counsalour, we greit zow weill. We haif vnderstand how that part of our subjectis, throw sum evill counsale, has hapnit to cum in danger with our rebelles, quhilk we lament greitumly, and not sa mekill for ony dampnage that we maye gett thairthrow, ffor thankis to God our affaires ar presently in better estait nor thay war sen the begynning of ony conference thairon, bot is sory of the evill bruyt rynnis thairof. Notwithstanding we haif vnderstand of zour constancy towart ws, quherof we thank zow maist hertly, and with the grace of God salbe acknawlegit of the same, nocht doubting bot ze vill contenew thairin to zour greit honour and advantage.   And we praye zow that on na wayes ze cum to appoynt-ment nor convening with the saidis rebelles by our advyse; bot hald zour self far fra thame, remaining still ferme in your constancy, quhairof now we haif the provfe : als praying zow verraye effectuously, that ze vill assist menteyne and help our traist cousigne the lord Flemyng to furneis the castell of Dumbarten with all viures that may be gottin in ony maner thairto, as ze vill do ws maist acceptabill service, and as our traist is in zow, and sall haif releif schortly to the con-tentment and honour of all thais that remanis constant and perseveiris in thair faythfulnes towartis ws, as thairin ze sall haif na caus to repent God willing quhome mott preserve zow.

Off Wyngfeyld, the xxviij of aprile 1569.

Autographe : Bruder, I am gled zou heff nocht en-terd so fuleschli in tak. I prey zou com nocht in tel zou hir from me, and heff no conferance with them, for and zou knou hou thei speik off the poor Duk[1] huas it coms nocht be him; bot kip zou ondisho-nord, for schortli I schal send zou wourd huat zou schal do.

Zour richt good sister and best frind foreuuer,

MARIE R.

Au dos : To our richt traist cousigne, counsalour, and lieutennent, THE ERLE OF ERGYLE.

---

[1] Le duc de Châtellerault.

MARIE STUART

A M. DE LA MOTHE FÉNÉLON.

(Copie. — Archives du royaume à Paris, Cartons des Rois, K. n° 95.)

Avis donné à Marie Stuart par le comte de Huntly. — Confiance qu'elle met dans ses promesses et sa fidélité. — Autorité qu'il exerce dans le nord de l'Écosse, qu'il a entièrement rangé sous l'obéissance de Marie Stuart. — Facilité avec laquelle on peut conserver toute cette contrée en y adressant de France quelques secours. — Nécessité de secourir Dumbarton. — Espoir que tout l'ouest de l'Écosse se soulèverait à la fois, si ces secours étaient envoyés.

De Wingfield, le 30 avril (1569).

Je viens, tout présentement, de recepvoir l'adviz, cy cloz, du comte de Huntely, lequel j'ay faict translater, de mot à mot, affin que vous le voyez. Je croy qu'il fera ce qu'il dict ; car, oultre l'obligation envers moy de sa vye et de ses biens, que je luy ay donnez, il a capitalle hayne avec le comte de Mora qui a faict morir son père et son frère, et a vollu en fère aultant de luy, et exterminer sa maison. Le comte de Huntely tient encores, en mon nom, tout le pays du Nort en obéyssance, et a dompté toutz ceulx qui tenoient pour mes rebelles. Il est bien loing du secours que la Royne d'Angleterre pourra fère à mes dictz rebelles, et, avec peu de ayde, aura moyen de les venir trouver, ou, pour le moins, de leur oster beaulcoup de pays et se saysir de plusieurs lieux d'importance ; et, si du costé de Dunbertan il y a concurrance, tout le pays du Ouest ne fauldra s'eslever en ma faveur, quelque appointement ou promesse qu'il y ayt du duc de Châ-

tellerault avec le comte de Mora et ses conplices ;
car, nul des deux ne peult longuement consister, si
l'aultre n'est du tout ruyné et destruict. Je vous prie,
monsieur de La Mothe, donner adviz de cecy au Roy,
et le supplier de rechef vouloir donner quelque secours à mon pouvre royaulme affligé, et, si ses afferes
ne permettent encores l'entier support, qu'il luy
playse ne laisser perdre Donbertan à faulte de munitions et quelque peu d'argent. Et sur ce, etc.

Escript le dernier d'avril, à Winkfilde.

MARIE STUART

AU DUC DE CHATELLERAULT.

*(Original avec post-scriptum autographe. — Musée britannique à Londres ;
collection Cottonienne, Caligula, C. I, fol. 310.)*

Réception des lettres du duc de Châtellerault, adressées par André Hamilton. — Envoi que Marie Stuart en a fait à l'évêque de Ross, avec recommandation d'appuyer auprès d'Élisabeth les demandes du duc de Châtellerault. — Promesse de la reine d'Angleterre de prendre bientôt une résolution à cet égard. —Détails donnés à ce sujet dans la lettre de l'évêque de Ross, dont copie lui est adressée. — Espoir qu'il sera envoyé au duc de Châtellerault une lettre d'Élisabeth et de son Conseil pour le comte de Murray, portant injonction de ne pas attaquer le château de Dumbarton et de laisser en paix le comte de Huntly et les siens. — Espoir de Marie Stuart que, grâce aux sollicitations de ses amis, elle verra bientôt son pouvoir rétabli en Écosse. — Heureux accroissement que prennent ses affaires. — Charge donnée de nouveau par les rois de France et d'Espagne à leurs ambassadeurs près la reine d'Angleterre de parler en faveur de Marie Stuart.—Communication des nouvelles qui ont été transmises récemment de France.—Heureuse influence qu'elles doivent avoir pour le bon succès des affaires en Écosse. — Promesse faite par Marie Stuart d'envoyer la lettre qu'elle attend d'Élisabeth aussitôt qu'elle l'aura reçue. — Entière confiance que le duc de Châtellerault doit avoir dans le succès. — Ferme assurance d'une résolution toute prochaine, le Conseil étant assemblé déjà depuis plusieurs jours.

De Wingfield, le 5 mai 1569.

Ryght trusty cosyn and cownselar we grete youe well. We resevyd your letters by your servant Andro Hamhylton, and incontynent therafter send exprestly to our servytor and traysty counselar the bysshop of Rose too meane your cawse unto the Q. our goode syster as we wrote too youe of byfor; wha ys anserytt that with advyse of her Cownsell shall shortly gyve vs resolucyon therof as mayre amply ye may see by the coppy of our sayd counselars wrytynge quhilk ye shall reseve; and further the bearar therof declaryd too us, by credytt, that the sayd byshop ys yn goode hope by promese made untoo hyme too obtayne a letter from the Q. our goode syster and her Cownsell too therle of Murray that he mell nott with our castell of Dunbrytten nor truble therle of Huntley or hys frends. Traystynge, with God's grace, that our frendes travel and solycytynge yn our cawse (quhilk dayly yncresys) shall take syke effecte, breyfly, as shall turne too our grete honor and consolacyon af all our faythfull subyectis: for both the ymbassadors that ar at the court for the Kynges of France and Spayne has newly gotten commyssyon of theyr sovereyne masters too solycytt yn our cawse. Also ye shall reseve the coppy of the newes we have gotten furthe of France, praynge youe too have good cumfortt, remaynynge constant toward vs; and hastely we shall send ye our goode syster's mynd

22.

anent your handelynge as we promessytt by your sayd
servytor as we dowght nott shalbe well, God wyllynge,
whome mott preserve yow.

Off Wyngfyld, the 5 of may 1569.

Zour richt good cusignes,

Marie R.

Autographe : Fer nott apon my word; byd constant and ye sha'l ether have that ye desyer of one part or uthar. Shortly ye shall here more; for Y luke too have resolute anser frome the Q. my syster thys four dayse, for her Counsel syts apon ytt sens munday.

MARIE STUART

A M. DE LA MOTHE FÉNÉLON.

(*Copie.* — *Archives du royaume à Paris, Cartons des Rois, K. n° 95.*)

Remercîments de Marie Stuart pour la communication que le roi lui a faite de la victoire de Jarnac. — Bruits que l'on fait courir en Angleterre que, malgré cette victoire, les protestants de France sont encore en grande force. — Inquiétude que Marie Stuart éprouve à ce sujet. — Vives instances pour que le roi envoie des secours à Dumbarton. — Protestation particulière de Marie Stuart contre les déclarations qu'elle serait forcée de souscrire pour sortir d'Angleterre. — Prière adressée à l'ambassadeur de saisir l'occasion qui se présente et de parler avec fermeté à Élisabeth en faveur de Marie Stuart.

De Wingfield, le 7 mai 1569.

Monsieur de La Mothe, j'ay esté bien ayse de veoir, par les lettres du Roy, monsieur mon bon frère, les bonnes nouvelles de la victoire qu'il a pleu à Dieu luy donner ; mais je suys en peyne de n'en avoir point eu de la Royne, madame ma bonne mère, et que l'on faict encores courre le bruict que les ennemys sont les plus fortz ; et, pour ce, je vous prie, monsieur de La Mothe, m'escripre amplement et librement la vérité de toutes choses. Si je puys obtenir congé pour ung des miens, je ne fauldray l'envoyer par dellà pour me resjouir avec le dict seigneur de l'heureux succez de ses affères, sinon je vous adresseray mes lettres à la première commodité ; et sur ce, je prie Dieu vous donner, monsieur de La Mothe, ce que plus vous désirez, etc.

Chiffre. — Je vous prye ne laysser cependant passer l'occasion de remonstrer au Roy la nécessité du prompt secours pour Donbertan, et l'inportance de la place, et vous asseurer que, quelque chose que je trette pour sortir d'où je suys, je ne diminueray jamais de la volontay et affection envers ceulx que je doibz ; et me semble, monsieur de La Mothe, que c'est la sayson que, si vous parlez un peu brusquement à la Royne d'Angleterre, j'en auray meilleur marché.

MARIE STUART

A L'ÉVÊQUE DE ROSS.

(Copie. — Archives du royaume à Paris, Cartons des Rois, K. nᵒ 95)

Indisposition éprouvée par Marie Stuart après avoir pris des pilules.

De Wingfield, le 10 mai 1569.

Monsieur de Rosse, ayant la commodité de vous envoyer la présente, j'ay bien vollu vous donner adviz de ma disposition, craignant qu'en soyez en peyne, après avoir peult-estre entendu l'estat où j'estois ce matin, quasi semblable à celluy où m'avez veue à Jedowart[1]. J'avois sur les huict heures prins des pillules, et, soubdain, m'est venu un tremblement et vomissement, et suys tumbée plusieurs foys en convulsion, ce qui m'a duré jusques à une heure après midy; mais, grâces à Dieu, je me sens assés bien revenue en moy, et espère que je me porteray mieulx. Si aulcuns de mes amys en ont, d'avanture, ouy quelque chose, vous pouvez les en mettre hors de peyne; et atant je prie Dieu vous avoir, monsieur de Rosse, en sa saincte garde.

A Wuinkfeild, le 10 mai 1569.

---

[1] A Jedburgh, le 17 octobre 1566, lorsqu'elle fut saisie d'une violente maladie à son retour du château de l'Hermitage.

MARIE STUART

A M. DE LA MOTHE FÉNÉLON.

(Copie. — Archives du royaume à Paris, Cartons des Rois, K. n° 95.)

Avis qu'elle donne à l'ambassadeur de son indisposition.

De Wingfield, le 10 mai 1569.

Monsieur de La Mothe Fénélon, ayant la commodité de vous envoyer la présente, j'ay bien voullu vous donner advis de ma disposition craignant qu'en soyez en peyne, après avoir peut-estre entendu l'estat où j'estois ce matin. J'avois sur les huict heures pris des pillules et soubdain m'est venu un tremblement et vomissement, et suis tombée plusieurs fois en convultion, ce qui m'a duré jusques à une heure après midy avec des douleurs que je ne vous sçaurois exprimer ; mais, grâces à mon Dieu, je me sens assés bien revenue à moy et j'espère que je me porterai mieux. Si aulcuns de mes amys en ont d'avanture ouy quelque chose vous pouvez les en mettre hors de peyne. Priant Dieu, monsieur de La Mothe Fénélon, vous donner heureuse et longue vie.

A Vuinkfeild, le 10 mai 1569.

Votre bien bonne amie,

MARIE R

MARIE STUART

AU DUC DE NORFOLK.

(Copie du temps. — Musée britannique à Londres, collection Harleienne, n° 290, fol. 92.)

Assurance donnée par Marie Stuart au duc de Norfolk que la faute involontaire qu'elle a commise, en oubliant de lui renvoyer sa lettre, ne peut avoir aucune conséquence fâcheuse. — Précaution qu'elle a eue de la renfermer, et certitude que ses clefs ne courent aucun danger. — Protestation que les lettres du Duc ne seront vues par aucun des confidents de Marie Stuart, même les plus intimes, et qu'elle ne se repose sur personne de tout ce qu'elle peut faire par elle-même. — Vive instance afin que le duc de Norfolk veuille bien lui donner quelqu'un en qui elle puisse mettre toute confiance. — Crainte de Marie Stuart de n'avoir pas la force suffisante pour mener à fin l'entreprise qui est tentée. — État de maladie dans lequel elle se trouve. — Vif regret de Marie Stuart d'avoir manqué à renvoyer, la veille, le gage que lui avait fait remettre le duc de Norfolk. — Envoi qu'elle fait à l'évêque de Ross des lettres venues d'Écosse, dont le duc de Norfolk pourra faire l'usage qu'il croira convenable. — Impossibilité où se trouve Marie Stuart d'en écrire davantage. — Son espoir d'être promptement rétablie. — Assurance qu'elle répondra dans le jour même aux dernières lettres qu'elle a reçues du duc de Norfolk.

(De Wingfield), le 11 mai (1569).

I wold have ben gladder nor I am if the assurance of my carefulnesse in any thing touching yow might have prevailed against my suspicion in the contraire. Allwayes I am glad that ere now ye may know that one great hast to answer to your satisfaction might cause a fault to be done without danger, for the letters remained, but my keyes are not in that peril yow toke them in. I pray yow be sure I have none I trust in shall oversee them. . . . . . . nor I trust in none

more than in that I am not able to do; and if yow
will apoint one yow trust, to have to do that I may
not do I am contented; for I assure you, I write as
much as I may do and spares not my travaile, for I have
none other maters in head than them that yow have in
hand to be occupied with, and I feare that it is to
busy upon me presently that I have not taken very
much ease this last night so that I am not able to
write further, and this in peine, being in fever. I
pray yow take it not in evell part, for I minde it not,
for I thought yesternight to have send yow the token
yow sent, to pray yow not to leave your care of me
for any extremitie. I send the bishop of Ros letters
from Scotland; do yow in them as yow think best.
I may write no more. As sone as I be any thing
amended I shall write more plainely. I pray God preserve yow and if yow send me any newes I pray God
they be more comfortable.

From my bed, the xɪ[th] of may.

I shall do what I may to be sone up, and for your
answer to my last letters shall fully resolve yow daily
with lettres. My trembling hand here will write no
more.

MARIE STUART

A LA REINE ÉLISABETH.

(Copie. — Archives du royaume à Paris, Cartons des Rois, K. n° 95.)

Déclaration solennelle de Marie Stuart qu'elle n'a jamais fait, au duc d'Anjou ni à aucun autre, cession de ses droits à la couronne d'Angleterre depuis qu'elle est en âge de discrétion. — Assurance qu'elle est prête à en fournir telle preuve qu'Élisabeth pourra désirer.

Le 15 mai 1569.

Madame, ayant entendu, par l'évesque de Rosse, mon conseiller, que quelques objections estoient faictes pour empescher la prompte démonstration de vostre bonne volonté vers moy, allégant que j'avois faictz quelques contractz avecques monsieur d'Anjou, le frère du Roy monsieur mon frère, qui vous pouvoit préjudicier, je me suis bien vollue esforcer, n'ayant encores recouvert ma santé, par ces mal escriptes lettres vous asseurer sur ma conscience, honneur et crédict, que jamais n'ay faict nul contract avecques luy, ny aultre, d'aulcune chose, ny n'entray jamais en ceste opinion de fère chose à vostre préjudice, despuys que je suys en aage de discrétion[1], ny tant

---

[1] En donnant cette déclaration générale Marie Stuart faisait abstraction de l'acte du 4 avril 1558, par lequel elle avait cédé au roi Henri II et à ses successeurs tous ses droits à la couronne d'Angleterre. (Voy. cet Acte, t. I, p. 50.) Il est vrai qu'elle pouvait alléguer qu'au moment où cet acte fut souscrit, elle n'était pas encore en âge de discrétion, puisqu'elle n'avait pas atteint

mal advantaigeuse pour ce royaulme et à moy, que
de fère aulcun contract, ny transmission ; de quoy je
vous donray telle preuve, asseurance ou seureté, qu'il
vous plairra deviser, comme l'évesque de Rosse vous
dira plus au long, vous supliant le croyre et m'excuser, car je suys en assés foible disposition pour vous
escripre comme j'en ay subject et volunté, seulement
me suys-je esforcée vous rendre tesmoignage de ma
main, auquel j'appelle Dieu en tesmoing : et prie Dieu
qu'il vous ayt en sa saincte garde.

Ce dimenche matin, xve de may 1569.

sa seizième année, et qu'elle ne fut assistée ni de la régente d'Écosse sa mère,
ni de son parlement. Quant à une cession qu'elle aurait faite plus tard au duc
d'Anjou de ses droits à la couronne d'Angleterre, il parait certain qu'un tel
acte n'a jamais existé ; sur la demande de Marie Stuart, Charles IX, par une
déclaration du 10 juillet 1569, et le duc d'Anjou, par une autre déclaration
du 17 du même mois, protestèrent solennellement contre la fausseté de cette
imputation. Ces deux déclarations sont conservées aux Archives du royaume,
Cartons des Rois, K. n° 96.

MARIE STUART

AU CONSEIL D'ANGLETERRE.

*(Original. — Musée britannique à Londres, collection Cottonienne,
Caligula, C. I, fol. 311.)*

Déclaration faite par les membres du Conseil d'Angleterre à l'évêque de Ross,
que Marie Stuart ne peut plus offrir aucune sûreté à la reine, leur maitresse,
par la raison qu'elle a fait cession au duc d'Anjou de tous ses droits à la couronne d'Angleterre, cession qui a été confirmée par le pape. — Avis qui a été
donné de France au Conseil d'Angleterre que l'ambassadeur d'Écosse avait pris
part à cette négociation par l'ordre de Marie Stuart. — Assurance exprimée
par le Conseil que ce n'était pas là un vain bruit, mais qu'il en avait été instruit par un de ceux qui avaient pris part à l'affaire et qui était en ce moment
du Conseil du roi de France. — Protestation de Marie Stuart contre une telle
calomnie, quelle que fût son origine.—Déclaration solennelle, sur son honneur
et sa conscience, qu'elle n'a fait aucune cession de ses droits à la couronne
d'Angleterre, ni au duc d'Anjou ni à personne autre; que jamais aucune proposition ne lui a été adressée à ce sujet; qu'elle n'a jamais eu cette pensée et
qu'elle n'a jamais donné sur ce point ni ordre ni commission à personne. —
Confiance que le Conseil d'Angleterre n'ajoutera pas plus long-temps créance à
ces calomnies et qu'il voudra bien donner ses soins à une prompte et favorable
résolution sur les affaires de Marie Stuart.

De Wingfield, le 15 mai 1569.

Richt traist and weilbelovit counsalouris to the
Quene of England, our gud sister and cousignes, we
greit zow weill. Forsamekill as the bishop of Ros our
richt traist counsalour and commissioner presentlie towart the Quene our gud sister with the powar and
charge he hes declarit unto yow to haif of ws, to
travell and treat sum affaires concerning the requeist
quilk we are curit to mak unto our said gud sister to

ye effect that be hir moyen, support and good help, we may be restorit in our awin estait and gyde of our realme, hes lattin ws to understand be his letter writtin ye xij of yis instant, that he being in conferring with yow upone the premisses, ze proponit unto him to haif understand that we myght not mak securitie to the Quene our gud sister be ressone we hade transferrit our right of the crowne of England to the duke of Anjow and thairin had made him our cessionar and assignaye, and the same confirmit be the Pape : Querof ze hade advertisment long syne of the syde of France that our ambassadour in thayr partis hade trafiquit in that practise at our command and that the said devyse come not only befoir be ane commoun bruyt bot of sum of thais that hade mellit tharwith and presently of the King our gud brotheris Counsale : Quilk hes bene calumniously inventit; ffor of quhatsumevir part this advertisment is curit to the Quene our gud sister or to zow hir faytfull and wyse counsalor, it is werray ewill and sinister informit, and in sa far is it untrew that ewen we maid cessioun or transport to the duke of Anjow or ony uthir of the right quilk we maye pretend to the crowne of England aftir our said gud sister or utherwayes as thai vald alledge. That it was newer proponit to ws nouthir in the said duke of Anjow's name nor of ony uthir quhatsumevir. Nor we newir did think nor had wille to the same : Querof we certifie and assuris yow on our honor and conscience, and that nowthir presently nor in tyme to cum it shalbe found that

ewer ony hade commissioun or command of ws thairon as we declair particularlie to our said gud sister
be ane letter of our awin hand.   Querfor we praye
yow not to gif forther credeit wnto the calumnious
invention of theis that desyris na concorde nor amytie to be betuix our said gud sister and ws and to sett
the matter in na longar tyme dryving.   Quilk for the
necessitie that ewery one of zow knawes weill (que-
rin is retenit the affaires of our realme and our obedient subjectis oppressit be our rebelles and usurpatioun of our authoritie) requyres favorabill and prompt
expeditioun.   In quilk doing ze will do a honorable
thing and worthy of our said good sister and of yow
hir faytfull and prudent counsale.   And of our part
we shalbe obligit' and addettit unto zow, praying the
eternale God to haif yow in his protectioun.

   Frome Wingdfeild, the xv daye of may 1569.

                    Your richt good frinde,

                              MARIE R.

MARIE STUART

A SIR WILLIAM CECIL.

(Original. — State paper office de Londres, Mary Queen of Scots, vol. 3.)

Assurance particulière donnée par Marie Stuart à Cecil, sur sa parole de princesse et sur son honneur et conscience, qu'elle n'a fait cession de son titre à la couronne d'Angleterre, ni au duc d'Anjou, ni à aucun autre; qu'elle
n'y a jamais pensé et qu'elle n'en a jamais été requise. — Prière qu'elle lui
adresse de n'ajouter aucune foi à ces mensonges inventés pour détruire toute
bonne intelligence entre elle et Élisabeth, et apporter de nouveaux délais à la
solution de ses affaires.

De Wingfield, le 15 mai 1569.

Richt traist freind, we greit zow weill. Albeit we
haif writtin ane letter in generale to zow all lordis of
Counsale to the Quene our gud sister, to putt zow
owt of doubt quhairin ze ar, by ane advertisment
maid to zow, that we hade transferrit our tytill to the
duke of Anjou; zitt we wald not leif to wryt this present to zow in particulair, to assure zow on the fayth
of a princes and on our honour and conscience that it
is not of veritie. For we maid newer cessioun nor
transport thairof to the duke of Anjou nor na uthir
quhatsumevir, being a thing quhairtill we hade newer
thoght nor was requyrit thairto. And thairfor prayes
zow to gif na credeit to sic inventit leyis to divert the
amytie of our gud sister towartis ws, and that sic occasioun be not the caus to differ ony langar the prompt

yssue and expeditioun quhilk at this tyme be zour help and gud moyen we hoip for our affaires, quhairof we hald ws mekill obligit wnto zow ; praying the eternale God to haif zow in his protectioun.

Frome Wingdfeild, the 15 daye of may 1569.

Zour richt good frind,

MARIE R.

Au dos : To our richt traist freind SIR WILLIAME CECILL, knyght, principale secretaire to the Quene our gud sister and cusignes, this be delyverit.

1569. — Le 25 mai, l'évêque de Ross présente un mémoire à Élisabeth, dans lequel il demande que cette princesse rétablisse Marie Stuart sur le trône d'Écosse, ou lui permette de passer en France, afin de solliciter l'assistance du roi, son beau frère, et des autres princes chrétiens.

La reine d'Angleterre répondit qu'avant tout il fallait que sa cousine lui donnât des preuves certaines qu'elle n'avait point fait cession au duc d'Anjou de ses droits à la couronne d'Angleterre, comme le bruit en avait couru.

Marie Stuart envoya donc à la cour de France Bortwick, son écuyer, et Raullet, son secrétaire, pour obtenir les déclarations qui devaient la justifier.

MARIE STUART

AU LAIRD DE BARNBARROCH.

(Original. — Archives de la famille de Barnbarroch, maintenant chez M. Vans Agnew.)

Soin pris par Marie Stuart de tenir le laird de Barnbarroch au courant de ses affaires en Angleterre. — Charge qu'elle a donnée à lord Boyd, l'un de ses commissaires auprès d'Élisabeth, qui retourne en Écosse, de rendre compte au laird de Barnbarroch du véritable état des choses et des espérances favorables qu'elle a conçues.

De Wingfield, le 4 juin 1569.

Traist freind we greit zow weill. Forsamekill as in tymes bypast we haif ewer advertisit zow be our lettres of our proceidingis with the Quene of England, our gud sister, nocht say amply as we wald haif done be ressone of the discommoditie of passage hes bene betuix thir realmes bot at the leist of the gude opinione we hade of the resolutioun thairof, and now our traist cousigne and Counsalour my lord Boyd, ane of our commissioneris towart our said gud sister, being returnit fra hir and hir counsale, we haif depeschit him with thir presentis in our realme to declair unto zow the verraye treuth and gud estait of our affaires, and our mynd in all thingis; quhilk becaus of his sufficiency we wald not wryt amply, bot referring the same to him quhome ze sall credeit as our selff, committis zow to God.

Off Wingdfeild, the iij daye of junij 1569.

MARIE R.

Au dos : To our traist freind the
LARD OF BARNBARROCH.

MARIE STUART

A LA REINE ÉLISABETH.

(Original. — State paper office de Londres, Mary Queen of Scots, vol. 3.)

Plainte adressée par Marie Stuart à Élisabeth à raison de la capture du navire écossais le *Hary*, appartenant à George Clark et Roger Maknacht, alors qu'il venait de La Rochelle, chargé de vins de Cognac et de fers d'Espagne. — Attaque faite en mer contre le *Hary* près du cap de Land's-End en Cornouailles, par le capitaine Kaill et les sieurs Wantoun, Blount et Marcus, habitants de Londres, qui montaient un navire armé en guerre. — Excès auxquels ils se sont portés contre les Écossais, qu'ils ont abandonnés sur la côte après les avoir entièrement dépouillés. — Inutilité des réclamations faites par les propriétaires du navire auprès d'Élisabeth et de son Conseil. — Vives instances afin que justice leur soit rendue, et qu'il leur soit accordé une indemnité pour le dommage qu'ils ont souffert.

De Wingfield, le 8 juin 1569.

Richt heighe, richt excellent and mightic Princes, our derrest gud sister and cousignes. Aftir our maist hertlie commendatioun. Forsamekill as it is humbly meanit and schawin wnto ws be sum of our pure subjectis namit George Clark and Roger Maknacht, marchantis, that quhair upon the tent daye of februare last, thaye being in thair wayage cuming fra the Rochel in ané schip callit the Hary of the tone marryne, lading with fiftie fyve twn and ane half of Coignac wyne, and aucht thousand wecht of Spanishe irne, perteninng to thame; was passand by the cape of Cornvall callit the Landis End toward ane raid namit Montisbery, quhair capitaine Kaill gentillman of heritage besydis Londoun, maister Wantoun, maister Blount and maister Marcus, induellaris in Londoun, with thair complices, having ane weir schip, invaidit thame upoun the sea, hurt and woundit dyvers of thair men, and violently tuke thame selffis, reft and spoilzeit from thame the saidis haill wynis and irne, with thair haill furnesing claithis and uthiris small waires, contenit in the said schip, extending to the valour of sevin hundreth poundis sterling, as thair chartour party beiris; and thaireftir sett thame selffis upoun schoir, spulzeit of thair claithis haill gudis and geir without ony mercy or support of thair awin gudis to convoye thame throw the cuntrey : bot was left thair dessolat and was compellit to beg almous. Quhairof (as we ar informit) thay have gevin dyvers complayntes and supplications to zow, our gud sister and cousignes, and to your honorabil Counsale awaiting stil at zour Court upoun ane answer thairof contenewally sen Candilmes last wes, and can gett na answer bot ar postponit and delayit to thair great hurt and uter vraik of thame, thair pwre wyffis and childrene :

23.

maist humbly beseikand ws to fynd sum remeid thair-intill. Quhairfor we pray zow verraye effectuously that ze vill caws sum gud ordour be taikin in the same, quhairthrow the saidis pwre men maye haif justice brievely with redress and restitutioun of thair gudis and geir, or ellis payment thairfor, with recompence of thair cost skaith and dampnage according to all gud law and equitie, as our traist is in zow.

And swa ryght heighe, ryght excellent and mighty Princes, our derrest gud sister and cousignes, we pray God to send zow long and prosperous lyfe.

At Wingdfeild, the 8 of juin 1569.

Zour richt good sister and cusignes,

MARIE R.

Au dos : To the richt heiche, richt excellent and michty Princes, THE QUENE OF EN-GLAND our gud sister and cousignes.

MARIE STUART

AU DUC DE NEMOURS.

(Autographe. — Bibliothèque royale de Paris, Ms. Béthune, n° 9126, fol. 5.)

Envoi fait par Marie Stuart d'un messager au duc de Nemours. — Confiance qui
doit être mise en lui pour toutes les communications qu'il donnera et qu'il y
aurait inconvénient à transmettre par écrit.

De Wingfield, le 9 juin (1569).

Mon cousin, m'estant permis maintenant ce que
j'avois il i a long temps désiray, c'estoit de fayre mon
devoir vers le Roy et la Royne, et tous messieurs mes
bons amys et parans, du nombre desquels je vous ay
tousjours tenu et trouvé des prinsipaulx, je n'ay
voullu faillir de vous fayre ce mot pour vous prier de
donner crédit à ce porteur, qui vous déclarera l'ocasion de son voiasge, et l'estat de mes affayres, tant
issi qu'en mon malheureulx pays; et pour ce que je
le connois fidelle, et doubte quel inconvéniant pourroit
venir aux lettres, je ne les feray plus longues; ayns,
me remétant sur luy à vous fayre ample discours du
tout, je vous priray me fayre part de vos nouvelles,
que je prie à Dieu estre tousjours aussi bonnes que

les sçauriés souhayter : et après vous avvoir bésay les meins, je feray fin.

De Winkfeild, ce ix de juing.

Votre bien affectionnée et bonne cousine,

MARIE.

Au dos : A mon cousin, MONSIEUR LE DUC
DE NEMOURS.

1569. — En juin, Norfolk, Sussex, Arundel, Pembroke, Lumley et même Leicester écrivent à Marie Stuart au sujet du mariage proposé entre elle et le duc de Norfolk. Elle y donne son consentement, sous la condition que l'on ferait déclarer la nullité de son union avec Bothwell.

Vers cette époque, le comte de Shrewsbury étant tombé malade, sir Francis Knollys resta pendant quelques semaines près de la reine d'Écosse.

Ce fut aussi dans le même temps que recommencèrent, entre le duc d'Albe et Marie Stuart, les négociations du mariage qu'on voulait lui faire contracter avec don Juan d'Autriche. John Hamilton, lord Seaton et Raullet firent de fréquents voyages en Flandre pour en traiter. Cependant il paraît que la reine d'Écosse ne songeait pas sérieusement à ce mariage et qu'elle ne cherchait par là qu'à se ménager l'appui de Philippe II, afin de recouvrer sa liberté.

MARIE STUART

AU DUC D'ALBE.

(Autographe. — Archives de Bruxelles.)

Confiance entière que doit mettre le duc d'Albe dans les communications qui lui
seront faites par Raullet que Marie Stuart envoie vers lui. — Fidélité avec laquelle Raullet rendra compte de tous les projets de sa maîtresse, ce qui la dispense de hasarder une lettre plus longue.

De Wingfield, le 13 juin (1569).

Mon cousin, j'ay reçu [1] . . . .
mes serviteurs, lequel m'a semblé plus propre . . . .
plus segret et ensien de mes serviteurs que par lettre
ou aultre messagier, ce que plustost j'eusse fayt si
l'ocasion m'en eût donnay la commoditay comme elle
s'est offerte, pour le moygns, de me mètre au hasard
de vous fayre entandre comme mes affayres procèdent issi et aillieurs, de quoy j'ay amplement instruit
Roullet, présant porteur, et de toutes mes consep-
tions; auquel je vous priray donner crédit comme à
moi mesmes, sans auqun scrupulle, car il est catolique et sans faction ni dévossion que la miéne,
comme celui qui m'est serviteur de longue mayn et
nourri par la feu Royne ma mère, que Dieu absolve.
Quoy considéray, je ne métray lettres de plus grand
discours en hasard, ayns priray Dieu pour fin qu'il

[1] Parmi les lettres de Marie Stuart conservées aux archives de Bruxelles
plusieurs ont souffert de l'humidité. Les passages indiqués par des points
n'existent plus dans les originaux.

vous doint, mon cousin, ès santay, longue heurheuse vie, et victoire contre les ennemis de sa loy.

De Winkfeilde, ce xiij^me de juing.

Votre bien bonne cousine,

MARIE R.

Au dos : A mon cousin LE DUC D'ALBA.

MARIE STUART

A LA REINE ÉLISABETH.

(Autographe. — State paper office de Londres , Mary Queen of Scots, vol. 3.)

Remerciments adressés par Marie Stuart à Élisabeth pour les bonnes espérances qu'elle lui a fait donner par lord Boyd de son prompt rétablissement en Écosse.— Confiance que met Marie Stuart dans le secours tant désiré qu'elle attend depuis deux ans de la reine d'Angleterre.—Charge qu'elle a donnée aux deux médecins envoyés auprès d'elle par Élisabeth de lui en rendre témoignage.—Sa reconnaissance pour les soins qui ont été pris de sa santé. — Mission donnée par Marie Stuart à Borthwick de se rendre en France pour solliciter du roi la déclaration que désire Élisabeth.—Instance pour que la reine d'Angleterre prenne la résolution de rendre la liberté à Marie Stuart et d'arrêter avec elle un traité d'alliance, sans même attendre la réponse du roi de France. — Excuse , sur le mauvais état de sa santé , du retard qu'elle a mis à répondre à Élisabeth et à envoyer Borthwick en France.

De Wingfield, juin (1569).

Madame ma bonne sœur, j'ay resceu par milord Boid, mon consillier et l'un de mes commissionnères, l'amiable consolation qu'il vous a pleu me donner

tant par vos cordialles lettres, que crédit au dit milord Boyd, avvèques non moygns de consolation et
espérance de votre prompt secours et soulasgement à
mes longs travaulx, que le timide marinier quand,
après l'agitation d'une horrible tampeste, entre inco-
gneus ports il découvre le désiray farre. Or, Madame,
puisque j'ay dressay le cours de mon affligée nau
soubs l'abri de votre favveur, je me veulx certène-
ment persuader que, au bout d'une si longue na-
vigation de deus années, que vous me recevrés
au port de votre bonne grâce et faveur, laquelle si
naturelle afection et amour peult obtenir, je me foys
forte d'i parvenir, comme j'ay priay ces deulx gen-
tillshommes, sufisants et bons phisisians, vous dire
de ma part avèques la joye, qu'entre tant de osbscures
menées, me donna le rayon de votre naturelle pitié
qui s'aparut à moy par le soign qu'il vous pleust par
eulx me montrer [que] avvez de ma santay; pour le
recouvremant de la quelle je suis grandemant tenu au
conseill, peyne, et solisitude des présants porteurs,
de quoy je n'ay peu moygns fayre que vous randre
tesmoignage par la présante.

Au reste, selon vostre plésir, j'envoy présentemant
Borthik vers le Roy de France, monsieur mon bon
frère, avvèques charge de vous raporter le tesmoi-
gnasge resquis [1], duquel je fays si peu de doubte que
je vous supplie, ce pandant, ne laysser à procèder à
ma libertay d'une part, et liayson de l'autre avec

---

[1] La déclaration qui fut donnée par Charles IX le 10 juillet suivant.

vous en obligation et acroisemant d'amitié , laquelle
je ne layrray à vous porter, ce pandant, aussi affectionnée que naturelle et propre sœur peult fayre.
Vous excuserez si j'ay tant mis à vous fayre ce humble
merciemant et à despescher Borthik , s'il vous plest,
car j'estois retombée un peu mallade au changemant
d'ayre et ay eu certènes aultres affayre qu'il vous
pourra dire lui mesmes ; et pour ne vous ennuyer dav-
vantasge, je me remétray à la sufisance des porteurs à
vous déduire l'estat de ma santay, puisqu'il vous plest
me faire cest honneur d'en estre soigneuse, pour,
après vous avvoir bésay les mains, priay Dieu qu'il
vous doynt, Madame ma bonne sœur, en santay, longue et heurheuse vie.

De Winkefeild , ce.... de juing.

Votre bien affectionnée et bonne sœur et cousine,

MARIE R.

Au dos : A LA ROYNE D'ANGLETERRE , madame
ma bonne sœur et cousine.

1569. — Le 2 juillet, George Douglas, qui était arrivé à Londres
avec des lettres de Charles IX et de Catherine de Médicis, obtint
la permission de se rendre près de Marie Stuart.
Le 8 juillet, il repartit pour la Flandre, chargé d'une mission
de Marie Stuart vers le duc d'Albe.

MARIE STUART

AU DUC D'ALBE.

(*Autographe.* — *Archives de Bruxelles.*)

Danger dans lequel se trouve le château de Dumbarton si on n'y envoie pas un prompt secours. — Pressantes instances pour que le secours parte sans le moindre retard. — Nouvel état des choses qui ont empiré depuis le départ de Raullet. — Nécessité où s'est trouvée Marie Stuart d'envoyer au duc d'Albe un nouveau message à cette occasion. — Confiance entière que le duc d'Albe peut mettre dans le porteur.

De Wingfield, le 8 juillet (1569).

Mon cousin, ayant resceu depuis . . . .
. . . . . uel pour l'incomoditay du voiasge ne pourra
. . . . mon pays et spésiallement du capitayne
de mon chasteau de Donberttan qui me mande le dangier en quoi il est, si en brief il n'est secouru. J'ay
despeschay ce gentilhomme, l'ung de mes serviteurs
que connoissés, pour prandre le hasard d'un plus
court passayge affin de vous fayre entandre le besoign
que moy et les miens avvons d'un plus prompt secours que je n'avoys fait mantion par le dit Roullet,
lequel vous pourra rendre compte au long de l'estast
de mes affayres tant issi qu'en Escosse, et ce porteur
est instruict de ce que j'ay peu despuis aprandre ; par
quoy me remétant à ces instructions, estant un que
jà j'ay employé vers vous, je vous priray lui donner
crédit et l'expédier avvèques la favveur et suport que
j'atands de la bontay du Roy Catolique, monsieur mon

bon frère, et de vous que je tiens au nombre des amys que j'estime et honore le plus. Et pour ce qu'il est amplemant par moy informay, je ne feray la présante plus longue, sinon pour me recommander affectueusement à votre bonne grâce, priant Dieu vous donner, mon cousin, longue et heurheuse vie, et victoyre de vos ennemis.

De Winkfeild, ce VIII de juillet.

> Votre bien bonne sœur et cousine,
>
> MARIE R.

Au dos : A mon cousin LE DUC D'ALBA.

MARIE STUART

A LA REINE ÉLISABETH.

(Autographe. — Musée britannique à Londres, collection Cottonienne; Caligula, C. I , fol. 312.)

Rapport fait à Marie Stuart par lord Boyd des nouvelles rigueurs exercées par les rebelles d'Écosse contre les sujets fidèles. — Requête nouvelle présentée par Marie Stuart à Élisabeth, pour qu'elle déclare enfin d'une manière décisive si elle veut la secourir ou la délaisser. — Mission donnée à l'évêque de Ross d'exiger une réponse définitive et d'exposer à la reine d'Angleterre tous les motifs qui forcent Marie Stuart à prendre cette détermination.

De Wingfield, le 11 juillet (1569).

Madame ma bonne sœur, ayant entendu par mylord Boyd que tant s'en fault que mes rebelles cessent à

votre commandemant la poursuite de mes subjects,
qu'au contraire ils leur ont usé et prétandent user
d'avvantage de rigueur, en toute haste je vous
ay voullu fayre ce mot pour prier de donner crédit
à monssieur de Rosse, et briève expédition pour la
grand nésésitay en quoy j'ay laissay tombay mes affayres pour vous complayre, ne scherschant plus secours ailleurs. Je voy les délays de Mora, parquoy
je vous suplie ou promptement me résouldre de votre
ayde, ou m'en refuser; car d'atandre plus à trayter
avec Mora, et ce pendant qu'il se fasse maytre de tout,
ce ne seroit mon bien, ni grand honneur à vous que,
vous en estant meslée, ils en fassent si peu de compte.
Ayant envoyé les discours au long à milord Ross, je
ne vous inportuneray plus pour le présent, sinon vous
baysant les mains, priant Dieu vous avvoir en sa saincte
guarde.

De Winkfeild, ce onsiesme de juillet.

Votre très affectionnée et bonne sœur et cousine,

MARIE R.

Au dos : A LA ROYNE D'ANGLETERRE, madame
ma bonne sœur et cousine.

MARIE STUART

A M. DE LA MOTHE FÉNÉLON.

(Copie. — Archives du royaume à Paris, Cartons des Rois, K. n° 95.)

Envoi d'une lettre pour le cardinal de Lorraine. — Remercîments de Marie Stuart
à raison des bons soins que La Mothe Fénélon donne à ses affaires. — Instantes recommandations afin qu'on ne laisse échapper aucune occasion d'intercéder
vivement en sa faveur auprès d'Élisabeth. — Ordre qu'elle a donné à l'évêque
de Ross de communiquer à l'ambassadeur toutes ses affaires. — Prière pour
que La Mothe Fénélon prenne soin d'instruire l'évêque de Ross des nouvelles
de France.

De Wingfield, le 25 juillet 1569.

Monsieur de La Mothe Fénélon, je receu hier vostre
lettre du xxj^e de ce moys, ensemble celle de monsieur
le Cardinal mon oncle, de la quelle je vous envoye
la responce par le présent porteur, laquelle je vous
prie luy faire seurement tenir par la première commodité. L'évesque de Rosse m'a plusieurs foys escript
de la peine et soing que vous prenez pour l'advancement de mes affaires, de quoy je vous remercye de
bien bon cœur, et vous prie de ne vous lasser de continuer, et de parler vifvement, l'occasion s'offrante, à
la Royne, ma bonne sœur, ainsy qu'avez faict au
passé, et que je m'assure que le Roy, vostre maistre,
monsieur mon bon frère, entend que fassiez à toutes
les fois que penserez que vostre parolle me pourroit
servir.

Je n'eusse esté si longtemps sans vous escripre, si quelc'ung de mes secrétaires eust esté icy près de moy, et vous fairois plus ample discours à ceste heure de l'estat de mes affaires, sy je ne m'assurois que le dict évesque de Rosse vous communique librement tout [ce] qui se passe en iceulx, suyvant le commandement que je luy en ay donné à son partement d'icy, et ce que je luy en ay souvant despuys escript. Je vous prie, au surplus, de me mander souvant de vos nouvelles, ou pour le moins quand vous [en] recepvrez des bonnes, d'en faire part au dict évesque de Rosse. Et atant, après mes affectionnées recommandations à vostre bonne grâce, je prie le Créateur, monsieur de La Mothe Fénélon, vous donner heureuse et longue vie.

De Vuingfeild, le xxve de juillet 1569.

Vostre bien bonne amye,

Marie R.

MARIE STUART

AU DUC DE NORFOLK.

*(Déchiffrement. — Musée britannique à Londres , collection
Harleienne, n° 290, fol. 94.)*

Accusé de réception des lettres écrites par le duc de Norfolk. — Bonheur éprouvé
par Marie Stuart de la satisfaction du duc de Norfolk, à raison de la franchise
de sa conduite envers lui. — Sa résolution de se conduire en toutes choses de
manière à se conserver dans la bonne opinion qu'il a conçue d'elle et à lui donner de nouveaux témoignages d'un entier dévouement, comme si elle était toute
à lui. — Assurance que son état de santé s'améliore. — Confiance entière qu'elle
met dans le duc de Norfolk, à qui elle abandonne le soin de tous ses intérêts.
— Communication donnée à l'évêque de Ross des avis transmis par le duc
d'Albe. — Instance de Marie Stuart pour savoir ce qu'elle doit répondre. —
Ses regrets de ne pouvoir oublier sa position malheureuse. — Son désir de voir
le duc de Norfolk délivré de tout chagrin. — Plaisir qu'elle éprouve à lui
écrire et à recevoir de ses lettres. — Propos tenu par Murray au comte d'Argyll, que Marie Stuart ne rentrerait jamais en Écosse et que l'on voulait se dé-
barrasser d'elle. — Sa crainte qu'ils ne soient trahis tous deux.

De Wingfield, le 24 . . . . (1569).

Sunday I received a writing by Borthwick from
you, whereby I perceive the satisfaction you have of
my plain dealing with you, as I must do of my duty.
Considering how much I am beholden to you many
ways, I am glad the grant of my good-will is so
agreeable to you. Albeit I know myself to be so un-
worthy, to be so well liked of one of such wisdom
and good qualities, yet do I think my happe great
in that, yea much greater than my desert. Therefore
I will be about to use myself so, that, so far as God

shall give me grace, you shall never have cause to
diminish your good conceit and favour of me, while
I shall esteem and respect you in all my doings so
long as I live, as you would wish your own to do.
Now, good my lord, more words to this purpose
would be unseemly to my present condition, and im-
portunable to you, amongst so many business; but
this, trust you, as written by them that means un-
feignedly. This day I received a letter from you by
this bearer, whereby I receive the thought you take
of my health, which, thanks to God, is much better
than it was at his departing, but not yet very strong,
nor quit of the soreness of my side. It causes me
to be more heavy and pensive than I would or need
to be, considering the care you have of me, whereof
I will not thank you, for I have remitted all my causes
to you to do as for yourself. I write to the bishop of
Ross what I hear from the duke of d'Alva, governor
of the Netherlands. Let me know your pleasure at
length in writing, what I shall answer. Now, my
Norfolk, you bid me command you; that would be
besides my duty many ways. But to pray you I will,
that you counsel me not, to take patiently my great
griefs, except you promise me to trouble you no
more for the death of your ward. I wish you had
another in his room to make you merry, or else I would
he were out both of England and Scotland. You
forbid me to write; be sure I will think it no pains,
whenever my health will permit it, but pleasure, as
also to receive your letters, which I pray you to spare

not, when you have leisure without troubling you; for they shall fall in no hands where they will be better received. The physicians write at length; they seem to love you marvelously, and not mislike of me. We had but general talk, and some, of your matters, but not in any body's name; therefore I answered nothing, but giving ear soberly. When Borthwick goeth up, you shall understand all; in this it is unintelligible; mean time I must warn you, when I hear any thing touching you. Argyle sends me word expressly, that when he met at Stirling with Murray, the Regent of Scotland, he assured him, I should never come home, and that he had intelligence for to be quit of me, remembered him of his promises. Borthwick will write it to the bishop of Ross, and my lord Fleming. Argyle prayed me, if you were my friend, to advertise you hastily : take of this what pleases you, but I am sure they will be traytors to you and me; and if they were in Turkey, you and I were never the worse; albeit I will not be importune. But, and this summer past, I hope by the good all year. God preserve you from all traytors, and make your friends as true and constant.

From Wingfield, late at night this 24th.

Your assured,

MARY.

MARIE STUART

A M. DE LA MOTHE FÉNÉLON.

(Copie. — Archives du royaume à Paris, Cartons des Rois, K. nº 95.)

Reconnaissance de Marie Stuart pour les services que lui rend La Mothe Fénélon.
— Nouvelles reçues d'Écosse par Thomas Fleming et dont elle fait part à l'évéque
de Ross. — Prière afin que l'ambassadeur insiste auprès d'Élisabeth pour qu'elle
rende la liberté à Marie Stuart ou lui permette de chercher secours ailleurs.—
Avis donné par La Vergne à Marie Stuart.— Soupçon qu'elle a conçu contre ce
secrétaire. — Remontrances qu'elle lui a faites. — Vive assurance de l'attachement de Marie Stuart pour le roi de France et Catherine de Médicis.

(De Wingfield), le 10 août 1569.

Monsieur de La Mothe Fénélon, j'é receu vostre lettre
du xj^e du présent par le moyen de monsieur de Rosse,
et, tant par icelle que par la sienne, cogneu la conti-
nuelle bonne volonté que vous avez au bien et expédition
de mes affaires, en quoy vous ne serez déceu, le faisant pour une qui ne manquera jamais de bonne volonté à s'en revencher où elle pourra pour vous. J'ay
eu naguières nouvelles d'Escosse par M^e. Thomas Flemyng, présant porteur, que j'envoys vers ledict sieur
de Rosse, lesquelz vous en fairont part et communi-
queront sur ma pressente liberté, pour laquelle (ou
bien que je puisse chercher secours ailleurs), il ne faut
plus que la Royne d'Angleterre s'excuse sur le comte
de Mora pour les causes que vous entendrez par le

24.

dict sieur de Rosse ; de quoy je vous pric parler à la
dicte Royne, quand l'occasion se présentera.

La Vergne m'a parlé de quelque affaire dont je
ne luy sceu résoudre parce que je ne sçay bonnement
comme ces choses sont passées, et aussy que venant
freschement de France, comme il m'a dit, il n'en a
parlé ny à monsieur de Glazco mon ambassadeur, ny
à aultres de mes gens ; toutesfoys j'en escriray au dict
sieur de Rosse pour en advizer avec vous et faire ce
que vous ensemble trouverez bon pour ma seureté. Le
dict de La Vergne se dict vostre secrétaire, encores que
vous n'en fassiez mention par vostre lettre ; et me
souvenant que je vous ay cy devant escript comme
j'avois eu advertissement que de toutes les lettres et
despesches, tant du Roy, monsieur mon bon frère,
que de moy, on en bailhoit des coppies à la court
d'Angleterre, sur quoy vous me mandaste que vous
aviez ung secrétaire en France, et m'ayant cestuy cy
dict qu'il y a esté envyron trois moys, et aussy qu'il
n'avoit encores guères parlé avec moy qu'il ne me de-
mandast sy je voulois escripre en France ou mander
quelque chose de bouche, j'ay eu quelque soupçon
que ce fust luy, et ne m'ay sceu garder de luy en parler
et remonstrer que luy et aultres voz secrétaires se
doibvent bien garder de telles choses, affin que les
affaires du Roy, mon dict sieur mon bon frère, ne
fussent sy divulguez comme ilz ont esté par cy devant,
et que cela estoit fort dangereux. Et, à vous dire vérité, cela m'enpeschera auleunement que je ne luy
donne quelque crédit. Je luy ay faict quelque re-

monstrance pour le bon voulloir que j'ay et porte continuellement au bien et advancement [des] affaires [du
Roy], dont je vous prie l'en assurer et la Royne, madame ma bonne mère; et je prie Dieu vous avoir, monsieur de La Mothe Fénélon, en sa sainte garde.

Le x⁰ d'aoust 1569.

> Votre bien bonne amye,
>
> MARIE R.

<hr />

MARIE STUART

A M. DE LA MOTHE FÉNÉLON.

(Copie. — Archives du royaume à Paris, Cartons des Rois, K. n⁰ 95.)

Avis donné à Marie Stuart des intrigues qui seraient dirigées contre elle en France
par un nommé Moulins. — Prière afin que l'ambassadeur écrive à ce sujet. —
Recommandation relative à la communication faite par La Vergne.

De Wingfield, le 12 août 1569.

Monsieur de La Mothe Fénélon, je vous ay amplement escript par M⁰. Thomas Flemyng, du x⁰ du présent, et ne me reste rien à vous dire, sinon que je me
suis souvenue qu'on m'a advertye qu'un nommé
Moulins, que vous cognoissés, est après à faire quelque menée en France contre moy et mon estat; de
quoy je vous prie en escrire au Roy très Chrestien,
monsieur mon bon frère, affin que ces malignes en-

treprinses soyent rompues. J'ay escript à monsieur
de Rosse qu'il advise avec vous sur l'affaire dont m'a
parlé La Vergne, et sellon l'adviz qu'il m'en donnera
je me résouldray; priant Dieu vous avoir, monsieur
de La Mothe Fénélon, en sa saincte garde.

Escript à Vuingfeild, le xij^{me} jour d'aoust 1569.

Vostre bien bonne amye,

MARIE R.

MARIE STUART

A M. DE LA MOTHE FÉNÉLON.

(Copie. — Archives du royaume à Paris, Cartons des Rois, K. n° 95.)

Nouvelles plaintes contre les intrigues de Moulins en France. — Instante prière
pour que l'ambassadeur n'oublie pas d'écrire à ce sujet. — Recommandation
en faveur de Castares, l'un des officiers de Marie Stuart, afin qu'il soit admis
dans la garde écossaise. — Nouveaux remerciments adressés à La Mothe Fénélon. — Vives instances pour qu'il parle avec fermeté à Élisabeth en faveur
de Marie Stuart.

De Wingfield, le 12 août 1569.

Monsieur de La Mothe Fénélon, despuys vous avoir
escript ce matin par La Vergne des menées de Moulins,
le S^r. de Bourdeuille, ung de mes escuyers d'escurye,
est arrivé venant de France, lequel, parmy sa dépesche, m'a raporté que le dict Moulins s'est tant
advancé en ses dictz menées que de vouloir solliciter

d'envoyer un ambassadeur de France en Escosse. C'est
ung très dangereux homme; il fait tout ce qu'il peut
pour empescher ceulx en faveur desquels j'escriptz
pour estre miz en la garde du Roy très Chrestien, monsieur mon bon frère, et en leur lieu faire mettre ceulx
qui sont de sa pratique. Ce seroit bien faict pour le
bien et service du Roy, mon dict sieur mon bon frère,
de luy en escripre. Dont je vous en prie de bien bon
cœur, et aussi en faveur d'un nommé de Castares, qui
est de mes officiers, que je désirerois estre miz de la
dicte garde. Il est homme de bien, duquel j'ay expérimenté la fidellité et en réponds, vous priant l'avoir
pour recommandé; et je prie Dieu vous avoir, monsieur de La Mothe Fénélon, en sa saincte garde.

Escript à Vuingfeild, le xij^e jour d'aoust 1569.

Vostre bien bonne amye,

MARIE R.

P. S. Autographe : Je vous manderay de ce propos
plus au long par Borthick, et de toutes mes nouvelles
avecques l'obligation dont je me sentz redevable à vous
pour tant de bons offices, vous priant à ceste heure
solliciter un peu ferme pour moy.

MARIE STUART

A SIR WILLIAM CECIL.

(*Original. — State paper office de Londres, Mary Queen of Scots, vol. 4.*)

Sollicitations faites depuis long-temps par Marie Stuart et par l'évêque de Ross pour obtenir d'Élisabeth une résolution définitive. — Satisfaction qui est donnée au sujet des déclarations que la reine d'Angleterre a désiré avoir de France. — Proposition faite par Élisabeth de s'entremettre pour opérer une réconciliation entre Marie Stuart et ses sujets. — Avis communiqué à Marie Stuart qu'une réponse a été faite à cet égard. — Instances pour que Cecil veuille bien conseiller à Élisabeth d'aider Marie Stuart, sans délai, à reconquérir son royaume et son autorité. — Assurance d'un entier dévouement pour la reine d'Angleterre de la part de Marie Stuart, en toute chose, sauf son honneur et les droits de sa couronne. — Charge donnée à l'évêque de Ross de faire toutes les communications nécessaires.

De Wingfield, le 16 août 1569.

Richt traist freind, we greit yow weill. It is not past your remembrance of the humble supplicatioun and effectuous labours maid by ws and our trusty counsalour the bischop of Ross at our command, in the moneth of aprile last to our tender and derrest sister the Quene your maistres to give ws ane resolute answer for our releif and support. At which tyme it pleased hir, by your adwyses to tak sic ordour that we sould send in France to obteane sic declarations as micht satisfie certane frivole allegeances proponit at that tyme, wherintill we haif so travelled by our ministeris yat no scrupule restis apoun that head. Siclyke it pleased our said good sister to tak sum delaye for travelling with our inobedient subjectis for

sum reconciliatioun to be maid with thame ; wherintill also (as we ar informed) certane answer is cum
thether.   Wherfor sen we haif done all thing we wer
willit to do by our good sister and yow also, and with
long suffering and patient mynd hes hidderto abiddin hir will and pleasour, we praye yow effectuously
that yow will give unto the Quene our good sister
your adwyse and counsale to ayde and support ws,
wherby we maye be restored to our realme and authoritie but forther delaye.   And what lyis in our
powar to do for the contentment of our said good
sister (our croun and honour reserved) we sa be willing to accomplishe the same, as our said counsalour
will informe yow ; to whome it will pleas yow give credit as to our selff.   And thus committis yow to the
protectioun of God almychty.

From Wingfeild, the 16 day of august 1569.

Zour richt good frind,

Marie R.

Au dos : To our richt traist freind S^r. Williame Ceceill, secretare.

1569. — Le 17 août, Marie Stuart fait remettre à Élisabeth les
déclarations qu'elle venait de recevoir du roi de France et du duc
d'Anjou, et par lesquelles ces princes certifiaient que ni elle ni personne en son nom ne leur avait jamais fait cession de ses droits à
la couronne d'Angleterre [1].

[1] Voyez ces deux actes dans la Correspondance de Fénélon, tome I, p. 431
et suivantes.

Le 28 août, la plupart des seigneurs du Conseil privé de la reine Élisabeth décident, à l'instigation du duc de Norfolk, que Marie Stuart pourrait être mise en liberté, si elle voulait consentir à épouser l'un des grands seigneurs du royaume [1].

Le 12 septembre, Élisabeth reproche vivement au duc de Norfolk d'avoir osé former à son insu le dessein d'épouser Marie Stuart, et lui défend très-sévèrement d'y songer à l'avenir.

Le 14 septembre, le duc d'Albe demande à la reine Élisabeth un sauf-conduit pour Ciapino Vitelli, marquis de Chetona (un des principaux chefs de l'armée espagnole), chargé par Philippe II de venir traiter des différends qui s'étaient élevés entre l'Espagne et l'Angleterre.

MARIE STUART

A M. DE LA MOTHE FÉNÉLON.

(Copie. — Archives du royaume à Paris, Cartons des Rois, K. n° 95.)

Avis donné par Marie Stuart qu'elle va être transférée à Tutbury et bientôt après à Nottingham, pour être livrée aux mains du comte de Huntingdon et du vi-comte de Hereford, ses plus grands ennemis. — Faiblesse du comte de Shrews-bury. — Vives craintes de Marie Stuart que sa vie ne soit en danger. — Prière qu'elle adresse avec instance à l'ambassadeur pour qu'il fasse sûrement tenir et sans le moindre retard à l'évêque de Ross ou au duc de Norfolk le paquet qu'elle lui envoie. — Supplications afin que l'ambassadeur se réunisse à l'évê-que de Ross, au duc de Norfolk et à tous les autres amis de Marie Stuart pour aviser aux moyens de la tirer du danger où elle se trouve. — Recommandation faite à l'ambassadeur de parler lui-même à Élisabeth afin d'empêcher qu'elle ne soit enlevée de Wingfield.

De Wingfield, le 20 septembre (1569).

Monsieur de La Mothe, je vous envoye le présent

[1] Voyez *Memorias de la Real academia de la historia, Madrid*, 1832, in-4°, tome VII, p. 341.

pourteur pour vous faire entendre que je seray transportée demain hors d'icy à Tutbery, et bientost après
à Nutingame, là où je seray mise entre les mains des
plus grandz ennemys que j'ay au monde, assavoir,
du comte de Huntington, viscomte de Hariford, et
aultres de sa faction, qui sont desjà arrivez icy. Je ne
trouve nulle constance en M^r. de Cherosbery à ceste
heure en mon besoing, pour toutes les belles parolles
qu'il m'a donné au passé, encor que je ne me suys
nullement fyée en ses promesses. Lesquelles choses
considérées, j'ay extrêmemement grande craincte de ma
vie, par quoy je vous prie que sitost que aurez receu
la présente, de faire seurement tenir ce pacquet à
l'évesques de Rosse ou bien au duc de Norfolc, et de
vous trouver avec eulx, et mes aultres amys, pour
résouldre entre vous ce que trouverez plus expédiant
pour ma saulvetté, et de parler vous mesmes à la
Royne d'Angleterre pour empescher, tant que sera
en vous, mon transportement, sitost qu'il vous sera
possible d'avoir audience.

De Vuingfeild, ce xxe de septembre.

Au dos : A MONSIEUR DE LA MOTHE.

1569. — Le 21 septembre, Marie Stuart est conduite de Wingfield à Tutbury : et le comte de Huntingdon est adjoint au comte de
Shrewsbury pour veiller sur sa personne.

Le 23 septembre, le duc de Norfolk quitte la cour sans prévenir
Élisabeth ni ses ministres, et se retire dans le Norfolk.

MARIE STUART

A M. DE LA MOTHE FÉNÉLON.

(*Copie. — Archives du royaume à Paris, Cartons des Rois, K n° 95.*)

Rigueur avec laquelle Marie Stuart est traitée à Tutbury. — Crainte qu'elle a pour sa vie, si on la confie à la garde de lord Huntingdon, qui est son compétiteur à la couronne d'Angleterre. — Déclaration que doit faire l'ambassadeur à Élisabeth que le roi de France la rendra responsable de la mort de la reine d'Écosse. — Avis qu'il doit donner au duc de Norfolk de se tenir sur ses gardes, car il est menacé d'être mis à la Tour. — Communication que l'ambassadeur est chargé de faire à l'évêque de Ross. — Surveillance exercée sur Marie Stuart et sur ses émissaires. — Sa prière afin que l'ambassadeur d'Espagne se joigne à La Mothe Fénélon pour parler en sa faveur et la sauver du danger de mort où elle se trouve. — Appel qu'elle fait à tous ses amis. — Secret qu'elle recommande. — Précautions qu'il faut prendre pour lui donner des nouvelles. — Supplications qu'elle adresse à l'ambassadeur afin de ne pas être abandonnée à son malheureux sort. — Avis que lord Huntingdon est arrivé avec charge de prendre la garde de Marie Stuart. — Imminence du danger. — Réclamation de lord Shrewsbury contre cette nouvelle détermination. — Instance afin que l'ambassadeur appuie sa demande.

De Tutbury, le 25 septembre (1569).

Chiffre. — Je croys que vous sçavez bien comme je suys rudement traictée, mes serviteurs chassez, et deffandu que je n'escripve, ni reçoipve lettre d'aulcune part, et que toutz mes gens soyent fouillez. Je suys icy à Tutbery, d'où l'on me dict que milor Hontington me recepvra en sa charge. Il prétend au droict que je prétendz, et le pence avoir; jugez si ma vie sera seurement. Je vous prie d'adviser avec ceulx que cognoistrez de mes amys, et parlez à la Royne d'Angle-

terre que s'il advient mal de moy, estant entre mains
de personnes souspeçonnez de me vouloir mal, qu'elle
sera réputée du Roy, mon beau frère, et toutz aultres
princes, la cause de ma mort. Usez en à vostre discrétion et advertissez le duc de Norfolk qu'il se garde,
car l'on le menasse de la Tour.

Communiquez avec l'évesque de Ros sur la présente, car je ne sçay s'il en sçayt rien. J'ay miz au
hazard quatre de mes serviteurs pour les advertyr,
mais je ne sçay s'ilz auront passé, car Bourtic cuyda
estre prins et fut cerché, mais il avoit caché ses lettres
par le chemyn; dont j'ay trouvé moyen de les retirer.
J'ay escript au Roy et à la Royne, mère du Roy, et ay
envoyé le pacquet pour vous le donner ou à Ros.
Mettez leur mes excuses si je ne puys escripre, et leur
mandez que j'aye de leur faveur. Je vous prie, faictes
aussi que l'ambassadeur du Roy d'Espaigne vous ac-
compaigne pour parler en ma faveur; car ma vie est
en dangier si je demeure entre leurs mains. Je vous
prie, encouraigez et conseillez les amys de se tenir sur
leurs gardes et de faire pour moy meintennant ou
jamais. Tennez secrect ceste lettre, que personne
n'entende rien; car j'en serois plus estroictement gardée, et donnez voz lettres de faveur à ce porteur secrec-
tement pour le navyre de milor de Cherosbery, les plus
seures et favorables que pourrez, car cella me ser-
vyra grandement à trouver faveur vers luy; mais s'il
est sceu, vous me ruynez. Il fault trouver moyen par
quelque Anglois que j'entende de voz nouvelles; on
pourroit essayer le baillif de Darby et quelques aultres;

et ramentevez à Ros le vicaire d'icy prez, car il m'en fera tenir aussi.

Je vous suplie d'avoir pitié d'une pouvre prisonnière en danger de la vie, et sans avoir offancé. Si je demeure ung temps icy, je ne perdray seulement mon royaulme mais la vie, quant l'on ne me feroit aultre mal que le desplaysir que j'ay d'avoir perdu toute intelligence ou espoir de secours à mes subjectz fidelles. Si prompt remède n'y trouve, Dieu par sa grâce me doinct pacience, et quoy qui m'advienne je mourray en sa loy et en bonne volonté vers le Roy et la Royne, à qui je vous prie faire ma dolléance et à monsieur le cardinal de Lorraine mon oncle.

Par postille à la lettre précédente : Despuys ceste lettre escripte, Hontington est revenu ayant charge de la Royne de moy absolue. Le comte de Cherosbery, à ma requeste, a requis que je ne luy soys ostée, et me gardera jusques à la seconde dépesche. Je vous prie ramentevoir l'injustice contre la loy du pays que me mettre entre les mains d'ung qui prétend à la couronne comme moy. Vous sçavez aussi la différance grande de la religion. Je vous prie aussi escripre et favorablement pour le navyre du dict comte de Cherosbery par ce porteur, et qu'il soit secret.

De Tutbery, le xxve de septembre.

MARIE STUART

A LA REINE ÉLISABETH.

(Autographe. — Musée britannique à Londres , collection Cottonienne ,
Caligula, C. I, fol. 325.)

Vives plaintes de Marie Stuart contre les nouvelles déterminations prises à son
égard. — Refus qui lui a été fait d'envoyer un exprès à Élisabeth. — Rigueurs
dont on use envers elle. — Obligation où elle est de renvoyer ses serviteurs.
— Obstacle que l'on met à ses relations avec l'Écosse et avec les princes ses
alliés. — Perquisitions qui ont été faites à main armée jusque dans ses meubles les plus secrets. — Violences exercées contre ses gens. — Demandes que
Marie Stuart se voit forcée de renouveler. — Ses instances afin qu'Elisabeth
veuille bien l'admettre en sa présence et satisfaire à la promesse qu'elle lui a
faite de la rétablir sur le trône d'Écosse, ou bien pour qu'il lui soit permis de
se retirer en France. — Sa déclaration que, si elle est considérée comme prisonnière, elle demande à être mise à rançon. — Protestation contre la résolution qui est prise de la livrer à un de ses ennemis, son compétiteur à la couronne d'Angleterre. — Son espoir qu'Élisabeth prendra en considération ses
justes plaintes.

De Tutbury, le 1er octobre (1569).

Madame ma bonne sœur, voiant par ung soupson
pris de moy mon soubdain transportemant et changemant de gardes, et trêtemant de mes serviteurs, au
temps que j'espéroys, selon voz promeses, rescevoyr
votre favorable résolution en mes affayres, je n'ay peu
autremant faire que de me lamanter, que ma fiance
en vous, mon amitiay et désir de vous complaire
m'ayent aportay si inespérée et mauvaise conclusion,
pour récompanse de ma longue pasciance : à quoy
toutes fois pançant remédier par vous resmontrer ma
sincère intantion en toutes mes actions vers vous,

j'avois requis vous pouvoir écrire par ung de mes
fidelles serviteurs, espérant que cognoissant mon inoscence vous m'useriés autremant. Mays cela me fut
refusay, qui m'a fait hasarder d'envoier vers l'esvêque
de Rosse pour luy donner ceste charge. Mays cependant voyant la rigueur auguemanter jusques à me
contraindre de chasser mes pauvres serviteurs, sans
leur donner d'aller où, pour mon respect, ils pourroyent
avvoir leur vie, ains les forcer de se rendre entre les
mains de mes rebelles pour être pandus; ne me voullant laysser que xx hommes, si je ne voulois chasser
mes fammes sans sçavoir où, sans argent ou apui, si
loing de leur pays et [en] tel temps : auquel nombre il
ne m'est possible être servie pour les respects que
l'esvêque de Rosse fera entandre à qui il vous playra,
cela m'a samblay trop plus dur que je n'eusse jamays
peu pancer de vous ; et encores la deffance, ma plus
grave, que je ne resçoyve lettre, ni mesasge, ni de mes
affayres d'Escosse, qui sont en telle extresmitay pour
m'estre atandue à votre promesse d'estre en brief des-
pêchée : ni mesmes m'est-il permis d'antandre de
celles de France, ou portemant des princes mes amys
ou parans, qui s'atandent, comme j'ay fayct, à votre
faveur vers moy, au lieu de laquelle l'on m'a défandu
de sortir, et m'est-on venu fouiller mes coffres, entrant
aveques pistollets et armes en ma chambre, non sans
crainte de ma vie, et accuser mes gens, les fouiller et
les retenir avvec gardes ; encores cuidois-je qu'en
tout cela ne trouvant rien qui vous importast ou pour
vous desplaire, qu'après, cela m'apporteroit meilleur

traitemant. Mays voïant que ceste vie m'est avèques aparance de pis, j'ay pançay vous fayre ceste dernière requeste contenant ces points suivans :

Premier, que si vous trouvés que la déclaration de l'évesque de Rosse ne vous satisfasse, me permétiés de vous en satisfayre en personne.

Segondemant, qu'il vous playse, sans plus me déléier pour respects d'aultrui, me remètre en mon pays et autoritay par votre suport, ou me permètre, selon mon anciène pétition, me retirer en France, avvesques le Roy très Chrestien monssieur mon beau frère; ou, au moyngs, que durant ma prison j'aye libertay de communiquer avvesques [l'évesque] de Rosse et aultres nescésayres ministres pour mettre ordre à mes affayres; et à ces miennes affectionnées requestes vouloir fayres responce par ung des miens, ou par vottre lettre.

Et pour conclusion, si il vous plait me retenir pour votre prisonière, je vous supplie au moings me mettre à ranson, sans me laysser consommer issi en larmes et regrets de rescevoir le mal dont j'estoys venu quérir la médecine. Mays si il vous plest m'user de rigueur sans l'avoyr déservi, au moings que je ne sois mise entre mains de personne suspecte à mes amis et parents, pour danger de faulx raports, ou pis que je ne veulx pancer de personne.

Et espérant que considérerés ces miennes lamentations et requestes, selon consciance, justice, vos loyx, votre honnheur, et satisfaction de tous les princes chrestiens, je priray Dieu vous donner heurheuse et

longue vie, et à moy meilleure part en votre bonne
grâce qu'à mon regret je apersois n'avoyr par effect :
à laquelle je me recommanderay affectionémant pour
la fin.

De ma prison à Tutberi, ce premier d'octobre.

Votre très-affectionnée troublée sœur et cousine,

MARIE.

Au dos : A LA ROYNE D'ANGLETERRE, madame
ma bonne sœur et cousine.

1569. — Le 3 octobre, victoire de Moncontour remportée par le
duc d'Anjou sur les protestants.

Le 5 octobre, l'abbé de Dunfermlin, venu à Londres de la part
de Murray, apporte à Élisabeth les preuves de tout ce qui se tramait
en faveur de Marie Stuart : aussitôt la reine fait citer le duc de Norfolk devant son Conseil, et arrêter à Windsor le comte d'Arundel,
le comte de Pembroke, lord Lumley et sir Nicolas Throckmorton.

Le duc de Norfolk, se fiant aux assurances de Cecil, qui l'enga-
geait à se conformer aux ordres d'Élisabeth, revient bientôt à Londres, malgré les vives représentations de ses amis et de l'ambassadeur de France.

Le 11 octobre, il est mis à la Tour de Londres.

Le garde des sceaux, le marquis de Northampton, le comte de
Bedford, sir Francis Knollys, sir Ralph Sadler, sir Walter Mildmay
et Cecil ayant été chargés par Élisabeth de l'instruction du procès,
ils commencent par interroger l'évêque de Ross et le duc de Norfolk.
Celui-ci leur répondit qu'eux-mêmes savaient bien que l'idée de son
mariage avec la reine d'Écosse n'était ni d'elle ni de lui, mais qu'elle
leur avait été suggérée à tous deux par les plus notables seigneurs
du Conseil et du royaume d'Angleterre [1].

Le 13 octobre, Robert Ridolfi [2], agent de Cosme Ier grand-duc

[1] Voyez Correspondance de Fénélon, tome II, p. 270 et suivantes.
[2] Ridolfi, parent des Médicis, et chef de la compagnie Florentine à Lon-

de Toscane, et que l'on soupçonnait d'avoir des relations avec les partisans de la reine d'Écosse, est également arrêté, et détenu dans l'hôtel de Walsingham.

Le 22 octobre, Ciapino Vitelli, envoyé par le duc d'Albe de la part de Philippe II, arrive à Londres : on ne lui permet de se faire accompagner que de cinq personnes; le reste de sa suite, composée de cinquante à soixante hommes, est forcé de s'arrêter à Douvres.

MARIE STUART

A SIR WILLIAM CECIL.

(Original. — State paper office de Londres, Mary Queen of Scots, vol. 4.)

Plaintes déjà anciennes de Marie Stuart contre les mauvais procédés dont on use à son égard. — Nouvelles rigueurs que l'on exerce contre elle. — Vives instances pour que Cecil intercède en sa faveur auprès de la reine d'Angleterre. — Remontrances qu'il peut lui faire que Marie Stuart a refusé tout secours des autres princes, ses alliés, pour se confier à l'amitié d'Élisabeth, qu'elle n'a commis contre elle aucune offense et qu'elle s'est toujours conformée, au contraire, à son bon plaisir. — Nouvelle insistance pour qu'il soit enfin donné une réponse décisive. — Prière afin qu'une audience soit immédiatement accordée à l'évêque de Ross.

De Tutbury, le 9 novembre 1569.

Richt traist freind, we greit yow weill. Notwith-

dres, jouissait d'un grand crédit à la cour d'Élisabeth; il n'en était pas moins l'agent secret du pape Pie IV, et les nonces résidant en France et dans les Pays-Bas avaient ordre de se concerter avec lui pour tout ce qui concernait les catholiques d'Angleterre. Aussi Ridolfi avait-il de grandes relations avec l'évêque de Ross, le duc de Norfolk, le comte d'Arundel et lord Lumley, mais on ne découvrit toutes ses menées qu'à la suite des investigations suscitées par le procès du duc de Norfolk. (Voyez Correspondance de Fénélon, t. IV, p. 244.)

25.

standing we have dyvers tymes writtin to the Quene
our good sister, lamenting our pituous estait and
miscourtes dealing with, alsweill towartis our awin
persone as the dampnage we have, abyding hir good
resolutioun in our caus and swtehoipit for at hir handis this long tyme bypast, and as yit hes obteanit no
answer thereof, nor hade no moyen to have requyrit
the same so oft as we wold have done, bot deteanit
heir as a presoner in verray strait garde; yit we have
presently writtin to hir our uthir letters to the said
effect; praying yow to give your good adwyse and
counsale to the Quene our good sister that she have
pitie of our estait. Also seing we have refusit the
ayde of all uthir princes our confederatis and allyas,
avaiting on hir loofing frendship, and hes in no wayes
done any thing that myght offend hir, but ewer followit hir goodwill and abiddin paciently for the deter-
minatioun of hir and yow of hir Counsale, albeit the
Quene our good sister may be uthirwayes informit by
the vickit and fals inventions of our ennemyis, that
she vill abstract hir unnaturale vraith from ws, unde-
servit; and (as divers tymes ofbefore we have requyrit) will ayde ws to be restorit to our awin realme and
authoritie : whereupoun humbly we desire hir resolute answer, but longar delaye, and geve audience to
our richt trusty counsalour and ambassadour the bishop of Ross; to whome we praye yow giff credeit
as to our selff, who will shaw unto the Quene our
good sister and yow bothe our neid, more amply,
and our honest proceidingis and sincere dealing with

hir.   As knowes God, whome mott have yow in protectioun.

Frome Tutbery, the 9 of november 1569.

Your richt good frind,

MARIE R.

Au dos : To our richt trusty freind
SIR WILLIAME CECEIL, knyght, principale secretaire to the Quene our
good sister.

MARIE STUART

A LA REINE ÉLISABETH.

(Autographe. — Musée britannique à Londres , collection Cottonienne,
Caligula , C. I , fol. 348.)

Confiance que Marie Stuart ne cesse de mettre dans la reine d'Angleterre malgré
les mauvais traitements qu'elle éprouve. — Protestation qu'elle ne s'est jamais
rendue coupable d'offense envers elle. — Prière afin que l'évêque de Ross soit
au moins admis à la justifier, puisqu'il ne lui est pas permis à elle de paraître
devant Élisabeth. — Instances nouvelles pour qu'il soit enfin donné une résolution sur ses anciennes demandes afin d'être rétablie en Écosse, renvoyée en
France ou mise à rançon. — Protestations contre la menace qui lui est faite de
la livrer aux mains des rebelles. — Vives instances afin qu'Élisabeth ne l'abandonne pas et veuille bien avoir égard aux recommandations faites en sa faveur
par les rois ses alliés. — Extrémité à laquelle Marie Stuart se voit réduite et
qui la force de solliciter leur secours.

De Tutbury, le 10 novembre (1569).

Ma dame ma bonne sœur, ne voullant rien obmettre,
jusques au dernier but, de la pasciance qu'il a pleu à
Dieu me prester en mes adversités , j'ay diféray tant

que j'ay peu de vous inportuner de mes lamantations,
espérant qu'avèques le temps, père de véritay, votre
bon naturel, considérant la malice de mes ènemis
qui sans aucun contredit courent à bride abatue leur
course contre moy, vous esmouvroit à pitiay de votre
sang propre, votre samblable et celle qui entre tous
autres princes vous a esleue pour son resfuge après
Dieu, se fiant tant en voz favorables lettres et amiables promesses fortifiées par ce lien de parantasge et
prosche voisinasge, que je me suis mise en voz meins
et en votre pouvoir de mon gré, sans contreincte,
où j'ay demeuray p[lus] de deux ans, aucune foys en
espérance de votre faveur et suport par voz courteises
lettres, d'autrefoys en désespoir par les menées et
faulx raports de mes contrayres. Néanmoings mon
affection vers vous m'a tousjours faict espérer le bien
et soufrir le mal passciamant ; or meintenant vous
avvés escoutay de reschef la malice de mes rebelles, à
ce que me mande l'esvesque de Rosse, refeusant d'ouir
la juste plainte de celle qui voulontèrement s'est mise
en votre puissance, ce jetant entre vos bras : par
quoy j'ay présumay de tanter encores ma fortune vers
vous, apellant à la Royne, ma bonne sœur, d'elle-
mesmes. Hélas ! Madame, quel plus grand signe d'a-
mitiay vous puis-je montrer que d'avoir fiance en
vous ? Et pour récompance randrés-vous veine l'espérance qui est mise en vous par votre sœur et cousine,
qui peult et n'a voullu avvoyr aillieurs secours ? Sera
mon atante en vous pour néant, ma pasciance vayne et
l'amitiay et respect que vous ay pòrtée desprisé jusque

à là que je ne puisse obtenir ce que vous ne sçauriez justement refeuser à la plus étrange du monde? Je ne vous
ay jamays offencée, ains vous ay aymée, honorée, et par
tous moyens rescherché de vous complayre et assurer
de ma bonne inclination vers vous. L'on vous a fayt
des faulx raports de moy, à quoy vous adjoustés foy,
jusques à m'en avvoir trétée non comme une royne,
votre parante, venue cherscher suport de vous sur
votre promise faveur, mays comme ungne prisonnière
à qui vous pourriés imputer offense d'une subjecte.
Madame, puisque je ne puis obtenir de vous déclarer
face à face ma sincéritay vers vous, au moyngs permétés que monsieur de Rosse, mon ambassadeur, vous
rande compte de tous mes desportemants, comme celui qui en est privé, ayant acsès de vous resmontrer
les ocasions que j'ay de me douloir, sans vous offencer,
estant contreincte de renouveller mes anciènes requestes, desquèles je vous supplie le voulloir résouldre
et moy aussi : à sçavoir qu'il vous playse, suivant mes
premières demandes, m'osblisger pour jamays m'ay-
dant de votre suport au recouvremant de mon estast,
auquel il a plu à Dieu me constituer entre mes subjects, comme de tout tamps m'avés promis ; ou, si le
sang, mon affection pour vous et longue pasciance ne
vous samble mériter cela, au moings ne refeusés de
me lesser aller libre, comme je suis venue, en France
ou aillieurs, où je me pourray retirer entre mes amys
et alliez ; et si il vous plest m'user de rigueur et me
tréter comme ènemie (ce que je ne vous ay jamays estey
ni désire estre) lessés-moy racheter ma misérable pri-

son par ranson, comme est la coustume entre tous princes, voire ènemis, et me donner commoditay de trafiquer avèque les subdis princes, mes amis et alliés, pour fayre ma ditte ranson. Et cepandant je vous supplie que pour m'être fiée en vous de ma personne [et] offert en tout de suivre votre conseill, je n'en resçoyve dosmasge par l'extorsion de mes rebelles sur mes fidelles subjects, ni que je sois affoiblie, pour m'ettre attandue à vos promesses, de la pérte de Donbertan. Et si tous ces respects et miènes humbles requestes sont par les faulx raports de mes ènemis empeschés d'ettre par vous considérés, et que veuilliés prandre en mauvaise part tout ce que j'ay faict en intention de vous satisfayre, au moingns ne permétés que ma vie soit, sans l'avvoir desservi, mise en dangier, comme celui qui se dit abé de Donfermelin fayt courir le bruit, se vantant de ce que je ne puis croyre que me mettrés entre les meyns de mes rebelles ou de telles autres en ce pays, dont ils ne sont moigns contants et que je ne connois point.

Je proteste n'avvoir jamays eu voulontay de vous offencer ni fayre chose qui vous tournast à desplésir, ni n'ay méritay si cruelle récompance que d'estre si peu respectée, comme l'esvêque de Rosse vous a jà déclaray, et fera de reschief, s'il vous plest lui donner audiance : de quoy je vous supplie bien humblement et comme dessubs de lui donner une résolution, et, si ce n'est par amour, que se soyt par pitié. Vous avvés esprouvé [ce] que c'est d'estre en trouble, jugés ce que les autres seufrent par cela Vous avvés assez

prestay l'oreille à mes ènemis et à leurs invantions
pour vous randre soupsonneuse de moy ; il est tamps
de considérer ce qui les y meult et leur doubles dépor-
temants vers moy et ce que je vous suis et l'affection
vers vous qui m'a fayt venir en lieu où vous avvés ce
pouvoir sur moy. Réduisés en mémoyre les offres
d'amitiay que vous ay faytes et l'amitiay que m'avvés
promise, et combien je désire vous complayre jusques
à avoir nesglisgé le suport des autres princes par votre
advis et promesse du vôtre. N'oubliés le droyct d'ospi-
talitay vers moy seulle, et pesés tout cessi avvèques
le respect de votre confiance, honneur et pitiay de
votre sang, et lors j'espère que ne me restera ocasion
de me repentir. Pancés aussi, Madame, quel lieu j'ay
tenu et commant j'ay estay nourrie, et si ayant par
le moyen de mes rebèles, ou autres ènemis, un si
diférant traytemant de cestui-là par les meins de qui
j'espérois tout confort, si mal aysémant je puis porter
un tel fardeau avèques celui de votre mauvaise grâce,
qui m'est le plus dur : laquelle je n'ay jamais méritay
ni d'estre si estroitemant emprisonnée que je n'aye
le moyen d'antandre les nouvèles de mes affayres ou
i pouvoir metre ordre en nulle part, et mesmes sans
pouvoir au moigns consoler mes fidelles subjects qui
seufrent pour moy, tant s'en fault que je les suporte
comme j'espérois. Je vous supplie de rescheff que
faulx raports ou mauvais deseings de mes ènemis ne
vous fasse oblier tant d'autres respects en ma faveur ;
et pour le dernier, si tout le reste ne peult esmovoir
votre naturelle pitiay, ne desprisés la prière des roys

mes bons frères et alliés, aux ambassadeurs desquels j'écris pour vous fayre instante prière en ma faveur. Et affin que ne le preniés en mauvayse part, je vous suplie m'excuser si, en cas que veuilliés oublier votre bon naturel et pitiay qui vous a tant fayt honorer et aymer vers moy, je les prie d'advertir lesdits roys de ma nescésitay et les prie de prester l'ayde en mes affayres que j'ay atandu de vous et requiers présantemant d'avvant tout aultre. Si il vous plest me l'acorder, comme j'espère, vous trouverés enfin que je n'ay jamays déservi de perdre. Si en cessi ou en auqun poynt de ma lettre je vous offense, excusés l'extresmitay de ma cause et des infinis troubles où je me vois. Et pour fin je me remets à la sufisance de l'esvesque de Rosse, que je vous suplie croyre comme moy, qui vous présante mes humbles commandations, priant Dieu qu'il vous fasse connoître au vray et mon intention vers vous et mes desportemants.

De Tutberi, ce x de novambre.

Votre très affectionnée bonne sœur et cousine,

MARIE R.

Je vous suplie m'excuser si j'écris si mal, car ma prison me rand plus mal seène et moygns habille à cest office ou à tout autre exersise.

Au dos : A LA ROYNE D'ANGLETERRE, madame ma bonne sœur et cousine.

1569. — Le 14 novembre, commencement de l'insurrection des comtes de Northumberland et de Westmoreland[1] : ils s'étaient emparés de Durham et devaient marcher immédiatement sur Tutbury, afin de délivrer la reine d'Écosse ; mais, au premier bruit de ces troubles, on l'avait emmenée à Coventry et séparée d'une partie des gens de sa maison.

Les ministres d'Élisabeth firent aussitôt avancer des troupes vers les différents points menacés par les rebelles, et parvinrent à prévenir le soulèvement d'une grande partie des catholiques. En même temps, voulant les décourager entièrement, ils engagèrent la reine d'Angleterre à faire périr Marie Stuart : Élisabeth n'osa pas en donner l'ordre ; mais elle fit proposer à Murray de la lui livrer, à condition qu'il viendrait la prendre au port de Hull pour la conduire par mer en Écosse.

Ridolfi ayant eu le temps de déposer, avant son arrestation, ses papiers secrets chez l'ambassadeur d'Espagne, on ne put réunir contre lui des charges suffisantes ; et comme d'ailleurs il jouissait à Londres, où il habitait depuis nombre d'années, d'une grande considération, il fut remis en liberté le 24 novembre.

[1] Voyez à ce sujet le remarquable ouvrage de sir Cuthbert Sharp : *Memorials of the Rebellion of 1569, London, 1840, in-8°.*

MARIE STUART

A SIR WILLIAM CECIL.

(Original. — State paper office de Londres , Mary Queen of Scots , vol. 4.)

Réduction qui a été dernièrement faite à Tutbury, par les comtes de Shrewsbury
et de Huntingdon, de la maison de Marie Stuart. — Résolution prise par le
comte de Shrewsbury de renvoyer les palefreniers et valets d'écurie qui jusqu'a-
lors avaient été conservés comme étant indispensables pour les voyages à faire.
— Instances pour qu'il soit donné ordre au comte de les conserver. — Prière
de Marie Stuart afin que Cecil appuie auprès d'Élisabeth cette demande nouvelle, ainsi que toutes celles qu'elle a déjà formées.

De Coventry, le 4 décembre 1569.

Richt trusty frend, we greit you weill. Forsamu-
che as the hole nombre of oure servandes being reducit
laitlie at Tutbery by the earles of Shroisbery and Hon-
tingtoun to the nombre of 30 persones, wherein was
comprehendit bothe serving men and wemen of my
lord Levingston, his lady and of uthiris, so necessaire
as nether we nor thay could be servit withowt, and
all uyiris who attendit apone ws depeshit and sent
awaye at that tyme, except sum semple persones
who hade no moyen to reteir thameselffis, and necessaire for the service of the said nombre, and spetially
oure palefreniers and laqueyis that did atend apone
the keiping of our horsseis, without whome we could
not have travellit this last woyage, nor can not eftirwart be servit in caise we be forcit to remove to any
uthir place : whiche persones the earle of Shrewisbery
intendis verraye rigorously to put awaye, fynding no
falt with thame, whereby he may have any occasioun

to do the same, bot hes bene at all tymes (as thay ar presentlie) reddy to fulfill and obey whatsumever thing it myght please him or his ministeris to command thame : whiche miscourtes dealing hes movit ws presentlie (as dyvers tymes ofbefore) to importune the Quene our good sister and yow bothe, with oure letters, to the end she maye know oure necesseties, and that it wold pleas hir to considder oure estait, and give command to the said earle of Sherisbery to permit the saidis persons to remane besyde ws in this troublous tyme, in respect we have nether any commoditie to give thame wherewith thay may transport thame selffis , nor is the seasone convenient to travell in. Wherefor we praye yow earnistlie to solist the Quene our good sister alsweill for obteaning of oure satisfactioun in this our small requeist as in oure uthir most ressonable petitions contenit in oure former letters writtin bothe to hir and yow ofbefore. And that we maye (by your procurement) have the Quene our good sisteris answer thereupoun and your awin particularlie with the first messager. So committis yow to the protectioun of God almichtie.

Frome Coventrie, the 4 of december 1569.

Your richt good frind,

MARIE R.

Au dos : To oure rieght trusty frend
SIR WILLIAME CECEILL, knyght, and
principal secretaire to the Quene
oure good sister.

MARIE STUART

A SIR WILLIAM CECIL.

(Original. — State paper office de Londres , Mary Queen of Scots, vol. 4.)

Satisfaction de Marie Stuart des nouvelles dispositions prises par le comte de
 Shrewsbury à l'égard des serviteurs qu'on lui a laissés et dont elle envoie
 la liste. — Remerclments particuliers adressés à cette occasion à Cecil. —
 Témoignage qu'il est chargé de rendre à Élisabeth de la sincère affection
 que lui porte Marie Stuart. — Nouvelles instances pour que Cecil emploie
 tout son crédit auprès de la reine d'Angleterre, afin qu'elle prenne une bonne
 et prompte résolution sur sa demande tant de fois renouvelée. — Excuse
 de Marie Stuart sur ce qu'elle n'a pu écrire de sa propre main ses deux dernières lettres , à cause de son état de maladie. — Sa crainte que la reine d'Angleterre, qui a laissé ses lettres sans réponse , ne les ait prises en mauvaise
 part. — Obligation où elle est de s'abstenir de lui écrire désormais, jusqu'à ce
 qu'Élisabeth lui ait fait connaltre ses intentions. — Résolution de Marie Stuart
 de s'adresser à Cecil pour le prier de rappeler à la reine d'Angleterre ses demandes toutes les fois qu'il en trouvera l'occasion favorable.

De Coventry, le 9 décembre 1569.

Right trusty frend, we greit yow well. Seing the
ordoure that the earle of Shroisbery is to take anent
oure servandis remaning besyde ws (whiche we have
sene by the memoriale thereof) we persave oure requeist made to yow in our last letters to have tane
effect, and hoipis that in all oure ressonable desyres
(as uthirwayes we intend newer to requyre yow) yow
will favorise ws. Wherefor we ar moved hereby tó
give yow most harty thankes, praying yow to hold the
Quene our good sister ewer in remembrance of the
good and sincere effectioun we do beare towartis her;
whiche if be rapartit in the contrary that she give

no credeit to the same. And also that yow solist
oure said good sister for hir good and resolute answer
to oure former letters this long tyme bypast lookit
for; in obteaning of the whiche we will think ws the
more addettit to yow, wherintill we doubt not but
yow will travell earnistlie; so prayes the eternale God
to preserve yow.

From Coventrie, the 9 day of december 1569.

Post-scriptum autographe: I trust yow will tak
this my thankes and request off continuance off
your laful favour in no wors pert nor they ar ment
albeiet I vreit nott this tuo tymes with my hand,
for I was not well at neider tyme. I feer so to
trouble the Quin my good sister, becaus it apeeres
be nott ansuring to any off my letters, the ar nott
teikne in good pert that I must forbeir vreiting
til I know her plesur, and so I wil the oftner trouble yow to put her in remembrance quhan tyme re-
quireth.

Your veri good and asured frind,

MARIE R.

Au dos: To oure right trusty frend
    SIR WILLIAME CECEILL, knyght, and
    principale secretaire to the Quene
    oure good sister.

1569. — Les comtes de Northumberland et de Westmoreland,
après avoir échoué dans leur entreprise pour mettre Marie Stuart
en liberté, avaient essayé de s'emparer de la ville d'York; mais le

comte de Sussex ayant déjà pourvu à la défense de cette place importante, ils furent également obligés de renoncer à cette tentative.
Ils parvinrent seulement à s'emparer de Barnard-Castle et du petit
port de Hartlepool. Les deux comtes attachaient beaucoup d'importance à ce dernier point, désirant ouvrir par là des communications avec la Flandre, dont ils attendaient des secours.

Mais le duc d'Albe, malgré toutes les assurances qu'il leur avait
fait donner par don Gueraldo d'Espès[1], ne fit aucune démonstration en leur faveur, et refusa même de leur envoyer un secours
d'argent.

Les insurgés, se voyant ainsi trompés dans leurs espérances, et
apprenant que l'amiral Clinton et le comte de Warwick s'avançaient
avec un corps de douze mille hommes, commencèrent à perdre
courage, et ne songèrent plus qu'à se retirer vers Exham.

Le 16 décembre, toutes les forces des rebelles étaient déjà en
pleine déroute et vivement poursuivies par les troupes d'Élisabeth.
Les insurgés gagnèrent en toute hâte les frontières du nord, et leurs
principaux chefs se réfugièrent en Écosse, entre autres les comtes
de Northumberland et de Westmoreland.

---

[1] Le comte de Northumberland portait toujours sur lui les lettres de l'ambassadeur d'Espagne par lesquelles celui-ci le sollicitait de prendre les armes
et lui promettait, de la part du duc d'Albe, cent milles écus et des secours
importants en hommes et en munitions. (Voyez Correspondance de Fénélon,
t. II, p. 422 et suivantes.)

FIN DU DEUXIÈME VOLUME.

TABLE DES MATIÈRES

DU

DEUXIÈME VOLUME.

TOM. II. 26ᵃ

26.

INSTRUCTIONS DONNÉES PAR MARIE STUART A L'ÉVÊQUE DE DUNBLANE.

INSTRUCTIONS DONNÉES PAR MARIE STUART A ROBERT MELVIL.

MARIE STUART A ROBERT MELVIL.

MARIE STUART A CATHERINE DE MÉDICIS.

MARIE STUART A L'ARCHEVÊQUE DE GLASGOW.

MARIE STUART A ÉLISABETH.

MARIE STUART A CATHERINE DE MÉDICIS.

MARIE STUART A ÉLISABETH.

MARIE STUART A ÉLISABETH.

MARIE STUART A ÉLISABETH.

MARIE STUART A CECIL.

27.

MARIE STUART A SES COMMISSAIRES.

MARIE STUART A PHILIPPE II.

MARIE STUART A DON FRANCÈS D'ALAVA.

MARIE STUART A L'ABBÉ D'ARBROATH.

MARIE STUART AU COMTE D'ARGYLL.

MARIE STUART A LA MOTHE FÉNÉLON.

MARIE STUART AU DUC DE CHATELLERAULT.

MARIE STUART A LA MOTHE FÉNÉLON.

MARIE STUART A L'ÉVÊQUE DE ROSS.

MARIE STUART A LA MOTHE FÉNÉLON.

MARIE STUART AU DUC DE NORFOLK.

MARIE STUART A LA MOTHE FÉNÉLON.

MARIE STUART A LA MOTHE FÉNÉLON.

MARIE STUART A LA MOTHE FÉNÉLON.

MARIE STUART A CECIL.

MARIE STUART A LA MOTHE FÉNÉLON.

MARIE STUART A LA MOTHE FÉNÉLON.

MARIE STUART A ÉLISABETH.

FIN DE LA TABLE DES MATIÈRES

DU DEUXIÈME VOLUME.

Imprimé en France
FROC031720230620
24368FR00018B/226

9 782013 069724